HANDICAPS ET SOCIÉTÉS DANS L'HISTOIRE

L'estropié, l'aveugle et le paralytique de l'Antiquité aux temps modernes

5-7, rue de l'École-Polytechnique ; 75005 Paris

http://www.librairieharmattan.com
diffusion.harmattan@wanadoo.fr
harmattan1@wanadoo.fr

ISBN : 978-2-296-11443-2
EAN : 9782296114432

Sous la direction de
Franck COLLARD et Évelyne SAMAMA

HANDICAPS ET SOCIÉTÉS DANS L'HISTOIRE

L'estropié, l'aveugle et le paralytique de l'Antiquité aux temps modernes

L'Harmattan

Rencontres d'histoire de la médecine, des pratiques et des représentations médicales dans les sociétés anciennes

Organisées et publiées avec le concours
de la Communauté d'agglomération de Troyes et
de l'équipe d'accueil 2616 (CERHIC), Université de Reims
et, pour ce volume, avec l'aide
du ChiSCO, Université de Paris Ouest-Nanterre
et du CRESC, Université de Paris Nord

Publications précédentes :

Air, miasmes et contagion. Les épidémies dans l'Antiquité et au Moyen Âge, études réunies par D. Quéruel, E. Samama et S. Bazin-Tachella, Langres : Dominique Guéniot, juin 2001, 198 pages, ISBN 2-87825-208-X

Le corps à l'épreuve. Poisons, remèdes et chirurgie : aspects des pratiques médicales dans l'Antiquité et au Moyen Âge,
études réunies par F. Collard et E. Samama, Langres : Dominique Guéniot, juillet 2002, 192 pages, ISBN 2-87825-233-0

Mires, physiciens, barbiers et charlatans. Les marges de la médecine de l'Antiquité au XVIe siècle,
études réunies par F. Collard et E. Samama, Langres : Dominique Guéniot, mars 2004, 180 pages, ISBN 2-87825-277-2

Pharmacopoles et apothicaires, les " Pharmaciens " de l'Antiquité au Grand Siècle,
études réunies par F. Collard et E. Samama, Paris : l'Harmattan, août 2006, 196 pages, ISBN 2-296-01061-X

Comité de lecture :
Philippe Mudry
Laurence Moulinier
Henri-Jacques Stiker

Edition, mise en page et maquette :
Franck COLLARD et Evelyne SAMAMA
avec le concours de François-Xavier MAS (CRESC)
et Marie-Hélène MORELL (CERHIC)

AVANT-PROPOS

Le handicap dans la longue durée

Franck COLLARD
Université de Paris Ouest Nanterre

Champ de recherches développé outre-Atlantique mais aussi en France [1] depuis les années 1970-80, les *disability studies* ont surtout regardé vers l'époque contemporaine. Le parcours de dizaines de siècles, l'exploration des sources les plus diverses, la mise en œuvre d'approches variées répondant à des méthodes disciplinaires différentes, même si toutes reviennent à cerner et interpréter les vestiges du passé, permettent d'ouvrir des perspectives plus larges en plongeant le regard dans les sociétés anciennes [2], avant l'essor de la médecine moderne, en vue de cerner à la fois les aspects physiques du handicap et ses perceptions sociales et culturelles.

La permanence de la présence du handicap dans l'histoire est liée aux aléas intemporels de l'existence humaine. L'absence de mot pour le désigner avant le XXe siècle est une chance pour l'historien car la multiplicité des vocables approchants ou englobants lui permet de voir à quoi fut associé ou assimilé notre moderne « handicap », sans qu'aucune pensée spécifique n'ait été construite à son propos, signe non pas d'indifférence mais de différence d'approche, de conception et de perception. En dehors des restes osseux que seul le regard d'un spécialiste de paléopathologie peut faire parler, et de quelques images souvent codées, le mode de présence du handicap à l'historien est essentiellement verbal et presque toujours marginal, faute de sources spécifiques. La visibilité historique de l'objet est médiatisée, voire brouillée par les mots. La majorité des contributions montre que le lexique grec, latin, arabe ou autres comprend des vocables avec préfixe privatif (de la force, de la santé, de la capacité physique), ou dont le champ sémantique se

1. H.-J. Stiker, *Corps infirmes et sociétés*, Paris : Aubier Montaigne, 1982, rééd. 1997, puis 2005.
2. Sur la période médiévale, voir I. Metzler, *Disability in Medieval Europe. Thinking About Physical Impairment During the High Middle Ages, c. 1100-1400*, Londres - New York : Routledge, 2006. Ouvrage principalement fondé sur des sources hagiographiques mais doté d'une réflexion historiographique et notionnel de grand intérêt, notamment sur la différence à établir entre diminution physique (« impairment ») et incapacité (« disability »). Cf. aussi *The Body and Physical Discourses of Disability*, ed. David Mitchell & A. Snyder, Ann Arbor : Univ. of Michigan Press, 1997.

rapporte aux conséquences avant tout socio-économiques du handicap que sont pauvreté, nécessité et abandon plus que rejet.

La question de la remédiation proprement médicale au handicap a peu été abordée sinon par les exemples de traitements donnés aux fractures sur des squelettes antiques et par des allusions à quelques prothèses. Le miracle semble éclipser l'acte souvent vain du thérapeute durant une bonne partie du Moyen Âge, et l'hagiographie constitue une riche voie d'accès à la question de l'invalidité et des maladies en général, quoiqu'elle ne reflète pas forcément l'infirmité comme fait social. Les causes et les formes d'*infirmitas* ont été largement abordées, encore que les sources permettent difficilement de les déterminer précisément puisqu'elles sont soit décrites du point de vue des savoirs du temps, soit même très superficiellement prises en considération, car *Tychè* ou *Fortuna* sont invoquées dans le monde antique et la Providence ensuite.

La guerre produit certes une grande part des invalides. Néanmoins l'invalidité civile résultant d'affections congénitales, de pathologies évolutives ou d'accidents, notamment d'accidents du travail qui paraissent fréquents sur les chantiers médiévaux à la documentation très riche d'aspects pratiques, tient une place non négligeable, même si elle semble, du moins dans l'Antiquité, inférieure en dignité à l'invalidité de guerre, sanction de la *virtus*.

Certaines contributions concernant l'histoire romaine et le monde islamique insistent sur une dimension sous-estimée et néanmoins fondamentale : celle du droit. La pensée du handicap, autant que morale, symbolique ou sociale, est aussi juridique, non pas en vue de garantir ou de donner des droits aux handicapés comme aujourd'hui, mais afin de déterminer, à l'intérieur de sociétés traditionnelles très compartimentées, dans quelle mesure un handicap fait changer ou non de catégorie, dans quelle mesure il empêche de remplir des fonctions économiques (esclaves) ou publiques (magistrats), ces dernières étant liées, dans l'Antiquité, à des fonctions religieuses intégrant l'accomplissement des sacrifices et supposant une intégrité extérieure et visible. Le droit romain, comme le droit islamique, envisage ce genre de questions. Le droit canon aurait pu être aussi sollicité car l'Église a développé une casuistique des « empêchements » venant frapper ses serviteurs physiquement diminués, et donc inaptes à effectuer certains gestes liturgiques, tout en prévoyant des dispenses.

A côté de ces aspects juridiques de grand intérêt, les aspects sociaux occupent une place importante. Dès les périodes anciennes, en dehors du cas paroxystique de l'exposition à la mort des enfants mal formés, les invalides ont été maintenus dans la société, sous des formes qui peuvent certes apparaître cruelles de nos jours comme la mendicité ou l'enfermement, mais qui leur reconnaissent bien une existence, sinon un statut. Il faut sans doute relativiser l'équation entre l'invalidité, l'improductivité, la pauvreté, la mendicité et l'exclusion, même si cette équivalence est fortement ancrée dans les mots, en arabe par exemple. Sans que cela réponde bien sûr, à l'inverse d'aujourd'hui, à des politiques délibérées, mais en vertu de principes bien identifiables, place est faite aux gens diminués, jusque dans les armées, certes plus grandes pourvoyeuses d'invalides que cadres d'accueil de ceux-ci. Notons au passage que si le sort des estropiés de guerre a retenu les antiquistes et les modernistes, il manque curieusement d'historiens pour la période médiévale où étaient pourtant distingués les simples souffrants des infirmes. Mise en œuvre au nom de la dette contractée par la collectivité à l'égard de l'invalide de guerre ou au nom de la charité au bénéfice de qui demeure une créature de Dieu – le Coran excuse toujours les infirmes de leur mal - l'assistance a retenu une bonne partie des auteurs qui décrivent les mesures prises, à titre public (monde arabo-musulman) ou à titre privé, pour soulager, aider, voire prendre en charge l'invalide, d'autant plus soutenu que son handicap a été contracté lors d'un service accompli au bénéfice de la communauté (Antiquité, Temps modernes) ou qu'il donne une occasion de salut (Moyen Âge) : l'infirme est un autre Christ de douleurs, le donateur est un autre Christ de charité, d'où le rôle majeur bien connu de l'Église dans l'assistance aux infirmes qui a pu atteindre un certain degré de spécialisation avec les Antonins, chargés de venir en aide aux victimes de l'ergotisme, pathologie invalidante. Il demeure encore un peu de cette vision du secours rédempteur dans l'édit de création de l'Hôtel des Invalides par Louis XIV. Le roi Très-Chrétien réitère le geste de son ancêtre saint Louis fondant les Quinze-Vingts, même si d'autres logiques que la seule prise en charge charitable fondent sa décision, à l'aboutissement d'un lent processus de médicalisation du handicap. Le formidable gisement documentaire que constituent les archives des Invalides (plus de cent mille admis des origines à 1791) permet de saisir au plus près les pathologies et leur perception étonnamment proche des critères d'aujourd'hui.

Cependant, la perception du handicapé est loin de se limiter à l'apitoiement secourable, l'assistance dévouée et à la compassion. Dans l'Antiquité gréco-romaine comme dans la littérature médiévale, dans les surnoms moqueurs donnés aux Conquistadors comme dans certaines images de dérision des fabliaux transparaît une dévalorisation de l'infirme, dénué de son humanité dans les cas les plus lourds parce que sa difformité l'éloigne de la nature humaine, ridiculisé tel l'empereur Claude – « Auguste » diminué, donc contre nature -, persécuté par jeu, jugé victime légitime de la punition divine, ou encore suspecté de feinte et de mystification servant à vivre aux crochets de la société. Cette vision dépréciative, parfois quasi haineuse, demeure cependant largement liée à la condition sociale de celui qu'elle concerne. En dehors de Claude, voué aux gémonies par une historiographie très orientée, le prince ou le chef atteint d'infirmité conserve l'honneur et la renommée, surtout si sa condition d'estropié provient d'une bravoure particulière. La mutilation devient alors paradoxalement qualifiante, pour reprendre une expression de G. Dumézil. Philippe de Macédoine est un borgne glorieux, infirmité qui ajoute à son prestige et alimente la légende. À nul ne serait venue l'idée de railler le mort le plus célèbre de la bataille de Crécy, Jean de Bohème, dit Jean l'Aveugle, tenu pour le meilleur chevalier du monde. L'impotence d'un Louis VI le Gros rend sa fin de vie semblable à une Passion mais ne rend pas sa personne indigne de la royauté. Le pouvoir et l'impotence ne s'excluent pas même si la seconde complique l'exercice du premier.

Il nous reste à remercier ici ceux qui ont permis cette publication, à commencer par notre bienveillant et dévoué comité de lecture, les professeurs Philippe Mudry de l'Université de Lausanne et Laurence Moulinier de l'Université de Lyon II ainsi que l'un des pères fondateurs de l'histoire du handicap, Henri-Jacques Stiker. Nous lui sommes particulièrement reconnaissants aussi d'avoir aussi accepté de préfacer ces contributions.

In fine, ce livre a vu le jour grâce à l'aide de la Communauté d'agglomération troyenne, du CHiSCO, Centre de recherches en histoire sociale et culturelle de l'Occident, XIIe - XVIIIe de l'université de Paris Ouest Nanterre et du CRESC, Centre de recherche espaces, sociétés, culture, EA 2356 de l'université de Paris Nord Villetaneuse.

Franck Collard et Évelyne Samama

PRÉFACE

Henri-Jacques STIKER
Directeur de recherches,
Laboratoire « Identités, cultures, territoires »,
Université Denis Diderot, Paris VII
Rédacteur en chef de *ALTER,*
Revue européenne de recherche sur le handicap,
European Journal of Disability Research

Joie et admiration sont les deux mots qui viennent à l'esprit, et aux lèvres, à la lecture de cet ouvrage.

Il est vraiment réjouissant que des historiens se saisissent du thème du handicap. Avec des travaux comme ceux de cette publication, le handicap sort de la sphère des spécialistes ou de quelques chercheurs assez isolés, pour entrer de plain-pied dans la recherche universitaire. C'est désormais, comme on pouvait le souhaiter depuis fort longtemps, un sujet aussi digne qu'un autre d'être travaillé par les sciences historiques. Il sera possible, grâce à cette ouverture créée par des enseignants et chercheurs de renom, d'engager des étudiants en histoire à consacrer leur thèse à cet « objet », à différentes époques et sous différents angles. Il sera possible de proposer des articles à des revues prestigieuses. Il sera possible de faire des cours, et pourquoi pas de créer des chaires, consacrées à un sujet qui traverse et préoccupe toutes les époques et toutes les sociétés. La richesse du présent livre l'implique. C'est ici qu'il me faut faire part de mon admiration.

Les quelques pages relatives au « handicap dans la longue durée » synthétisent à la fois la diversité des sources qui fournissent des renseignements souvent ignorés jusqu'alors et les époques parcourues. Sachant que les magnifiques études rassemblées ici ne sont pourtant pas exhaustives — comment un travail historique, surtout aussi neuf, serait-il en voie d'achèvement ? — ces propos suggèrent les multiples chantiers possibles. Mais c'est déjà un exploit que d'avoir dépouillé les textes ou les archives concernant les accidentés du travail dans l'Antiquité, les invalides de guerre ou au combat, à plusieurs moments de l'histoire, les dispositions juridiques visant les magistrats à Rome, les récits de miracles au Moyen Âge (de la Vierge chez Gautier de Coinci ou des saints chez Guillaume de Saint-Pathus), les récits de conquistadores du Nouveau Monde et enfin les images littéraires des estropiés. Il est incitatif de lire un exposé sur les premiers siècles de l'Islam, car il faudra fouiller l'histoire des autres cultures et des textes religieux. Sur la périodisation également, l'ouvrage, qui va de la Grèce au XVIIIe siècle, est stimulant car il tente un parcours de longue durée mais avec des recherches très érudites sur chaque cas, nous évitant ainsi un récit qui pourrait apparaître comme linéaire. Il faut, à ce propos, rendre hommage à des tentatives de mettre en œuvre des méthodes à la fois éprouvées et osées en interrogeant les sources à partir de mises en place contemporaines. Je pense à l'étude sur le dépouillement des archives d'admission à l'Hôtel des Invalides, de la fondation par Louis XIV jusqu'au cours du siècle des Lumières, qui procède en s'inspirant de la *Classification internationale du fonctionnement, du handicap et de la santé* [1], pour montrer qu'à travers les données concrètes des registres d'admission, une pensée du handicap était présente qui n'a peut-être rien à envier à des élaborations récentes. Je pense aussi à ce qui est dit, à propos des miracles de la Vierge au Moyen Âge, sur la capacité des actuelles *disability studies* d'éclairer les récits de Gautier de Coinci.

Ainsi de multiples fenêtres sont ouvertes, invitant les générations d'historiens qui viennent à poursuivre, et à se lancer dans des quêtes aussi passionnantes qu'inédites, à révéler des sources inexploitées sous cet aspect des déficiences et des handicaps, à mettre en lumière des épisodes historiques insoupçonnés. Il serait pourtant injuste de laisser croire qu'aucun effort remarquable en histoire du handicap n'a été fait jusqu'alors. Sans pouvoir être complet, il me plaît, à titre d'exemple, de signaler les travaux sur l'histoire des aveugles [2], sur l'histoire de l'éducation spécialisée [3], sur les sourds [4]. Ces quelques épis d'une botte qu'il ne faut pas négliger vont se joindre à la belle moisson du présent ouvrage.

Le caractère réjouissant de l'entreprise se redouble, à mes yeux, si je considère que même pour les périodes très anciennes, voire la préhistoire, l'intérêt se lève. Les pages sur le handicap dans la longue durée évoquent d'ailleurs ces

1. Organisation Mondiale de la Santé, 2001.
2. Zina Weygand, *Vivre sans voir, les aveugles dans la société française du Moyen Âge au siècle de Louis Braille*, Paris : Créaphis, 2003, préfacé par Alain Corbin.
3. Cf. Maurice Capul, *Abandon et marginalité, les enfants placés sous l'ancien régime ; Infirmité et hérésie, les enfants placés sous l'Ancien régime*, Toulouse : Privat, 1989 et 1990, préfacé par Michel Serres, ou encore Monique Vial, *Les enfants anormaux à l'école. Aux origines de l'éducation spécialisée 1882-1909*, Paris : Armand Colin, 1990.
4. Jean-René Presneau, *Signes et institutions des sourds XVIIIe-XIXe siècle*, Seyssel : Champ Vallon, 1998 ou Aude de Saint Loup, « Sourds en quête d'identité, traces médiévales » dans *Handicap et inadaptation fragments pour une histoire : notions et acteurs*, société Alter, 1996.

recherches. Lors d'un colloque récent, intitulé « décrypter la différence »[5], bien que non uniquement scientifique, on a pu entendre des interventions sur les naissances difformes et monstrueuses en Grèce renouvelant assez profondément les études antérieures, sur les amputations à la fin du Moyen Âge et sur les sculptures romanes de ces amputations, sur les prothèses de l'Antiquité à la Renaissance. Cette propension à s'intéresser scientifiquement à ce que l'on nomme aujourd'hui le handicap, mais dont les études du présent travail soulignent bien la complexité historique et terminologique, se remarque en plusieurs autres domaines que l'histoire, produisant un effet de convergence d'intérêt nouveau et fort : plusieurs jeunes philosophes s'attellent à penser le corps handicapé ou l'épistémologie des discours sur les handicap ; un groupe important de psychanalystes organisent depuis trois ans un séminaire interuniversitaire sur les questions psychiques relatives au handicap. Avec des chercheurs de nombreux pays européens a été créée une revue en sciences humaines : *ALTER, European Journal of Disability Research, Revue européenne de recherche sur le handicap*. Se prépare une exposition sur le handicap qui, dans les nouveaux locaux du Musée de l'homme au Trocadéro, sera contemporaine de la réouverture, en 2012 ou 2013. Bref, j'oublie sans doute d'autres secteurs de la recherche qui frémissent sous le vent du handicap, mais je me plais à saluer, avec la joie et l'admiration que j'exprimais en commençant, l'inauguration d'une époque de curiosité scientifique pour le handicap, pleine de promesses.

Pour en revenir à l'histoire, je suis convaincu non seulement qu'elle ne doit pas ignorer ce qui se fait et se fera de plus en plus dans des champs voisins, voire éloignés, mais encore qu'elle pourrait être un stimulant pour l'anthropologie. L'anthropologie historique, aussi nourrie d'histoire qu'elle se doit d'être, n'est pourtant pas l'histoire. Mais jusqu'alors ce type de point de vue n'a pas beaucoup été braqué sur la déficience et le handicap. Il faut encore davantage chercher les ethnologues et anthropologues qui s'intéressent à l'infirmité que les historiens. Aucune annexion de l'une ou de l'autre ne saurait être de mise, mais un dialogue extrêmement fécond peut et doit surgir. Bien des notifications dans le présent ouvrage s'y prêtent. Par exemple, si l'accent en ce qui concerne la Grèce et Rome est mise plus spécialement ici sur les adultes accidentés, notamment par la guerre, les quelques notifications relatives aux naissances difformes font signe à une question que je n'avais pas bien vue quand je rédigeais mon essai d'anthropologie historique, à savoir que le dossier de la Grèce ancienne devait être bien distingué du dossier latin, au point de vue de l'attitude et des pratiques envers les naissances contrefaites. Celui qui travaille sur les systèmes de pensée et les représentations culturelles peut être pris en défaut de manquer de connaissances historiques détaillées, mais l'historien, pour ne pas rester rivé à la seule érudition, aura toujours intérêt à lire les anthropologues. Je ne résiste pas à évoquer, à ce moment, la figure d'un historien

5. UNESCO, le 3 décembre 2009.

qui a su se nourrir de multiples autres sciences humaines, Michel de Certeau, qui écrivait : « Elle [l'histoire] intervient sur le mode d'une expérimentation critique des modèles sociologiques, économiques, psychologiques ou culturels. On dit qu'elle utilise un "outillage d'emprunt" (P.Vilar). C'est vrai. Mais précisément, elle *l'éprouve* par un transfert de cet outillage sur des terrains différents, à la manière dont on "éprouve" une voiture de tourisme en la faisant fonctionner sur des pistes de course, à des vitesses et dans des conditions qui *excèdent* ses normes. L'histoire devient un lieu de contrôle. Là s'exerce une "fonction de falsification". Là peuvent être mises en évidence des limites de significabilité relatives aux "modèles" qui sont essayés tour à tour par l'histoire dans des champs étrangers à celui de leur élaboration »[6]. Et ceci fait écho à un propos d'André Burguière, relatif à l'anthropologie historique : « Les comportements les moins argumentés d'une société comme les soins du corps, les manières de se vêtir, l'organisation du travail et le calendrier des activités quotidiennes reflètent un système de représentation du monde qui les relie en profondeur aux formulations intellectuelles les plus élaborées, comme le droit, les conceptions religieuses, la pensée philosophique ou scientifique »[7].

Grâce soit rendue encore une fois aux auteurs qui incitent à l'histoire, au croisement des sciences de l'homme, à l'aller et retour du passé à notre présent, car il s'agit de penser le handicap mais aussi de contribuer à le surmonter par l'intelligibilité qu'on lui procure.

---

6. Michel de Certeau, « L'opération historique », dans *Faire de l'histoire I Nouveaux problèmes*, dir. Jacques Le Goff et Pierre Nora, Paris : Gallimard, 1974, p. 51 *sq*.
7. André Burguière, « L'anthropologie historique », dans *La Nouvelle Histoire*, dir. Jacques Le Goff, Bruxelles : Éd. Complexes, 1988 p. 159.

MONDES ANTIQUES

Arbeitsunfälle und ihre Folgen im Altertum

Herbert GRASSL
Universität Salzburg

Begriffsbestimmung

Unter einem Arbeitsunfall wird ein unvorhergesehenes, plötzliches, ungewolltes, örtlich und zeitlich begrenztes von außen einwirkendes Ereignis verstanden, durch das eine körperliche Verletzung (*Trauma*) hervorgerufen wird [1]. Die heutige Unfall- und Sicherheitsforschung beschäftigt sich sehr detailliert mit Beschreibung und Vorhersage von Unfällen, wobei das Ziel in der Behebung von Unfallursachen liegt. Die häufigsten Unfälle werden durch das Verhalten des Menschen hervorgerufen, das sogenannte « menschliche Versagen », das auf psychische, physische oder soziale Momente zurückgeführt werden kann. Dazu treten organisatorische und gegenstandsgebundene Unfallursachen, z.B. technische Mängel. Daraus lassen sich bestimmte Risikoindikatoren ableiten : Unfallrisiko ist das Produkt aus zu erwartender Unfallhäufigkeit und Unfallschwere. Die Unfallschwere wird heute nach der Verletzungsdauer und körperlichen Beeinträchtigung gemessen ; die Bandbreite reicht von Bagatellunfällen bis hin zum tödlichen Unfallverlauf. Unfallrisiken sind in verschiedenen Lebensbereichen unterschiedlich gewichtet. Die Bewertung und Einschätzung von Unfallrisiken ist gesellschafts- und zeitbezogen ; heute gelten nur wenige Risikofaktoren als zumutbar (etwa der Straßen- und Flugverkehr). Die rezente Unfallforschung widmet sich den Ursachen möglicher und geschehener Unfälle, analysiert den Unfallhergang und untersucht die Unfallfolgen in Form von Personen- und Sachschäden. Dabei wird nicht übersehen, dass jeder Unfall mehrere Ursachen haben kann. Da immer der Mensch am Ende der Kausalkette steht, beruht letzten Endes jeder Unfall auf Fehlverhalten des Menschen.

---

1. Dazu R. Skiba, *Taschenbuch Arbeitssicherheit*, Bielefeld, 1994, 28 ff. ; *Handwörterbuch der Sozialwissenschaften* 10 (1959), 451 f. *s.v.* Unfallversicherung ; *Brockhaus Enzyklopädie* 28 (2006), 322 *s.v.* Unfall.

In der Gegenwart werden ca. 6 % der Unfälle dem Verkehr zugeschrieben, 14 % dem Arbeitsprozess, 17 % dem Schul- und Unterrichtswesen, 32% dem Haushalt und 31 % der Freizeit.

Arbeitsunfälle im Altertum

Für die (alt)historische Unfallforschung, die erst am Beginn ihrer Bemühungen steht, sind aus der heutigen Problematik einige grundsätzliche Perspektiven zu übernehmen, so etwa die Risikoeinschätzung : Wer war bei welcher Tätigkeit aus welchen Gründen besonders gefährdet ? Welche Folgen hatte ein Arbeitsunfall für die Betroffenen ? Welche materiellen, psychischen und sozialen Konsequenzen waren Folge eines Arbeitsunfalles ? Wieweit konnten Opfer von Arbeitsunfällen mit medizinischer Hilfe rechnen ?

In den Altertumswissenschaften sind Unfälle bislang nur sehr lückenhaft aufgearbeitet worden. Die beste Dokumentation liegt für die papyrologischen Zeugnisse vor[2]. Aus Grabinschriften lassen sich in der Regel Unfälle mit Todesfolge erschließen[3]. Auch Unfälle mit Kindern, meist mit tödlichem Ausgang, haben ihre Beachtung gefunden[4], desgleichen Sport- und Verkehrsunfälle[5].

In diesem Beitrag ist das Augenmerk auf Arbeitsunfälle gelegt, die noch nie systematisch betrachtet wurden. Der Schwerpunkt liegt dabei bei jenen Fällen, die glücklicherweise nicht tödlich endeten und für die Sozialgeschichte (Umgang und Versorgung der Verletzten und deren weiteren Lebensweg) besonders interessieren. In den hippokratischen Epidemien begegnet uns ein Mann aus Salamis, wohl ein Seemann oder Hafenarbeiter, der auf einen Anker fiel und in der Magengegend verwundet wurde, was große Schmerzen bereitete[6]. Ein eingenommenes flüssiges Medikament brachte Linderung. Ein Schuster verletzte sich bei seiner Arbeit mit einer Nadel oberhalb des Knies. Die tiefe Fleischwunde blutete nicht, führte aber zu einer Geschwulst, die sich ausbreitete, der Mann starb am dritten Tag[7]. Wir erkennen

---

2. J.H. Drexhage, « Unfälle im römischen Ägypten », *Anagennesis* 4 (1986), 17-24 ; F. Mitthof, « Forensische Medizin im römischen Ägypten », in *Zwischen Magie und Wissenschaft. Ärzte und Heilkunst in den Papyri aus Ägypten*, Wien, 2009, 55-63 ; ders. « Forensische Medizin im römischen und spätantiken Ägypten », in *Symposion 2007. Vorträge zur griechischen und hellenistischen Rechtsgeschichte*, Wien, 2008, 301-318 ; P. Parsons, *Die Stadt des Scharfnasenfisches. Alltagsleben im antiken Ägypten*, München, 2009, 275.
3. A. Gunnella, « Morti improvvise e violente nelle iscrizioni latine », in F. Hinard & F.M. Lambert (éd.), *La mort au quotidien dans le monde romain*, Paris, 1995, 9-22.
4. Chr. Laes, « Children and Accidents in Roman Antiquity », *Ancient Society* 34 (2004), 153-178 ; ders., « *Funere mersi acerbo* – Kinderunfälle in der römischen Antike », in *Der altsprachliche Unterricht* (2007/1), 46-53.
5. W. Letzner, *Der römische Circus. Massenunterhaltung im römischen Reich*, Mainz, 2009, 72 f. ; H. Graßl, « Verkehrsunfälle im Altertum », *Diomedes* NF 3, Salzburg, 2004, 49-52.
6. Hippokr. *Epid.* 5, 32, Quellenanhang Nr. 1.
7. Hippokr. *Epid.* 5, 45, Quellenanhang Nr. 2.

daraus, dass von Unfallopfern Ärzte aufgesucht und eine zum Teil erfolgreiche Behandlung eingeleitet wurde. In der Beispielsammlung der hippokratischen Epidemien stellen Unfallbehandlungen von ausschließlich männlichen Arbeitern nur eine verschwindende Minderheit dar.

Beim Bau der Akropolis in Athen gab es einen prominenten Fall eines Arbeitsunfalles. Darüber bietet die historische Überlieferung zwei Versionen an. Bei Plutarch stürzte bei der Errichtung der Propyläen (437-432 v. Chr.) der tüchtigste und fleißigste Handwerker durch einen Fehltritt aus großer Höhe in die Tiefe und verletzte sich so schwer, dass er von den Ärzten aufgegeben wurde [8]. In dieser kritischen Situation griff die Göttin Athene, der an der Vollendung des Kunstwerkes sehr viel lag, in das Geschehen ein. Sie erschien Perikles im Traum und zeigte ihm ein Heilmittel, das auch prompt wirkte. Ein bronzenes Standbild der Athena Hygieia war der Dank für diese rettende Hilfe. Perikles tritt hier als Heiler in Erscheinung, nachdem alle ärztliche Kunst versagt hatte. Im Hintergrund hielt freilich die Göttin den Schicksalsfaden in ihrer Hand, denn in ihrem Dienst war das Unglück auch passiert. Schaden und Heilung durch dieselbe Person war griechischem Denken wohl vertraut, wie auch das Sprichwort lehrt : wer verletzt, heilt auch [9]. Man muss auch beachten, dass zum Zeitpunkt des Geschehen in Athen noch kein Tempel des Asklepios existierte. Bei Plinius [10] war der Verletzte ein Haussklave des Perikles, dem im Traum von der Göttin das *parthenion* als Heilmittel gezeigt wurde. Die Identifikation dieser Pflanze bereitete schon im Altertum Schwierigkeiten. Von der heutigen Forschung wird sie gerne mit *parietaria officinalis* geglichen [11]. In der römischen Version, die keine Einschaltung von Ärzten kennt, wird die Familienzugehörigkeit des Unfallopfers betont, was den Hausvater Perikles besonders verpflichtete. Auch die zum Dank errichtete Bronzestatue sei dem Verletzten gewidmet gewesen. Diese Version ist zwar historisch unglaubwürdig, verrät aber sehr viel über die römische Sozialgeschichte und ihre Werthaltungen. In jedem Fall bleibt allerdings die Frage offen, welches Schicksal das Unfallopfer ohne Heilwunder erwarten durfte.

Das nächste Beispiel macht uns mit dem Schicksal eines Bühnenkünstlers aus augusteischer Zeit vertraut. Der Fabeldichter Phaedrus schildert das Unglück des Flötenspielers Princeps [12], der als Lucius Cassius Princeps auch inschriftlich bezeugt ist [13]. Als der Bodenaufzug des Theaters angehoben wurde, kam der Flötenspieler

---

8. Plut. *Vit. Per.* 13, 12, Quellenanhang Nr. 3.
9. *Mantissa Proverbiorum* 2, 28 ; Suet. *Claud.* 43.
10. Plin. *Hist. Nat.* 22, 44, Quellenanhang Nr. 4.
11. J. André, *Les noms de plantes dans la Rome antique*, Paris, 1985, 189 ; ders. *Lexique des termes de botanique en latin*, Paris, 1956, 239, 243.
12. Phaedr. *Fab.* 5, 7, Quellenanhang Nr. 5. Siehe E. Oberg, *Phaedrus-Kommentar*, Stuttgart, 2000, 218-220 ; J. Henderson, *Tellings tales on Caesar. Roman stories from Phaedrus*, Oxford, 2001, 95-118.
13. *CIL* XI 4424.

schwer zu Sturz und brach sich dabei das linke Schienbein. Unter großen Schmerzen wurde er auf Händen nach Hause getragen, ein monatelanger Heilungsprozess hatte schließlich Erfolg. Der Versuch eines einmaligen Wiederauftritts auf die Bühne, durch entsprechendes Zureden und Honorar eines potenten Spielgebers versüßt, schlug aber völlig fehl. Die neuen politischen Umstände ließen die Zuseher den *princeps*, also den Kaiser feiern, dem jetzt das öffentliche Interesse galt. Der Künstler Princeps, der die Äußerung des Publikums mißverstand, wurde mit weißen Binden um sein Bein gewickelt, in weißer Tunika und Schuhen von der Bühne gejagt. Der Dichter Phaedrus bringt für das Unfallopfer kein Verständnis auf. Er sieht in ihm die ruhmversessene Theaterfigur, nicht den verunglückten Menschen. Degoutante Wortspiele, Scherz und Spottverse des Publikums entsprachen ganz dem römischen Geschmack, das Opfer wird vor aller Welt verhöhnt. Man mag sich mit der Hoffnung trösten, dass dem Flötenspieler Princeps keine körperlichen Dauerschäden verblieben sind.

Dem höchsten römischen Stand gehörte dagegen der dreifache Konsul Verginius Rufus an, dem Plinius d. J. einen eindrucksvollen Nachruf widmete [14]. In seinem 83. Lebensjahr hat sich der Konsul auf die gewohnte Dankesrede an Kaiser Nerva vorbereitet. Dabei entglitt seinen zittrigen Händen das schwere Manuskript, er bückte sich danach und rutschte auf dem glatten, schlüpfrigen Boden aus, stürzte und brach sich das Hüftgelenk. Dieses wurde nicht fachgerecht eingerenkt, der Bruch heilte altersbedingt sehr schlecht. Nach längerer bewundernswert ertragener Invalidität ist Verginius Rufus an den Unfallfolgen gestorben. Plinius setzt seinem Standesgenossen ein würdiges literarisches Denkmal, verweist dabei auf die Tragik des Lebensende, das dem Bemühen des Konsuls um die korrekte Körperhaltung des Redners geschuldet wird [15]. Bemerkenswert an diesem Text ist auch, dass Plinius einen ganz exakten Hergang des Unfallgeschehens und eine auch im modernen Sinne zutreffende Kausalanalyse vorlegt, die die Verkettung der Unfallursachen aufzeigt : das Alter des Konsuls, das Zittern seiner Hände, die Schwere des Redetextes, den schlüpfrigen Boden, den Versuch, den entglittenen Text selbst aufzuheben (gab es dafür keinen Sklaven ?), schließllich den Sturz mit seinen Folgen. Kritik an der ärztlichen Kunst wird von Plinius nur maßvoll geäußert, mussten doch die Körperkräfte dem Alter Tribut zollen.

Den Baustoff für Roms imperiale Repräsentation lieferten unzählige Steinbrucharbeiter, darunter auch die am *mons Claudianus* in Ägypten. Die hier entdeckten *Ostraka* aus dem 2. Jh. n. Chr. informieren in listenförmiger Weise über Personen, die aus verschiedenen Gründen arbeitsunfähig waren [16]. Die Art der Arbeitstätigkeit, der Personenname und der Grund des Arbeitsausfalles sind exakt verzeichnet [17]. Hier finden sich neben Angaben zu Augenleiden, Skorpionbissen und

14. Plin., *Epist.* 2, 1, Quellenanhang Nr. 6.
15. E. Valette-Gagnac, « Corps de lecteurs », in *Corps romains. Textes réunis par Philippe Moreau*, Grenoble, 2002, 289-312.
16. M. Hirt Raj, *Médecins et malades de l'Égypte romaine*, Leiden-Boston, 2006, 267.
17. *Ostrac. Claudian.* II 212, Quellenanhang Nr. 7.

Fiebererkrankungen auch Folgen von Arbeitsunfällen verzeichnet. Dazu konnten auch genaue Tagesangaben für die Dauer des Arbeitsausfalles mitgeliefert werden [18]. Ob dies für die Berechnung eines Lohnabzuges geschehen ist, bleibt ungewiss. Eine spezielle medizinische Versorgung in den abgelegenen Steinbrüchen ist wohl ausgeblieben.

Ein Blick in die frühgriechische Welt macht mit dem Schicksal einiger prominenter Persönlichkeiten vertraut. Nach einer legendenhaften Überlieferung beim Redner Himerios (4. Jh. n. Chr.) sei der Sänger Ibykos auf der Fahrt von Katane nach Himera auf Sizilien vom Wagen gefallen [19]. Dabei wurde seine Hand zerschmettert, was ein zeitweiliges Ende der Karriere bedeutete. Er weihte seine Lyra dem Gott Apollon, wie dies auch bei anderen Arbeitsgeräten geübt wurde [20]. Man darf sich fragen, welche sozialen Folgen dieser Unfall nach sich zog. Sänger waren als reisende Künstler allen Gefahren der Mobilität ausgesetzt. Längere erzwungene Auftrittspausen konnten sich auf Anerkennung und materiellen Wohlstand negativ auswirken. Glimpflicher kam der Philosoph Thales davon, über dessen Ungeschick mehrere Erzählversionen kursieren [21]. Nach Platon ist der Denker, auf den Himmel starrend, in einen Brunnen gestürzt, was den Spott seiner Umgebung hervorrief [22]. Dieses Verhalten ist übrigens zutief menschlich, was sich auch im Sprichwort spiegelt. Besser wäre es gewesen, dem Unglücklichen Hilfe anzubieten. Die thrakische Sklavin mag die Sicht des antiken Arbeitsalltages auf weltabgewandte, geistige Tätigkeit reflektieren. Jedenfalls hinterließ der Sturz beim Philosophen keine weiteren Schäden. Doch auch über eine bessere Absicherung von Brunnen wird bei dieser Gelegenheit kein Gedanke verschwendet. Als ein Sohn lachte, wie er seinen Vater zu Boden stürzen sah, war dem Redner Libanios (4. Jh. n. Chr.) ein eigenes Übungsstück wert, das voll Tadel für das Verhalten des Sohnes und die unterlassene Hilfeleistung ist [23].

Herodot erzählt voll Anteilnahme den Jagdunfall des Großkönigs Dareios [24]. Beim repräsentativen Auftreten ist dieser vom Pferd gesprungen und hat sich am Fußknöchel verletzt. Die zugezogenen ägyptischen Ärzte konnten keinen Heilerfolg verzeichnen, die Schmerzen des Königs wurden unerträglich und er rechnete nicht mehr mit seiner Genesung. Durch Zufall erlangte der Großkönig Kenntnis vom Griechen Demokedes aus Kroton. Dieser Arzt wurde nach anfänglichem Sträuben zur Behandlung beigezogen, heilte den König und begründete damit die Geltung griechischer Ärzte am persischen Königshof. Unfälle im Umgang mit Tieren waren

18. *Ostrac. Claudian.* II 213, Quellenanhang Nr. 8.
19. Himer., *Or.* 69, 35, Quellenanhang Nr. 9.
20. R. J. Penella, *Man and the Word. The Orations of Himerius*, Berkeley-Los Angeles-London, 2007, 102.
21. Diog. Laert. 1, 34 ; *Gnom. Vat.* 319 ; Tert. *Ad nat.* 2, 4.
22. Plat., *Theait.* 174a, Quellenanhang Nr. 10.
23. Liban., *Decl.* 27.
24. Herodot, 3, 129, Quellenanhang Nr. 11

im Altertum sehr häufig ; dabei sind zwei Fälle zu unterscheiden : 1. Der Tierschaden. In diesem Fall fügt ein Tier dem Menschen Schaden zu. Solche Schadensfälle wurden auch von juristischen Regelungen erfasst, insbesondere Verletzungen durch vierfüßige Tiere eines anderen Besitzers. Hier führt die mangelnde Aufsicht über das Tier zur Haftung des Tierhalters, Schadenersatz oder die Auslieferung des Tieres waren die Folgen. 2. Ein Unfall im Umgang mit dem eigenen Tier. Dies ist dem Perserkönig zugestoßen und kann auch durch viele weitere Beispiele ergänzt werden.

Der Erzählkunst Herodots verdanken wir die Nachricht über den Unfall des Feldherrn Miltiades auf der Insel Paros im Jahre 479 v. Chr. [25]. Miltiades sprang von einer Einfriedungsmauer eines Tempels herab, verrenkte sich die Hüfte und/oder verletzte sich am Knie [26]. Trotz seiner schweren Traumatisierung wurde er von den Athenern angeklagt. Eine ärztliche Versorgung wird nicht überliefert. Während der gerichtlichen Verhandlung lag Miltiades auf einer Kline und wurde zu hoher Geldbuße verurteilt. Der Unfall und der körperliche Zustand des Angeklagten hatten offenbar keinen Einfluss auf den Fortgang des Verfahrens. Auch der Feldherr Aratos (3. Jh. v. Chr.) hatte sich auf einer Flucht eine Beinverrenkung zugezogen [27]. Dies hatte einen mehrmaligen operativen ärztlichen Eingriff zur Folge, sodass Aratos an weiteren Feldzügen in einer Sänfte getragen werden musste. Diese diente somit als Hilfsmittel, um den Amtspflichten weiter nachkommen zu können. Auch der römische Konsul Annius Gallus, ein Mitstreiter Kaiser Othos, hat seine Funktion weiter ausgeübt, obwohl er vom Pferd gefallen ist und ärztlich behandelt werden musste. Wie Plutarch berichtet, hat er mit seinem Kaiser schriftlich kommuniziert [28]. Auch der römische Konsul sah sich trotz seines Unfalls weiter im Dienst und in der Pflicht, was auch seine Würdigung in der Überlieferung erfuhr.

Als letztes Beispiel sei der Philologe Krates von Mallos (2. Jh. v. Chr.) angeführt. Von König Attalos von Pergamon als Gesandter nach Rom geschickt, ist er am Palatin in einen Kloakenschacht gestürzt, hat sich das Schienbein gebrochen und eine lange Phase der Genesung benötigt. Diese Zeit nutzte er für seine Lehrtätigkeit und häufiges öffentliches Auftreten [29]. Auch in diesem Fall hat das Unglück das wissenschaftliche Talent des Gesandten voll zur Geltung gebracht.

Auswertung

Wenngleich Umfang und Art der untersuchten Quellen überschaubar bleiben, können bestimmte Schlussfolgerungen daraus gezogen werden. Es fällt auf, dass wir keinen weiblichen Opfern von Arbeitsunfällen begegnen. Dies mag an der

---

25. Herodot, 6, 135, Quellenanhang Nr. 12.
26. L. W. Daly, « Miltiades, Aratus and Compound Fractures », *AJPH* 101 (1980), 59 f.
27. Plut., *Vit. Aratos* 33, 6, Quellenanhang Nr. 13.
28. Plut., *Vit. Otho* 8, Quellenanhang Nr. 14.
29. Suet., *Gramm.* 2, Quellenanhang Nr. 15.

Struktur der Arbeitswelt liegen, aber auch daran, dass weibliche Arbeit im Hause vonstatten ging und die dort erlittenen Unfälle nicht dokumentiert wurden. Sieht man sich dagegen die Unfälle mit Beteiligung von Kindern an, so sind Knaben und Mädchen in gleicher Weise davon betroffen. Unfallfolgen sind oft ein zeitlicher oder dauernder Verlust der Arbeitsfähigkeit. Bisweilen wurden zur Behandlung Ärzte beigezogen. Wenn man darauf verzichtete, so geschah dies auch deswegen, weil bei Unfällen die Ursache der Verletzung bekannt war, Heilerfolge oft nicht erwartet werden durften, die Behandlung oft mit langer Dauer verbunden und die Kosten ärztlichen Eingreifens hoch waren. Die Unfallopfer haben von sich aus alles getan, ihre Arbeitsfähigkeit zu bewahren oder wieder zu erlangen. Dabei sind Schwierigkeiten beim Wiedereinstieg nicht zu vermeiden gewesen. Die Umgebung ist den Unfallopfern großteils mit Rücksichtnahme begegnet, Einschränkungen in der Mobilität wurden akzeptiert. Es fällt aber auf, dass so gut wie keine Versuche vorliegen, Unfallursachen näher zu thematisieren, um sie vielleicht zu beseitigen und damit größere Sicherheit im Arbeitsprozess zu gewährleisten. Dies gilt nicht nur für das private Lebensumfeld, sondern auch für den öffentlichen Raum, etwa durch entsprechende Vorschriften zur Absicherung von Brunnen, Gräben, Gruben, Kanälen oder Treppen. Einzig das bekannte Astynomengesetz aus Pergamon fordert die Abdeckung von Ausgrabungen, offenen Rinnen und Isoliergräben[30]. Für Brunnen galten nur Reinheits-, keine Sicherheits-vorschriften. Ein Blick auf die Welt des Alten Testamentes zeigt aber, dass in anderem kulturellen Kontext solche Vorstellungen sehr wohl ihren Platz hatten. Hier wurde dem privaten Bauherrn die Errichtung eines Geländers auf dem Hausdach aufgetragen, um nicht Blutschuld auf sich zu laden, wenn jemand herabfällt[31]. Auch gegen offene Brunnen war man sensibilisiert[32]. Im Handbuch des römischen Architekten Vitruvius kommt das Wort *securitas* dagegen überhaupt nicht vor.

Ein Vergleich mit Unfällen, die tödlich endeten, zeigt, dass Ursachen und Umstände dieselben, bloß in den Folgen dramatischer waren. Da treffen wir auf Stürze in Brunnen, Badebecken, in Flüsse, von Hausdächern, Bäumen, Treppen und Baugerüsten, Unfälle mit Maschinen, durch Steinschlag, herabfallende Ziegel, umstürzende Bäume, auf der Jagd usw. So gut wie keine Dokumentation liegt über Beinahe-Umfälle vor, doch auch sie wären in die Überlegungen zur Einschätzung von Gefahrenrisiken einzubeziehen. So wäre z.B. der Dichter Horaz fast von einem Baum erschlagen worden, ein Erlebnis, das er in einem berührendem Gedicht verarbeitete[33]. Ähnliche Fälle sind unserer literarischen Überlieferung vertraut : Petrons Trimalchio wäre fast durch einen von der Leiter stürzenden Gaukler getroffen worden[34]. In solchen Situationen hatte, so verstand man es im Altertum und wohl

30. *OGIS* 483, 80 ff. ; 130 ff. ; 180 ff..
31. *AT* 5 *Mos.* 22, 8 [= *Deutéronome*, 22, 8 (note des éditeurs)].
32. *AT* 2 *Mos.* 21, 33 ff. [= *Exode*, 21, 33 *sqq.* (note des éditeurs)].
33. Hor., *Carm.* 2, 13.
34. Petron., *Sat.* 55.

auch vielfach heute, Fortuna ihre Hand im Spiel. Dies war auch die Gedankenwelt des Philosophen Seneca[35], so dachten wohl auch viele seiner Zeitgenossen[36].

Unfallrisiken wurden eben hingenommen, galten als Werk höherer Mächte, und dies mag auch der Grund dafür sein, dass eine Aufarbeitung von Kausalketten und damit ihrer Unterbrechung als Voraussetzung für eine Risikominderung unterblieb. Unfallgefahren, insbesondere jene der antiken Arbeitswelt, waren gegenüber anderen Gefahrenquellen für Leib und Leben wie Krieg, Schifffahrt, Seuchen, Naturkatastrophen usw. gesellschaftlich offensichtlich nicht so maßgeblich. Doch auch diese Einschätzung rechtfertigt eine intensive Beschäftigung mit dieser Thematik.

35. Sen., *Dial.* 6, 11.
36. Petron., *Sat.* 115 ; Stat. *Silv.* II 1, 213 ff.

Quellensammlung

1. Hippocrate, *Epidémies* 5, 32 [ed. & tr. J. Jouanna & M.D. Grmek, CUF, 2000]
« 1. À Salamine celui qui était tombé sur l'ancre eut une plaie perforante au ventre ; il souffrait excessivement. 2. Il but un médicament évacuant sans avoir d'évacuation par en bas ni de vomissement. »

2. Hippocrate, *Epidémies* 5, 45 [ed. & tr. J. Jouanna & M.D. Grmek, CUF, 2000]
« 1. Le cordonnier perçant une semelle se perça lui-même au-dessus du genou avec son alène, là où est l'os de la cuisse ; et il l'enfonça à une profondeur d'un doigt environ. 2. Chez lui, il ne s'écoula pas du tout de sang, et la plaie se referma vite, mais la cuisse tout entière enfla et l'enflure s'étendit à l'aine et au flanc. 3. Cet homme mourut le troisième jour. »

3. Plutarque, *Vie de Périclès*, 12-13 [ed. & tr. R. Flacelière et E. Chambry, CUF, 1968]
« 12. Les Propylées de l'acropole furent achevés en cinq ans par l'architecte Mnésiclès. Un événement merveilleux, qui arriva pendant la construction, montra que la déesse, loin de s'en désintéresser, mettait, elle aussi, la main à l'oeuvre et aidait à l'achever. 13. Le plus actif et le plus zélé des ouvriers glissa et tomba du haut de l'édifice. Il était dans un état pitoyable et abandonné des médecins. Périclès se décourageait quand la déesse lui apparut en songe et lui prescrivit un remède dont il usa et qui guérit vite et facilement le blessé. C'est à cette occasion qu'il éleva, dit-on, la statue de bronze d'Athéna Hygie et la plaça sur l'acropole, près de l'autel qui s'y trouvait déjà. »

4. Pline l'Ancien, *Histoire naturelle,* 22, 43-44 [ed. & tr. J. André, CUF, 1970]
« XX. Le *perdicium* ou *parthenium* ou encore *siderites* est tout autre chose ; les Latins l'appellent herbe urcéolaire, et aussi *astercum*. Il a des feuilles semblables à celles du basilic, mais il est plus foncé ; il vient sur les toits et les murs. Broyé avec un grain de sel, il guérit les mêmes affections que le *lamium*, et de la même manière, le suc, pris chaud, est bon pour les dépôts d'humeurs, mais il a des vertus toutes spéciales pour les déchirures, les ruptures, les chutes de hauteur d'homme ou d'un lieu élevé, par exemple quand une voiture verse.

44. Un esclave de naissance chéri de Périclès, le chef des Athéniens, qui travaillant à la construction d'un temple dans la citadelle, était tombé du faîte où il avait grimpé, fut guéri, dit-on, par cette plante, que Minerve indiqua dans un songe à Périclès ; c'est pourquoi elle fut appelée *parthenium* et elle est consacrée à cette déesse. C'est cet esclave dont on a fait une statue en bronze, le fameux *Splanchnoptès*. »

5. Phèdre, *Fables* 5, 7 [ed. & tr. A. Brenot, CUF, 1924]
« Princeps était un joueur de flûtes assez connu ; il avait coutume d'accompagner la danse de Bathylle sur la scène. Il lui advint dans une fête, je ne sais plus au juste laquelle, comme on enlevait en hâte un décor, de faire une chute grave à l'improviste, et de se casser la cuisse gauche ; la perte des deux droites l'eût mieux accommodé. Enlevé à bras et poussant beaucoup de gémissements, il est

reporté chez lui. Quelques mois se passent, pendant que le traitement suit son cours jusqu'à la guérison. Comme les spectateurs sont une espèce sensible et d'humeur aimable, on commença à regretter celui dont les modulations excitaient ordinairement l'énergie du danseur. Or bientôt devait avoir lieu, donnée par un certain citoyen, une fête brillante. Comme Princeps commençait à aller et venir à pied, ce personnage obtint de lui, par argent et entregent, l'engagement de se montrer sans plus, juste le jour de la fête. Ce jour arrivé, des on-dit sur le joueur de flûte se propagent dans le théâtre. Certains affirment qu'il est mort, d'autres qu'il va paraître sur la scène à l'instant. La toile tombée, après des roulements de tonnerre, les dieux parlèrent suivant l'usage traditionnel... Alors le chœur entonna un chant inconnu du joueur de flûtes, qui n'était de retour que depuis un moment ; voici quel en était le sens : « Réjouis-toi, Rome, dont le salut est le salut du prince ». Tous, pour applaudir, se lèvent. Le joueur de flûtes envoie des baisers, croyant à des félicitations de ses partisans. Les chevaliers s'aperçoivent de sa sotte erreur, et avec de grands éclats de rire, demandent la reprise du chant. On recommence celui-ci. Notre homme sur le devant de la scène se prosterne de tout son long. Il est salué par les applaudissements ironiques des chevaliers. Le public croit qu'il demande l'indulgence pour le chœur. Mais dès que la vérité fut connue sur tous les gradins, Princeps la jambe serrée de bandelettes blanches... avec sa blanche tunique, et aussi ses blancs souliers, tout fier des honneurs rendus à la majesté de la famille impériale, fut aux cris de tous les spectateurs, jeté dehors la tête la première. »

6. Pline le Jeune, *Lettres* 2, 1 [ed. & tr. A.-M. Guillemin, CUF, 1927]

« 4. Il acheva sa quatre-vingt troisième année dans une sérénité profonde, au milieu d'une vénération non moins grande. Il eut toujours une santé robuste, dont l'unique point faible était un tremblement des mains qui n'avait d'ailleurs rien de douloureux. Seules les approches de la mort furent pour lui assez difficiles et longues, mais il s'y montra encore admirable. 5. Il se disposait à prononcer son discours de remerciement au prince pour le consulat quand le manuscrit qu'il venait de saisir, se trouvant un peu gros pour un vieillard debout, se déroula par son seul poids. En se baissant pour le ramasser, son pied manquant sur le pavé uni et glissant, il tomba et se brisa la cuisse qui fut mal remise et à cause de sa vieillesse ne guérit pas complètement. »

7. *Ostrac. Claudian.* II 212 [tr. M. Hirt Raj, *Médecins et malades de l'Égypte romaine*, Leiden-Boston, 2006]

« 8 (ou 20) Epeiph. Apprenti carrier : Hermaiskos, affection oculaire. Transporteur de blocs : Moschiôn, convalescent. Poseur de coins (?) : Agrippa, blessé. Trempeur : Rômaiôn, blessé. Porteur (?) d'eau : Kalpènos, piqué par un scorpion. Manœuvres : Spès, fiévreux ; Mènophanès ; Silas, réformé. Tailleurs de pierre : Terentis, blessé ; Aphrod..., blessé ; Dèmètris Sikys (?). »

8. *Ostrac. Claudian.* II 213 [tr. M. Hirt Raj, *Médecins et malades de l'Égypte romaine*, Leiden-Boston, 2006]

« Epeiph. Marteleur : Antônis, affection oculaire (depuis le 8 : 4 jours). Transporteur de blocs : E... inflammation de la luette (depuis le 10 : 3 jours). Manœuvres :

Spès, fièvre (depuis le 1er : 12 jours). Bèsariôn, convalescent (depuis le 9 : 4 jours). Annaios, blessé (depuis le 1er: 12 jours). »

9. Himerios, *Orationes* 69, 35 [tr. R. J. Penella, *Man and the Word. The Orations of Himerius*, Berkeley-Los Angeles-London, 2007]
« [...] but the story goes that when Ibycus slipped from his chariot while riding from Catana to Himera his hand was crushed and for some considerable time he gave up his music and dedicated his lyre to Apollo. »

10. Platon, *Théétète*, 174a [ed. & tr. A. Diès, CUF, 1926]
« Socrate — Ainsi Thalès observait les astres, Théodore, et, le regard aux cieux, venait choir dans le puits. Quelque Thrace, accorte et plaisante soubrette, de le railler, ce dit-on, de son zèle à savoir ce qui se passe au ciel, lui qui ne savait voir ce qu'il avait devant lui, à ses pieds. Cette raillerie vaut contre tous ceux qui passent leur vie à philosopher. »

11. Hérodote, *Histoires*, 3, 129 [ed. & tr. Ph.-E. Legrand, CUF, 1939]
« Peu de temps après qu'on eut amené et apporté à Suse ce qui appartenait à Oroitès, il arriva que le roi Darius, étant à la chasse à la grosse bête, se tourna le pied en sautant à bas de son cheval ; et faut-il croire, il se le tourna gravement ; car il eut la cheville déboîtée. Son habitude, dès auparavant, était d'avoir autour de lui les Égyptiens qui passaient pour être les premiers dans l'art de la médecine ; il eut recours à eux. Mais eux, en lui tordant et lui forçant le pied, firent empirer le mal. Pendant sept jours et sept nuits, Darius, à cause du mal qu'il endurait, fut donc empêché de dormir. Le huitième jour, comme il était en mauvais point, quelqu'un qui, antérieurement déjà, à Sardes, avait entendu par hasard parler du talent de Démokédès de Crotone, en fit le rapport à Darius ; et celui-ci ordonna qu'on le lui amenât au plus vite. On le découvrit parmi les esclaves d'Oroitès, relégué n'importe où et traité sans égards ; et on le présenta traînant des entraves et vêtu de haillons. Quand il fut en présence du roi, Darius lui demanda s'il connaissait la médecine ; Démokédès n'en convint pas, dans la crainte, s'il avouait ce qu'il était, d'être pour toujours retenu loin de la Grèce. Mais Darius s'aperçut bien qu'il rusait pour cacher sa science ; et il ordonna à ceux qui l'avaient amené d'apporter devant lui des fouets et des aiguillons. Alors donc Démokédès avoua ; il déclara qu'il ne possédait pas de connaissances précises, mais que, pour avoir fréquenté un médecin, il avait quelques vagues notions de son art. Darius s'en remit à lui ; appliquant dès lors des remèdes grecs, faisant succéder l'emploi de la douceur à celui de la force, il rendit possible au roi de goûter le sommeil, et en peu de temps le mit en état de santé, alors que Darius n'espérait plus du tout avoir le libre usage de son pied. »

12. Hérodote, *Histoires*, 6, 135 [ed. & tr. Ph.-E. Legrand, CUF, 1948]
« Comme il était près des portes, tout à coup l'épouvante l'aurait saisi ; il serait retourné par le même chemin, et, en sautant le mur de pierres sèches, se serait démis la cuisse ; d'autres disent qu'il se serait froissé le genou. En triste état, Miltiade reprit la mer et s'en retourna, sans apporter d'argent aux Athéniens, sans avoir conquis Paros, n'ayant fait qu'assiéger la ville pendant vingt-six jours et ravager

l'île. À Athènes, lorsque Miltiade fut de retour de Paros, on glosa fort sur lui, entre autres et surtout Xanthippos fils d'Ariphron, qui le traduisit devant le peuple et lui intenta une accusation capitale pour avoir trompé les Athéniens. Miltiade, bien que présent, ne se défendit pas lui-même (il était incapable de le faire, atteint de gangrène à la cuisse) ; pendant qu'il gisait sur une civière, devant le peuple, ses amis prononcèrent sa défense, rappelant maint détail de la bataille de Marathon et la prise de Lemnos, comme quoi, après s'être emparé de cette île et avoir châtié les Pélasges, il en avait fait don aux Athéniens. Le peuple se prononça pour lui en l'absolvant de l'accusation capitale, mais, en raison de sa faute, lui infligea une amende de cinquante talents ; après quoi Miltiade mourut, la cuisse cariée et perdue de gangrène ; et les cinquante talents furent payés par son fils Cimon. »

13. Plutarque, *Vie d'Aratos* 33, 6 [ed. R. Flacelière & E. Chambry, CUF, 1979]
« 6. Une fois même il se cassa la jambe en fuyant à travers la plaine de Thria ; le traitement qu'il dut subir comporta plusieurs incisions, et pendant longtemps il fit ses expéditions porté dans une litière. »

14. Plutarque, *Vite d'Othon* 8 [ed. R. Flacelière & E. Chambry, CUF, 1979]
« Quant à Annius Gallus, il était absent, car il se faisait soigner pour une chute de cheval, mais il répondit à une lettre d'Othon qu'il conseillait de ne pas se hâter et d'attendre l'armée de Mœsie, qui était déjà en route. »

15. Suétone, *Grammairiens et rhèteurs* 2 [ed. & tr. M.-C. Vacher, CUF, 1993]
« II. 1 Le premier donc, selon nous, à avoir introduit à Rome l'étude de la grammaire fut Cratès de Mallos, un contemporain d'Aristarque ; 2 envoyé auprès du Sénat par le roi Attale entre la deuxième et la troisième guerre punique, juste vers l'époque de la mort d'Ennius, il se cassa la jambe en glissant dans une bouche d'égout dans le quartier du Palatin, et, pendant toute la durée de son ambassade et de sa convalescence, il tint coup sur coup de très nombreuses conférences, discourut sans relâche et servit de modèle à nos concitoyens »[37].

37. Les éditeurs remercient Marie-Hélène Morell qui a retapé l'ensemble des traductions en français, obligeamment fournies par le Prof. H. Graßl.

« Bons pour le service » : les invalides au combat dans le monde grec

Évelyne SAMAMA
Université de Reims (CERHIC)

La vigueur des combattants est une exigence qu'en chef militaire averti, Xénophon mentionne à plusieurs reprises : « Le général (τὸν στρατηγὸν) doit se préoccuper (ἐπιμελεῖσθαι) de la santé (ὑγιείᾳ) et de la vigueur physique (ῥώμῃ) aussi bien que de la conduite de sa campagne (τῇ στρατηγίᾳ) » [1].

Dans un environnement encore marqué par l'équivalence entre la beauté physique et la beauté morale liée au courage des καλοὶ κἀγαθοί, dans des armées où la force des soldats est l'un des atouts majeurs de la victoire, quelle place les estropiés ou les invalides peuvent-ils occuper ?

Des guerres fréquentes, des blessés nombreux et l'obligation dans laquelle se trouvent les cités ou les royaumes de maintenir une défense active peuvent justifier l'intervention dans les combats de toutes les forces possibles, y compris des invalides de guerre, mais aussi des infirmes de naissance ou de ceux qu'un accident, la maladie ou l'âge ont rendus impotents. Les Grecs les disent *adunatoi*, sans *dunamis*, sans force, bref invalides. La logique voudrait que les personnes diminuées soient exclues des champs de bataille. Or, dans le monde grec, plusieurs exemples nous suggèrent le contraire, à commencer par la présence, dans l'armée d'Agamemnon, du bossu et boiteux Thersite [2]. Étaient-ils tous volontaires ? C'est là un point discutable. Quels sont les témoignages ? Quelle forme cette participation peut-elle prendre, comment est-elle justifiée, organisée et perçue ? Toutes ces questions trouvent difficilement des réponses. D'abord parce que, secret-défense oblige, les textes anciens concernant les guerres historiques fournissent rarement des chiffres fiables sur les troupes, pas plus sur les pertes en hommes que sur les conséquences

1. Xénophon, *Cyropédie* 1, 6, 12.
2. *Iliade* 2, 212-277.

en termes de santé publique. On a proposé, pour l'époque classique, un pourcentage d'environ 5 % de défunts dans le camp des vainqueurs, et une moyenne de 14 % pour les vaincus [3]. Une telle proportion d'hoplites morts paraît déjà énorme à l'échelle des petites cités, et ceci sans compter le nombre des blessés, estropiés ou mutilés, évidemment difficiles à estimer [4], mais la tactique et les armes des combats sont telles que des lésions défigurantes ou invalidantes devaient être nombreuses [5].

Peut-on en déduire que, lors des mobilisations, les cités alignaient non seulement des troupes fraîches, mais aussi des éclopés ? Les textes sont généralement muets, et le silence des contemporains s'explique par la raison d'État [6]. Les auteurs postérieurs ont, du coup, ignoré ces données de manière presque systématique [7].

Néanmoins, l'enquête vaut d'être menée : les invalides étaient-ils « bons pour le service » ? Il convient, d'abord, de s'interroger sur la nature des atteintes les plus fréquentes pour poser dans un second temps la question de la mobilisation de ces hommes diminués ou affaiblis. Par-delà les simples soldats, plusieurs chefs, bien que mutilés, s'illustrent glorieusement dans les combats. Enfin, il faudra se demander si cette participation des soldats et des mercenaires estropiés à la défense est révélatrice de l'image et de la situation des invalides dans la société grecque.

I. Les soldats invalides, mots et maux

Comment les Grecs nomment-ils les personnes invalides ? L'examen du vocabulaire permet aussi de mettre en évidence la perception de la réalité sociale.

A. Le vocabulaire

1. Une personne faible de naissance

Adunatos, le terme le plus fréquent qui sert à désigner les invalides dans le monde grec, est aussi le titre d'un célèbre plaidoyer, prononcé vers 400 *a.C.*,

3. Peter Krentz, « Casualties in Hoplite Battles », *GRBS,* 26 (1985), p. 13-20. Les mêmes chiffres sont donnés par Jean-Nicolas Corvisier, « Guerre et démographie en Grèce », *Pallas* 51 (1999), p. 57-79.
4. Jean-Nicolas Corvisier, *Santé et société en Grèce ancienne*, Paris : Economica, 1985, p. 174-175 : « En raison de l'importance des boiteries ou déformations relevées (respectivement 3 et 1 à 2 % de la population, chiffres conjecturaux, nous le répétons), des cécités et des blessures de guerre, une proportion d'infirmes en tout genre de l'ordre de 10 % nous paraît, dans la population grecque antique, un ordre de grandeur tout à fait vraisemblable. Nous serions même enclins à croire que cette proportion était supérieure, vu les facteurs invalidants de l'âge ».
5. Robert Garland, *The Eye of the Beholder, Deformity and Disability in the Graeco-Roman World*, Ithaca, 1995, p. 22.
6. « Le nombre des Lacédémoniens restait ignoré à cause du secret qui entoure à Sparte les affaires de l'État (τῇ πολιτείᾳ τὸ κρυπτόν)», *Histoire de la Guerre du Péloponnèse*, 5, 68, 2. Cette attitude, que Thucydide reproche aux Spartiates, est en réalité assez répandue dans l'ensemble du monde antique.
7. D'autres raisons, notamment religieuses, peuvent expliquer le silence si fréquent des sources sur les blessés.

par l'orateur athénien Lysias[8]. Ce composé *a-duna-tos*, littéralement, « sans force »[9], est pourvu de l'alpha privatif (la négation) selon un procédé que les Latins reprennent avec *infirmis*. Sur le même modèle, le substantif ἀρρωστία « mauvaise santé habituelle, faiblesse de constitution » est formé sur le radical ῥωσ- qui a le sens de « solide, vivace, bien portant »[10]. L'adjectif ἀσθενή̃ς est employé dans le même sens. L'accent est donc mis sur la faiblesse résultant du handicap plus que sur l'affection qui en est à l'origine ou la partie du corps concernée.

Pour les Grecs, une invalidité au sens où nous l'entendons, par exemple la privation d'un organe sensoriel (cécité, surdité, mutisme) ou la mutilation d'un membre, n'est qu'une déficience, éventuellement chronique. Ils ne distinguent pas non plus les affections congénitales[11] des conséquences des accidents, civils ou militaires ou des maladies.

2. Une personne mutilée ou blessée

Si l'on considère les termes utilisés pour désigner une personne infirme, deux constatations s'imposent d'emblée, indépendamment de la formation lexicale qui signale par un suffixe *-los*, plusieurs adjectifs désignant des infirmités comme *kolos* (« tronqué, mutilé »)[12], *tuphlos* (aveugle), *siphlos* (« erratique, fou »), *traulos* (« bègue ») ou *chôlos* (« boiteux »)[13].

---

8. *Sur l'Invalide, Ὑπὲρ τοῦ ἀδυνάτου*, éd. L. Gernet & M. Bizos, Paris : CUF, 1926, repr. 1967 (vol. 2, p. 101-110).

9. L'invalide de Lysias ne se qualifie jamais d'ἀδύνατος. Il dit juste que, se déplaçant avec des béquilles, il est fatigué par une longue route et ne fait pas appel à la pitié. La nature exacte de son infirmité n'est pas précisée, cf. Martha L. Edwards, « Construction of Physical Disability in the Ancient Greek World », *The Body and Physical Difference: Discourses of Disability*, ed. David T. Mitchell & A. Snyder, Ann Arbor : Univ of Michigan Press, 1997, p. 35-50 et, de la même, « The Cultural Context of Deformity in Ancient Greek World », *Ancient History Bulletin,* 10 (1996) p. 79-92.

10. Le substantif ῥώμη, nom d'action sur ce radical s'applique à la force physique en général, avec le sens particulier de force agissante, cf. Pierre Chantraine, *Dictionnaire étymologique de la langue grecque* [*DELG*], Paris : Klincksieck, 1968, *s.v.* ῥώννυμι.

11. Il faut tenir compte aussi de la permanente méfiance à l'égard de celui qui est différent et de la notion implicite de châtiment divin qui expliquerait l'incapacité de la personne handicapée. C'est sur ce fondement, autant que sur celui de l'absence d'intégrité physique pour les mutilés, que la participation active à une charge religieuse leur est parfois refusée, cf. *infra* l'article de C. Baroin.

12. Κόβος « terme rare et archaïque est concurrencé par un dérivé pourvu du suffixe familier et expressif –ος », κολός a le sens de « mutilé, tronqué, raccourci ». Le radical verbal dont il est extrait signifie « frapper », cf. Pierre Chantraine, *DELG*, *s.v.* et *La formation des noms en grec ancien*, Paris : Klincksieck, 1979, p. 261.

13. Pierre Chantraine, *La formation*..., p. 238 : « Il existe un groupe d'adjectifs désignant des infirmités comme τυφλός. Cet adjectif s'interprète comme un dérivé verbal (τύφω) ». Σιφλός : « faible », indique une infirmité (ou la folie), στρεβλός : « tordu » (cf. Strabon), τραυλός : « bègue », χωλός concerne une infirmité du pied (en général), « boiteux ».

D'abord, les Grecs n'établissent pas de différence entre les handicaps physiques et mentaux. Ainsi le mot *tuphlos*, qui nomme celui qui ne voit pas car il est « dans le brouillard », s'applique aussi à ceux dont l'esprit est un peu dérangé, comme embrumé. L'adjectif et les mots de cette famille reposent sur une racine **dhubh-* (> *tuph-*) « qui exprime l'idée de fumée, d'où les termes relatifs à l'obscurité, la cécité », et aussi ceux qui notent « l'obscurcissement de l'esprit, la stupidité » et enfin ceux qui expriment « l'aveuglement sur soi-même, la prétention, la vantardise, la vanité (*tuphos*) » [14].

Ensuite, la nature du handicap demeure souvent trop vague à nos yeux. Le terme qui désigne bon nombre d'invalides est πηρό' dont le sens général est « infirme, estropié, mutilé » d'où une multitude de significations particulières comme « paralysé des membres » ou « aveugle ». Cet adjectif confond, de manière significative, des affections couramment mentionnées dans l'Antiquité, celles qui touchent les membres inférieurs et celles qui atteignent les yeux [15]. Les personnes sujettes à de tels maux, à des degrés divers, étaient indiscutablement nombreuses. Se pose alors la question de cette invalidité dans la perspective militaire. Quelle pouvait être la réalité des maux pour un soldat ?

B. La réalité des maux des soldats

Pouvons-nous identifier et dénombrer les infirmes d'après les textes anciens ? Le vocabulaire n'aide pas car il confond toutes les incapacités, c'est-à-dire les malformations de naissance [16], les séquelles d'accidents divers ou de maladies dont le traitement n'est pas connu. À ce nombre s'ajoutent les rescapés des blessures de guerre [17], rendus boiteux ou privés de l'usage d'un membre [18]. Les médecins

14. Pierre Chantraine, *DELG*, *s.v.* τύφομαι. Cf. l'allemand *taub*, « sourd » et l'anglais *dumb*, « muet » ou « stupide ». Ainsi le nom du typhus est-il dû à l'état d'hébétude provoqué par cette maladie.

15. Bien que πηρός ait été rapproché de πῆμα, son étymologie est ignorée, comme celle de la plupart des adjectifs nommant des infirmes (P. Chantraine, *La formation des noms...*, p. 225).

16. Elles concernent environ 5 % des enfants, cf. Philippe Charlier, *Les monstres dans l'Antiquité*, Paris : Fayard, 2007.

17. « On peut estimer que 80 % des blessés mouraient le jour même ; et pour ceux qui rentraient, 30 à 35 % décédaient après », Pierre Brulé, « La mortalité de guerre en Grèce classique : l'exemple d'Athènes de 490 à 322 », in *Armées et sociétés de la Grèce classique*, éd. Francis Prost, Paris, 1999, p. 51-68 (ici p. 55), repris dans Pierre Brulé, *La Grèce d'à côté. Réel et imaginaire en miroir en Grèce antique*, Rennes, 2007, p. 47-65.

18. Richard A. Gabriel et Karen S. Metz, *From Sumer to Rome. The Military Capabilities of Ancient Armies*, New York, 1991, p. 88, ont calculé que les troupes d'Alexandre ont connu cinq blessés pour un mort en moyenne, ce qui, pour les trois batailles du Granique, d'Issos et de Gaugamèles, dont les morts représentent 0,5 %, donne le chiffre de 2,5 % blessés. Donald W. Engels, *Alexander the Great and the Logistics of the Macedonian army*, Berkeley : Univ. Calif. Press, 1978. Du côté des vainqueurs, un homme sur dix était soit blessé, soit tué, mais dans le camp des vaincus, si l'on admet qu'un tiers des forces était tué, les statistiques montent à sept hommes sur dix tués ou blessés dans l'ensemble des affrontements. Cette moyenne est comparable aux pertes subies par l'Armée Rouge durant la Seconde Guerre mondiale : 5

hippocratiques le savent : « Toutes les fois que luxés et perçant les chairs, ils [les os] sortent au dehors, réduits ils causent la mort, non réduits ils laissent des chances de salut : ceux qui réchappent resteront estropiés » [19].

Le grand nombre des infirmes ne pouvait donc échapper au regard [20]. Les textes ne fournissent aucune allusion à des vétérans ayant passé le reste de leur vie sur une chaise ou dans un lit, et pourtant les blessures aux vertèbres cervicales ou à la tête devaient provoquer de telles paralysies en abondance.

Les plus fréquemment nommés dans les textes sont les boiteux [21] et les malvoyants [22].

1. Les boiteux

Pour la participation à la défense, les personnes privées de l'usage d'un membre supérieur et les manchots sont probablement considérés comme aptes pour peu qu'ils puissent tenir le bouclier. En revanche, les blessures aux jambes et aux pieds, évidemment nombreuses dans l'infanterie, mais aussi dans la cavalerie — car les jambes du cavalier se trouvent précisément à hauteur de lance ou d'épée — sont tout à fait invalidantes.

Les larges déchirures des tissus laissent les victimes en piètre état. Le traité hippocratique intitulé *Prorrhétique II*, et daté du milieu du Ve siècle *a.C.*, ne laisse aucun doute sur la connaissance des pathologies qui en résultent : « Les plaies des membres qui sont grandes et qui tranchent complètement les nerfs (tendons) servant de moyen d'union feront manifestement que le patient sera estropié » [23]. Une fois consolidées,

---

millions de morts et 9 millions de blessés sur 20 millions de soldats mobilisés. Comparant ces chiffres aux guerres contemporaines, R. A. Gabriel et K. S. Metz constatent que, compte tenu du développement de l'armement, les soldats ont, de nos jours, trois fois plus de risques d'être tués et sept fois plus d'être blessés que dans les armées antiques…

19. *Articulations*, 66 [ed. et tr. Émile Littré, vol. IV, Paris, 1844] : Ἃ γὰρ ἂν τούτων ἐξαρθρήσαντα ἐξίσχῃ ἕλκος ποιησάμενα, πάντα, ἢν ἐμβληθῇ, θάνατον φέρει, μὴ ἐμβληθέντα δέ, ἐλπίδα σωτηρίης · χώλωσις δὲ ἑτοίμη τοῖσι περιγενομένοισιν.

20. Le mythe de Philoctète en est une métaphore célèbre. Martha L. Edwards, « Philoctetes in Historical Context », in *Disabled Veterans in History*, ed. David A. Gerber, Ann Arbor, 2000, p. 55-69, estime que le sort de ce héros donnait un espoir de guérison aux blessés. Sur une estimation de leur nombre dans la société, cf. *supra* note 4.

21. « Pas plus qu'il n'est bancal au sens propre, Héphaïstos n'est boiteux : il est « mutilé des deux jambes », *hekatérous toùs podas chôlos*, ou encore « mutilé en ses extrémités inférieures », *pèrothénta tàs baseis*, Marcel Etienne & Jean-Pierre Vernant, *Les ruses de l'intelligence, la mètis des Grecs*, Paris : Flammarion, 1974, p. 258. Sur le tyran boiteux, Jean-Pierre Vernant, *Arethusa*, 15 (1982), p. 19-32.

22. Nicholas Vlahogiannis, « Disabling Bodies » in *Changing Bodies, Changing Meanings, Studies on the Human Body in Antiquity*, ed. Dominic Montserrat, London, 1998, p. 13-36, met en évidence un lien entre l'aveuglement et un crime ou délit sexuel commis intentionnellement ou non, par exemple regarder un dieu ou une déesse comme Athéna pour Tirésias, ou avoir des relations avec sa mère comme Œdipe. Mais les aveugles reçoivent souvent, en compensation, un don (poésie pour Homère, prophétie pour Chrysès).

23. *Prorrhétique II*, 15 [éd. et tr. Émile Littré, vol. IX, Paris, 1861] : Τὰ δὲ τρώματα τὰ ἐν τοῖσι

ces blessures laissent la victime avec une incapacité partielle permanente, selon les termes actuels [24]. Même une petite plaie peut connaître une évolution défavorable et entraîner un handicap, quand ce n'est pas le décès par infection généralisée [25]. Contrairement à aujourd'hui, les fractures laissent toujours des séquelles, comme le montrent des ossements avec de très importantes difformités [26].

Après les atteintes à la mobilité, il faut mentionner celles des sens et de la vue en particulier.

2. Les malvoyants

Si plusieurs soldats et officiers atteints à l'œil ont non seulement survécu à leurs blessures, mais parfois conservé la vue [27], d'autres risquent à long terme la cécité. Comme le signale le traité des *Prénotions coaques* (IVe siècle *a.C.*) : « Les blessures, qui portent sur le sourcil et un peu au-dessus, obscurcissent la vue ; plus la blessure est récente, moins la vue est lésée ; mais il arrive souvent qu'elle se perde à mesure que la cicatrice devient plus ancienne » [28].

Le cas fameux de l'hoplite athénien Epizèlos, qui perd brutalement et définitivement la vue lors de la bataille de Marathon, ce qui lui évite une mobilisation ultérieure, demeure le seul connu [29]. Il est évident que la cécité empêche un véritable

---

ἄρθροισι μεγάλα μὲν ἐόντα καὶ τελέως ἀποκόπτοντα τὰ νεῦρα τὰ συνέχοντα, εὔδηλον ὅτι χωλοὺς ἀποδείξεις.

24. Ces remarques sont aussi énoncées dans les *Prénotions de Cos* (ou *Prénotions coaques,* 498, [éd. et tr. Émile Littré, vol. V, Paris, 1846]) dont la rédaction est postérieure à la fin du IVe siècle *a.C.* : « La blessure des grosses parties nerveuses estropie la plupart du temps, surtout si elle est oblique ; il en est de même de la blessure des têtes des muscles, surtout aux cuisses », cf. Jacques Jouanna, *Hippocrate*, Paris : Fayard, 1992, p. 554-555.

25. Le roi Darius craint la perte d'usage de son pied, finalement guéri par Démocédès (Hérodote, 3, 129-130), mais les soldats, moins bien soignés que les chefs, ont des craintes légitimes en cas de traumatisme. Le traité hippocratique *Fractures*, 19, rappelle le cas d'un malade mal soigné qui devient boiteux.

26. Mirko D. Grmek, *Les maladies à l'aube de la civilisation occidentale*, Paris : Payot, 1983, p. 99.

27. « Lors des fouilles déjà anciennes d'Assos en Troade (aujourd'hui le village turc Behram Köi), on a découvert un squelette mâle (*1 Ass.*), datant du temps de la domination lydienne ou de la première occupation perse, c'est-à-dire du VIe siècle av. J.-C., et présentant sur le crâne des traces de deux blessures faites indubitablement par une arme tranchante. Sur le frontal, une ligne de brisure, d'une longueur de 30 mm, bien cicatrisée, s'étend en oblique du milieu du front au milieu du bord supérieur de l'orbite gauche. Une seconde cicatrice, parallèle à la première et très courte, coupe le bord inférieur de la même orbite. La lame de l'arme a détaché et soulevé à cet endroit, une petite esquille et celle-ci s'est ressoudée dans une position anormale. Cet homme, probablement un guerrier, a certainement perdu un œil et a peut-être souffert, par l'effet du choc, d'une atteinte cérébrale, mais il n'a pas succombé aux coups dont nous venons de décrire les marques. Il est mort à un âge avancé comme le prouve, entre autres signes, une très forte usure des dents », Mirko D. Grmek, *op. cit.,* p. 95-96, note 30.

28. *Prénotions coaques* 500. Cf. J. Hirschberg, in Theodor Saemisch, *Graefe-Saemisch Handbuch der gesamten Augenheilkunde*, Leipzig, 1899².

29. Hérodote, 6, 117 : Συνήνεικε δὲ αὐτόθι θῶμα γενέσθαι τοιόνδε · 'Αθηναῖον ἄνδρα 'Επίζηλον τὸν Κουφαγόρεω ἐν τῇ συστάσι μαχόμενόν τε καὶ ἄνδρα γινόμενον ἀγαθὸν τῶν

combat, contrairement aux troubles de la vue[30] ou à la surdité, si la personne atteinte peut être assistée par exemple d'un valet d'armes.

3. Les sourds

La surdité consécutive à un choc violent dans les affrontements, par exemple à la suite d'une blessure à la tête par jet de pierre ou d'un autre projectile, était connue pour se manifester au bout de trois jours[31]. Mais en dehors de l'application de compresses, grâce à des éponges fraîches, ou de pommades et d'un régime à base de miel mélangé à de l'eau et du vin, aucun traitement n'est préconisé et le mal s'installe, handicapant le soldat. Assurément, les sourds étaient exposés à des risques supplémentaires car ils ne pouvaient entendre l'arrivée des ennemis, non plus que les ordres de leurs chefs.

L'incapacité des éclopés, des malvoyants et malentendants tend, et c'est bien compréhensible, à les écarter *a priori* des activités militaires. N'étaient-ils pas pourtant, dans certaines circonstances, déclarés « bons pour le service » ?

ὀμμάτων στερηθῆναι, οὔτε πληγέντα οὐδὲν τοῦ σώματος οὔτε βληθέντα, καὶ τὸ λοιπὸν τῆς ζόης διατελέειν ἀπὸ τούτου τοῦ χρόνου ἐόντα τυφλόν. « Et il s'y produisit cet événement surprenant : un Athénien, Epizélos fils de Couphagoras, pendant qu'il combattait dans la mêlée et se comportait vaillamment, perdit la vue, sans avoir été blessé de près, ni frappé de loin dans aucune partie de sa personne ; et, dès lors, pendant tout le reste de sa vie, il demeura aveugle. » [ed. & tr. Ph.-E. Legrand, CUF, 1948]. Cet accident peut recevoir l'explication médicale suivante : l'excitation de la bataille, combinée à l'effort fourni pendant le combat, a provoqué chez Epizélos une montée de la pression artérielle qui a provoqué l'obturation partielle des vaisseaux oculaires périphériques des deux côtés (une partie de sa vue s'obscurcit, σκιάζειν) et c'est comme s'il avait des visions (φάσμα), cf. Albert Esser, « Über plötzliche Erblindung », *Klinische Monatsblätter für Augenheilkunde,* 77 (1926), p. 409. Pour d'autres exemples, *Id.*, « Über plötzlich und doppelseitig auftretende Erblindung im Altertum », *Klinische Monatsblätter für Augenheilkunde,* 87 (1931), p. 814-816 et, plus généralement, *Der Antlitz der Blindheit in der Antike*, Leiden, 1961. La perte de la vision est actuellement considérée comme l'une des manifestations possibles des conséquences d'un stress intense, cf. John Pearn, « The Victor as Victim : Stress Syndromes of Operational Service : Acute Stress Syndrome », *Australian DF Health,* 1 (1999), p. 30-32.

30. Des loupes grossissantes peuvent faciliter la vie des blessés aux yeux ou des malades souffrant de troubles oculaires, cf. Dimitris Plantzos, « Crystal Lenses in the Graeco-Roman World », *AJA,* 101, 3 (1997), p. 451-464. Mais il faut attendre le XIIIe siècle pour la naissance des « lunettes », malgré les recherches anatomiques sur l'œil. Cf. *L'œil dans l'Antiquité. Approche pluridisciplinaire*, Lons-le-Saunier, 2002 ; Max Neuburger, *Die Augenheilkunde*, Leipzig, 1907. Celse, *De Medicina*, consacre son chapitre 6 à environ quarante affections des yeux, cf. Noè Scalinci, *La oftalmiatria di Aulo Cornelio Celso*, Roma, 1940 et Ludwig Limmer & Günther K. Kriegelstein, *Augenheilkunde im Rom in der frühen Kaiserzeit : A. Celsus, De medicina libri octo*, Heidelberg, 1992. Sur la préface dans son ensemble, cf. Philippe Mudry, *La préface du* De Medicina *de Celse*, Rome : *Bibliotheca Helvetica Romana*, 1982 et pour les sources paléographiques, Marie-Hélène Marganne, *L'ophtalmologie dans l'Égypte gréco-romaine d'après les papyrus littéraires grecs*, Leiden, 1994.
31. Adam Politzer, *Geschichte der Ohrenheilkunde*, Stuttgart, 1907.

II. Participer ou pas ?

La succession des conflits dans le monde grec entre le VIIe et le IIe siècle *a.C.* sollicite des cités et des rois de disposer en permanence de troupes aptes au combat. Indépendamment de la religion ou de la superstition qui poussent à chasser un individu malformé comme risquant de porter malheur, deux attitudes s'opposent. La première s'appuie sur un principe d'efficacité théorique : la cité décide de n'aligner au combat que les plus vaillants de ses hommes et exclut *de facto* les inaptes. Tant que la guerre se limite à quelques batailles ponctuelles, cette tactique est évidemment privilégiée.

A. Le principe : l'exclusion

1. Involontaire des intéressés (expulsion des incapables)

Le principe élémentaire de l'aptitude des troupes aux combats constitue une obligation d'autant plus prégnante que la méthode du combat hoplitique ou les manœuvres des trières [32] requièrent un entraînement certain [33]. Il convient, autant que possible, de développer la vigueur des hommes et de les rendre rapides, agiles et adroits pour bien réagir au moment de l'assaut.

Dans cette logique, il convient d'évacuer les individus diminués ou de refuser l'intégration de ceux qui se trouvent visiblement incapables de répondre aux exigences physiques. Les infirmes, tout comme les malades, sont ainsi exclus des combats. Thucydide laisse entendre qu'à la suite de l'épidémie à Athènes en 431, les survivants devenus aveugles ou qui avaient perdu l'usage de leurs doigts [34] ne servaient plus dans l'infanterie.

Les invalides eux-mêmes voulaient-ils encore prendre part aux combats ?

2. Volontaire (refus ou impossibilité de porter les armes)

En principe, les cas de désertion sont punis de la même manière [35], quelle qu'en soit la cause. Réfractaires, déserteurs et lâches sont ainsi poursuivis, car les

---

32. Hérodote, 6, 12.

33. Il est en effet important pour une cité de disposer de troupes prêtes à l'action et bien entraînées (Diodore, *Bibliothèque historique*, 16, 44, 6, à propos de l'excellente forme physique des citoyens de Sidon (351/0) : Εἶχον δὲ καὶ στρατιωτῶν ἱκανὸν πλῆθος πολιτικῶν ἐν γυμνασίαις καὶ πόνοις ἐνηθληκὸς καὶ ταῖς τῶν σωμάτων εὐεξίαις καὶ ῥώμαις διαφέρον, « Ils disposaient aussi d'un nombre important de soldats citoyens entraînés aux exercices et aux souffrances physiques, et se distinguant par la robustesse et la force de leur corps ».) Les Spartiates sont réputés, dès l'Antiquité, pour leur science achevée de la guerre grâce à un entraînement régulier qu'ils maintiennent tout au long de l'année, y compris avant les combats, cf. M. I. Finley, « Sparta », in J.-P. Vernant éd., *Problèmes de la guerre en Grèce ancienne*, Paris : EHESS, 1968, repr. 1985 et Éd. Lévy, Sparte, Paris : Seuil, 2003.

34. Thucydide 2, 48, 8, cf. A.W. Gomme, « The Athenian Hoplite Force in 431 B.C. », *The Classical Quarterly,* 21 (1927), p. 142-150, part. p. 149.

35. La peine en était l'atimie avec confiscation des biens à Athènes (cf. Lysias, *Contre Alcibiade* (Discours 14), 6, 7, 9 et *DAGR*, *s.v.* λιποναυτίου γραφή, λιποστρατίου γραφή, λιποταξίου γραφή, art. de Albert Martin, 1904 ou encore *DAGR, s.v.* ἀστρατείας γραφή, art. E. Caillemer,

Grecs regroupent sous une même appellation (ἀστρατεία) des situations tout-à-fait différentes, comme l'abandon de poste[36], l'évasion des obligations militaires[37] et la dispense[38]. Il existait en effet quelques exemptions de service pour raisons médicales. Les médecins étaient-ils consultés pour produire des « certificats médicaux » ? Dans certains cas, il semble que oui[39], essentiellement pour les maladies. La plupart des handicaps étaient suffisamment visibles pour éviter ce type de recours[40].

Simuler une infirmité en revanche ne pouvait être que le fait d'un individu dénué de sens civique[41]. Ainsi, Plutarque met-il en scène, dans la *Vie de Phocion*,

---

1877 et *DAGR, s.v.* ἀτιμία, art. E. Caillemer, 1877). En cas de danger très grand pour la cité, ces hommes étaient réintégrés au corps des citoyens (Andocide, *Sur les Mystères,* 78 et 107 à propos de la « levée en masse » lors des guerres Médiques).

36. Aristophane, *Cavaliers* 443. La lâcheté au combat (abandon de poste ou échange contre une position moins exposée comme la cavalerie au lieu de l'infanterie ou un rang éloigné dans la phalange), était réprimée pénalement par la δειλίας γραφή (*DAGR s.v.*, art. E. Caillemer, 1892).

37. Quitter l'Attique était, en cas de guerre, assimilé à une désertion et puni de mort après un procès, sauf pour les artistes dramatiques qui n'étaient pas assujettis au service militaire (*DAGR, s.v.* αὐτομολίας γραφή, art. E. Caillemer, 1877).

38. Aristophane, *Paix* 526.

39. Barry Baldwin, « Medical Grounds for Exemption from Military Service at Athens », *Classical Philology,* 62 (1967), p. 42-43.

40. Nous ne prenons pas en compte ici les cas de handicaps mentaux, non plus que la folie, réelle ou feinte, peu attestée dans les textes. L'attitude d'Ulysse refusant de partir pour Troie et simulant la démence reste un cas isolé (Hygin, *Fabulae* 95 : « Les Atrides, Agamamnon et Ménélas, quand ils conduisirent les chefs ligués pour la prise de Troie, se rendirent dans l'île d'Ithaque, chez Ulysse fils de Laërte, à qui il avait été prédit que, s'il allait faire le siège de Troie, il reviendrait seul et démuni au bout de vingt ans, ayant perdu tous ses compagnons. C'est pourquoi quand il apprit que des mandataires se dirigeaient vers lui, il simula la folie (*insaniam simulans*), coiffa un bonnet et attela un cheval avec un bœuf à une charrue. Palamède quand il l'aperçut, devina la ruse et prit Télémaque dans les bras pour le poser devant la charrue en disant : renonce à cette simulation (*simulatione*) et viens rejoindre la coalition ! Alors Ulysse donna sa parole qu'il viendrait ; d'où sa haine pour Palamède. »). Cette anecdote est aussi rapportée par Cicéron, *De Officiis,* 3, 97 ; Pline, *Histoire Naturelle,* 35, 63 et 126-129 ; Ovide, *Métamorphoses,* 13, 36-39 et Philostrate, *Heroïques,* 10, 2. Une peinture d'Euphranor (IVe siècle) représentant cette scène ornait l'un des 4 panneaux de la Stoa de Zeus sur l'Agora d'Athènes, cf. Rastko Vasic, « «Odysseus Feigning Madness» by Euphranor », *Boreas* 10 (1987), p. 81-86. Seule la tentative parallèle de Méton, un astrologue qui veut échapper à l'expédition de Sicile, fait l'objet de deux mentions chez Plutarque (*Vie de Nicias* 13, 7-8 : « L'astrologue Méton, soit inquiet de ces présages, soit conduit par des réflexions purement humaines à redouter l'expédition, feignit la folie et mit le feu à sa maison » et *Vie d'Alcibiade* 17, 5-6 : « Quant à Méton, il craignait l'avenir pour avoir réfléchi à la situation, ou parce qu'il avait eu recours à quelque pratique divinatoire. Il feignit la folie et, saisissant une torche enflammée, il fit mine de mettre le feu à sa maison. D'après certains, Méton ne se contenta pas de feindre la folie, mais brûla réellement sa maison pendant la nuit. Au matin, il se présenta devant le peuple, le priant et le suppliant, eu égard à ce grand malheur, de dispenser son fils de l'expédition. Il réussit à tromper ses concitoyens et obtint ce qu'il demandait. »).

41. Plutarque raconte à trois reprises une situation certainement exceptionnelle et qui semble

un sycophante — que son activité rend déjà suspect de tous les manquements possibles à l'honneur — feignant une jambe en moins[42]. Aristogiton, ce fort en gueule poussant le peuple à la guerre, se présente ainsi jambes bandées et appuyé sur un bâton au moment de l'enrôlement des troupes, ce qui lui vaut d'être appelé publiquement « boiteux et lâche » (χωλὸν καὶ πονηρόν) par le stratège Phocion, qui assiste à la scène. L'anecdote ne précise pas la suite de l'épisode, mais les auteurs anciens s'accordent à condamner unanimement la simulation : les faux infirmes ne sont que des lâches.

Malgré leur infirmité, certains se trouvent néanmoins enrôlés, parfois contre leur gré, lorsque la survie même de la cité ou de l'armée était en jeu.

B. L'exception : participation

1. Forcée

Cette seconde attitude découle d'un réalisme douloureux : les conflits durent et impliquent souvent la population dans son ensemble. Les chefs estiment alors devoir mobiliser toutes les forces et tâchent de les utiliser au mieux[43].

La garde des remparts est ainsi traditionnellement confiée aux moins vigoureux des habitants[44]. Les vieillards ou même les femmes, postés en hauteur, bombardent les assaillants de projectiles[45]. Les plus faibles, malades ou invalides, peuvent aussi être affectés, selon les besoins, à des tâches simples comme la surveillance des provisions ou sont chargés des activités de génie ou des corvées de cantine.

---

l'avoir fort diverti. Il s'agit de l'une des démobilisations organisées par Alexandre après 330 : « Antigénès lui, s'était mêlé aux soldats qu'on renvoyait en Macédoine pour cause de maladie ou d'infirmité et s'était fait porter sur la liste. On découvrit qu'il n'avait aucun mal et qu'il avait simulé une invalidité, bien que son corps couvert de blessures révélât un bon soldat », *Sur la fortune d'Alexandre* II, 7 [339 c], ed. et tr. Chr. Froidefond, CUF, 1990. Le soldat aurait agi par amour, pour rester près de sa compagne. L'anecdote est répétée, avec un autre nom, dans la *Vie d'Alexandre*, 41, 9 et aussi parmi les *Apophtegmes de rois et de généraux* 180 F-181 A.

42. Plutarque, *Vie de Phocion*, 10, 3. Le stratège Phocion (402-318) incarne pour Plutarque, qui le compare à Caton, l'honnêteté et la rigueur.

43. Les citoyens malades ne bénéficient pas d'un traitement de faveur et sont incorporés comme les autres soldats, cf. Lysias, *Contre Alcibiade* (Discours 14), 14.

44. Ainsi, un petit nombre d'hommes peu valides doit suffire quand un rempart solide protège des attaques ennemies. Thémistocle, fort de sa position de stratège vainqueur de la bataille de Salamine contre les Perses en 480, décide de fortifier le port du Pirée, malgré l'opposition des Spartiates, « il voulait, en effet, par l'importance et l'épaisseur du mur [d'enceinte du Pirée], repousser les entreprises ennemies et il pensait que quelques hommes, les plus inaptes, suffiraient pour monter la garde, tandis que le reste embarquerait sur la flotte », Thucydide, 1, 93, 6 :'Εβούλετο γὰρ τῷ μεγέθει καὶ τῷ πάχει ἀφιστάναι τὰς τῶν πολεμίων ἐπιβουλὰς, ἀνθρώπων τε ἐνόμιζεν ὀλίγων καὶ τῶν ἀχρειοτάτων ἀρκέσειν τὴν φυλακήν, τοὺς δ'ἄλλους ἐς τὰς ναῦς ἐσβήσεσθαι et 2, 6, 4 [ed. et tr. J. de Romilly, CUF, 1953].

45. L'installation sur les toits-terrasses des combattants les plus faibles est bien attestée (cf. Diodore, *Bibliothèque historique*, 15, 83, 3 qui explique qu'en 363/2 *a.C.*, Agésilas a fait monter les jeunes gens et les hommes âgés en leur ordonnant de se défendre au cas où l'ennemi béotien pénétrerait dans la ville).

2. Volontaire

Selon la gravité du handicap, la participation active au combat demeure exceptionnelle et réservée aux situations de grand péril[46]. Un soldat dont les blessures au combat montrent la bravoure est, en toute logique, une aide précieuse pour ses camarades, même s'il est physiquement diminué. Certains tiennent donc à s'enrôler malgré tout. Leur volonté sert d'*exemplum* :

« Un Laconien qui souffrait des yeux partait pour la guerre. Comme plusieurs lui demandaient : "Où t'en vas-tu dans cet état et pour quoi faire ?" il répondit : "Même si je n'accomplis rien d'autre, au moins j'émousserai le sabre d'un ennemi" »[47]. Cet apophtegme de Plutarque rappelle les dispositions des Spartiates pour la guerre, mais met aussi en évidence d'autres points, selon le regard des commentateurs modernes : le médecin note la fréquence des maladies ophtalmiques dans l'Antiquité, le militaire est plus sensible au témoignage de bravoure individuelle et spontanée qui devrait être celle de chaque soldat, et l'historien trouve, dans l'énoncé de ce dévouement à la cause défensive, une preuve de la diminution du corps des *Homoioi*, citoyens que Sparte consacre à l'activité guerrière.

Un autre Laconien a aussi conscience de l'aide qu'il peut apporter aux siens, malgré son invalidité :

> « Androkléidas, le Laconien, dont une jambe avait été estropiée, se rangea parmi les hommes aptes au service de la guerre ; comme quelques-uns marquaient leur opposition et voulaient empêcher qu'on l'acceptât, à cause de son infirmité, il dit : "Mais ce n'est pas en fuyant, c'est en restant sur place que l'on se bat contre les adversaires !" »[48].

Il faut, assurément, rappeler que Plutarque livre des anecdotes frappantes ou des bons mots à des fins d'édification morale. Quoi qu'il en soit, nous avons retrouvé là les deux infirmités les plus fréquentes : les affections des membres inférieurs et des yeux[49]. L'une comme l'autre ne semble pas avoir émoussé le désir de combattre.

---

46. Compte tenu des pertes démographiques, il est possible que les Athéniens aient formé des garnisons spécifiques regroupant, pour des tâches plus légères, des troupes un peu diminuées physiquement afin de tenir garnison, cf. A.W. Gomme, « The Athenian Hoplite Force in 431 BC », *The Classical Quarterly,* 21 (1927), p. 142-150.

47. Plutarque, *Apopht. Lac. Anonymes*, 62 [235 F] éd. François Fuhrmann, CUF, 1988 :῞Ετερος ἀλγῶν τοὺς ὀφθαλμοὺς ἐξῄει ἐπὶ πόλεμον · λεγόντων δ᾽ αὐτῷ τινων · Ποῖ ἄπει οὕτως ἕξων ἢ τί ποιήσων ; κἂν μηδὲν ἕτερον πράξω, ἔφη, πολεμίου γε μάχαιραν ἀμβλυνῶ.

48. Plutarque, *Apophtegmes laconiens*, 217 C, Androkléidas [éd. François Fuhrmann, CUF, 1988] : ᾿Ανδροκλείδας ὁ Λάκων πηρωθεὶς τὸ σκέλος κατέταξεν αὐτὸν εἰς τοὺς πολεμιστάς· ὡς δ ᾽ἐνίσταντό τινες διακωλύοντες ὅτι ἐπεπήρωτο ·᾿Αλλ᾽ οὐ φεύγοντα, εἶπε, μένοντα δὲ δεῖ τοῖς ἀντιτεταγμένοις μάχεσθαι.

49. L'épisode fameux des deux Spartiates qui se préparent au combat des Thermopyles en 480, tel que le raconte Hérodote (7, 229 et 231), montre en effet clairement l'alternative pour les soldats handicapés au moment du combat : en être ou pas ? « De deux des Trois-cents, Eurytos et Aristodamos, on raconte ce qui suit : tous deux pouvaient d'un commun accord ou bien se

III. Pourquoi combattre quand on est invalide ?

Ceci nous amène à repenser, selon la terminologie actuelle, les catégories du handicap pour le monde grec. En effet, un individu peut être considéré comme affaibli, mais dans le domaine militaire, comme dans la société, son apparence et sa capacité physique ne l'empêchent pas de prendre part, dans la mesure de ses moyens, à l'activité collective. L'âge n'est pas non plus un critère discriminant : « C'étaient les plus vieux des soldats de Philippe et d'Alexandre, athlètes restés invaincus dans tant de guerres et intacts jusqu'à ce jour ; beaucoup d'entre eux étaient septuagénaires, et aucun n'avait moins de soixante ans »[50].

L'expérience, la volonté ou le statut social se révèlent, en l'occurrence, bien plus discriminants que toute infirmité. Ainsi, un chef militaire pourra-t-il se trouver presque valorisé par des blessures invalidantes.

A. Montrer l'exemple

Le prestige du chef est souvent proportionné à sa prise de risques devant les yeux de ses troupes. Comme ils combattent en première ligne et s'exposent sans barguigner, les commandants peuvent souffrir d'un grand nombre de lésions. Leur résistance physique devient évidemment un gage de succès de leurs campagnes. Xénophon, célébrant les qualités du roi spartiate Agésilas, dit qu'il « porte sur son propre corps des signes visibles de son ardeur au combat »[51].

---

retirer ensemble en sûreté à Sparte, — car Léonidas les avait renvoyés du camp et ils étaient couchés à Alpènes, souffrant d'un très violent mal d'yeux — ou, s'ils ne voulaient pas retourner à Sparte, mourir avec leurs compagnons ; ayant le choix entre ces deux partis, ils ne voulurent pas s'entendre, mais furent divisés d'opinion ; Eurytos, lorsqu'il fut informé de la manœuvre d'encerclement des Perses, réclama ses armes, les revêtit, et ordonna à son hilote de le conduire à l'endroit où l'on se battait ; quand on l'y eut conduit, celui qui l'avait conduit prit la fuite ; lui, se précipita dans la mêlée, et fut tué, tandis qu'Aristodamos, à qui le cœur manqua, survécut [...] Revenu à Lacédémone, Aristodamos y trouva opprobre et déshonneur ; déshonneur dont ceci donne la mesure : pas un Spartiate ne voulait lui allumer du feu ; pas un ne lui adressait la parole, et il avait la honte d'être appelé « Aristodamos le trembleur (ὁ τρέσας) » ; mais à la bataille de Platées, il répara complètement ce dont on l'avait accusé » [tr. Ph.-E. Legrand, CUF, 1951]. Il semble que l'épisode soit devenu célèbre parmi les Athéniens. En effet, dans les *Grenouilles* d'Aristophane, à celui qui lui parle de la bataille navale, Xanthias répond : Μὰ τὸν Δί' οὐ γὰρ ἀλλ' ἔτυχον ὀφθαλμιῶν, « C'est que, par Zeus, je n'en étais pas ; je me suis trouvé avoir mal aux yeux » (*Grenouilles* 192). Cette excuse pourrait bien être un écho ironique de l'histoire des Spartiates (cf. Cicéron, *De oratore* II, 68 : *excusationem oculorum*).

50. Plutarque, *Vie d'Eumène*, 16, 7. Cf. Robert B. Kebric, « Old Age, the Ancient Military, and Alexander's Army : Positive Examples for a Graying America », *The Gerontologist,* 28, 3 (1988), p. 298-302 rappelle que Parménion, loin d'être invalide, commence la campagne d'Alexandre à environ 65 ans et participe aux batailles du Granique, d'Issos et de Gaugamèles avant d'être exécuté à cause du complot de son fils contre Alexandre, à environ 70 ans. D'autres généraux sont encore en service malgré un âge avancé. Antigone le Borgne meurt au combat à 81 ans, Lysimaque de même, à plus de 70 ans, et Ptolémée décède (de vieillesse) à plus de 70 ans aussi.

51. Xénophon, *Agésilas*, 6, 2 : σαφῆ δὲ καὶ αὐτὸς σημεῖα ἀπενεγκάμενος τοῦ θυμῷ μάχεσθαι.

1. Philippe II de Macédoine

Philippe II de Macédoine, est dans ce domaine, un modèle [52]. Son plus vaillant adversaire, Démosthène, reconnaît chez lui une résistance physique exceptionnelle [53]. Le troisième et dernier fils d'Amyntas III a d'abord perdu son œil droit lors du siège de Méthonè en 354/3 [54]. Il est alors âgé de 28 ans. Assurément, cette privation partielle de la vision ne l'a pas empêché de se lancer dans de nombreuses autres guerres de conquêtes. La blessure avait vraisemblablement enfoncé l'orbite et laissé une balafre à la place de l'œil [55]. Le médecin Critoboulos, présent sur les lieux, a eu pour tâche difficile d'extraire la flèche (ce qu'il a bien réussi) et ensuite de panser la plaie sans que le visage du roi ne soit trop affecté par la cicatrice, semble-t-il [56].

Le roi Agésilas s'efforce de dissimuler sa claudication et Plutarque, *Vie d'Agésilas*, 2, 3, indique qu'il ne l'invoque jamais pour se dérober devant un effort ou une entreprise. Le portrait que dresse Xénophon montre que le roi, boiteux à la suite d'un accident (Plutarque, *Vie d'Agésilas* 3, 8 n'en donne pas les circonstances), a régné longtemps et fut très respecté. Il mourut durant l'hiver 361/0 et Xénophon rédigea son panégyrique dans l'année qui suivit.

52. Sur la dynastie de Macédoine, cf. N. G. L. Hammond, *The Macedonian State. The Origins, Institutions and History*, Oxford : Clarendon Press, 1989. Sur Philippe II (382-336), né de l'union d'Amyntas III avec Eurydice, princesse des Lynkestes, cf. Arnaldo Momigliano, *Philippe de Macédoine*, Paris : éditions de l'Éclat, 1992 (ed. pr. 1934, corr. 1987) et N. G. L. Hammond, *Philip of Macedon*, London : Duckworth, 1994.

53. *Sur la Couronne*, 67 (prononcé en 330) : ἑώρων δ´ αὐτὸν τὸν Φίλιππον, πρὸς ὃν ἦν ὑμῖν ὁ ἀγών, ὑπὲρ ἀρχῆς καὶ δυναστείας τὸν ὀφθαλμὸν ἐκκεκομμένον, τὴν κλεῖν κατεαγότα, τὴν χεῖρα, τὸ σκέλος πεπηρωμένον, πᾶν ὅ τι βουληθείη μέρος ἡ τύχη τοῦ σώματος παρελέσθαι, τοῦτο προιέμενον, ὥστε τῷ λοιπῷ μετὰ τιμῆς καὶ δόξης ζῆν « ... alors que je vois que Philippe lui-même, contre qui nous luttions, avait eu, pour son empire et sa domination, l'œil crevé, la clavicule brisée, le bras et la jambe mutilés, avait sacrifié toute partie de son corps que le sort désirait, afin que le reste lui permît de vivre avec honneur et gloire » [tr. G. Mathieu, CUF, 1947]. Didymos (Ier siècle *a.C.*), répète la liste dans son *Commentaire à Démosthène*, 12, Περὶ τοῦ Φιλίππου τραυμάτων.

54. Pour une présentation des différentes versions, cf. Alice Swift Riginos, « The Wounding of Philip II of Macedon : Fact & Fabrication » *JHS*, 114 (1994), p. 103-119.

55. Cf. Albert Esser, « Die Augenverletzung Philipps II. von Macedonien », *Klinische Monatsblätter für Augenheilkunde*, 87 (1931), p. 251-253. Justin, 7, 6 : *in praetereuntem de muris sagitta iacta, dextrum oculum regis effodit* et Diodore, *Bibliothèque historique*, 16, 34, 5 : Ἐν δὲ τῇ πολιορκίᾳ ταύτῃ συνέβη τὸν Φίλιππον εἰς τὸν ὀφθαλμὸν πληγέντα τοξεύματι διαφθαρῆναι τὴν ὅρασιν, « Lors de ce siège, il arriva que Philippe fût touché par une flèche à un œil dont il perdit la vision ». Strabon, 7, frag. 22 : Ἐν δὲ τῷ πρὸ τῆς Μεθώνης πεδίῳ γένεσθαι συνέβη Φιλίππῳ τῷ Ἀμύντου τὴν ἐκκοπὴν τοῦ δεξίου ὀφθαλμους καταπελτικῷς βέλει κατὰ τὴν πολιορκίαν τῆς πόλεως. Didymos (Ier s. *a.C.*), dans son *Commentaire à Démosthène*, lignes 43-45, reprend : περὶ μὲν γὰρ τὴν Μεθώνης πολιορκίαν τὸν δεξιὸν ὀφθαλμὸν ἐξεκόπη τοξεύματι πληγεις [ed. L. Pearson & S. Stephens, Teubner, 1983]. Libanios, dans les *Progymnasmata*, *vituperationes* ψόγος Φιλίππου, 12, répète τὸν ὀφθαλμὸν ἐκκεκομμένος. A. Esser rappelle que Philippe est tombé malade quelques mois plus tard (en 352), ce qui peut éventuellement être mis en relation avec une asthénie liée à cette grave blessure. Démosthène, *Troisième Olynthienne* 5, dit qu'on le croyait mort.

56. Pline, *Histoire Naturelle* 7, 37, §124, Elien, *Personnalité des Animaux* 9, 7 ; Satyros, *FGH* 3 cité par Athénée *Deipnosophistae*, 6, 248 F.

La découverte de tombes royales à Vergina (Pella) a permis aux archéologues de retrouver les ossements qui ont de fortes chances d'avoir été ceux de Philippe [57]. Un crâne avec une asymétrie claire des orbites a été présenté comme pouvant être celui du roi et une reconstruction du visage a même été tentée, à la fin des années 1980, par les équipes de l'Université de Manchester [58].

Une blessure à la clavicule droite [59], reçue en Illyrie en 344, pas plus que celle subie à la main durant le conflit contre les Triballes en 339, ne semblent avoir laissé de séquelles visibles. L'une et l'autre devaient pourtant avoir affaibli le bras. En revanche, d'une lésion à la cuisse reçue lors de cette même guerre contre cette tribu thrace encore indépendante, et qu'il ne réussit pas à soumettre, le roi avait conservé une boiterie : « Philippe, avait eu, chez les Triballes, la cuisse transpercée d'un coup de lance et, bien qu'il se fût tiré d'affaire, supportait mal sa claudication : "Courage, mon père, lui dit Alexandre, avancez franchement : que chacun de vos pas vous rappelle votre valeur" » [60]. L'infirmité de Philippe est si connue, notamment grâce à Démosthène, qu'elle devient un sujet de rhétorique : « Question 4 : quelle main d'Aphrodite Diomède a-t-il blessée ? amène la question en retour : de quelle jambe boitait Philippe ? » [61].

Devenu borgne et boiteux, le père d'Alexandre n'a donc en aucune façon renoncé à son rôle de chef de guerre victorieux. À 43 ans, en 339, il remonte en selle et vainc, l'année suivante, la coalition des Grecs à Chéronée.

S'il est à juste titre, compte tenu de son rôle politique, mis en avant, son cas n'est pourtant pas unique.

---

57. Cf. Manolis Andronikos, *The Royal Tombs and the Ancient City*, 1984. Le crâne de Philippe II a été identifié grâce à une asymétrie claire des orbites, comme le montrent Jonathan H. Musgrave, R. A. H. Neave, A. J. N. W. Prag, « The Skull from Tomb II at Vergina : King Philip II of Macedon », *JHS* 104 (1984), p. 60-78. La blessure par flèche dont parlent les textes est parfaitement visible sur le crâne et l'âge du roi à son décès (46 ans) correspond au squelette (entre 35 et 55 ans) qui porte les traces d'une crémation (habituelle pour le roi) à 900°. Antonis Bartsiokas, « The Eye Injury of King Philip II and the Skeletal Evidence from the Royal Tomb II at Vergina », *Science* 21, vol. 288, Nr 5465 (Apr. 2000), p. 511-514 conteste l'identification et dit que l'orbite n'étant pas abîmée, il ne peut s'agir de Philippe II. Il propose de reconnaître dans ce squelette celui de Philippe III Arrhidée.
58. A. J. N. W. Prag, « Reconstructing King Philip II : The «Nice» Version », *AJA,* 94 (1990), p. 237-247. Ils s'appuyent aussi sur le petit buste en ivoire trouvé dans la tombe, cf. Mirko D. Grmek et Danielle Gourevitch, *Les maladies dans l'art antique*, Paris : Fayard, 1998, p. 42-44.
59. Cf. la deuxième *Lettre* d'Isocrate.
60. Plutarque, *Sur la Fortune d'Alexandre*, I, 9 (331 C) : Τοῦ δὲ πατρὸς Φιλίππου λόγχῃ τὸν μηρὸν ἐν Τριβαλλοῖς διαπαρέντος, καὶ τὸν μὲν κίνδυνον διαφυγόντος, ἀχθομένου δὲ τῇ χωλότητι, ´ θάρρει, πάτερ, ἔφη, καὶ πρόιθι φανερῶς ἵνα τῆς ἀρετῆς κατὰ βῆμα μνημονεύῃς ´. Philippe rassemble (presque) l'alliance mythique du Borgne et du Manchot qui sauvent la ville de Rome, cf. les analyses de Georges Dumézil, *Heur et malheur du guerrier*, Paris, 1985, *passim*.
61. Plutarque, *Propos de table*, 9, 4 (739 B) : ἀντερομένου ποτέρῳ σκέλει χωλὸς ἦν Φίλιππος.

2. D'autres rois et généraux

Comme Philippe, d'autres chefs, estropiés à la suite d'une grave lésion, se sont maintenus au pouvoir et ont même accru leur prestige [62].

Plutarque remarque que « les généraux les plus combatifs et qui ont accompli le plus de faits d'armes par la ruse jointe à l'habileté militaire ont été borgnes, c'est le cas de Philippe, d'Antigone, d'Hannibal et enfin [...] Sertorius » [63].

L'origine de la perte de l'un de ses yeux par Antigone dit *Monophtalmos* demeure inconnue [64]. Il est probable qu'elle remonte à son enfance ou sa jeunesse, car si elle avait été consécutive à un fait d'armes, les textes en auraient fait part. Elle ne l'a pas empêché de conduire bien des combats et jusqu'à un âge avancé [65].

Les chefs bénéficient des soins les meilleurs possibles afin d'éviter les séquelles, et leur apparence nouvelle leur assure l'estime de leurs troupes : « c'est ma valeur que l'on contemple, en même temps que mon infirmité » [66]. Le prestige lié à cette visible preuve de bravoure peut alors parfois l'emporter sur la douleur de l'invalidité [67].

---

62. Alexandre a eu la chance de ne conserver, si l'on en croit les récits qui le concernent, aucune séquelle de ses nombreuses plaies. Plutarque, *Sur la Fortune d'Alexandre* I, 9 (331 C) : Πῶς γὰρ αὐτὸν οἴει τοῖς ἰδίοις ἀγάλλεσθαι τραύμασι, καθ᾽ ἕκαστον μέρος ἔθνους μνημονεύοντα καὶ νίκης καὶ πόλεων ἁλισκομένων καὶ βασιλέων παραδιδόντων, οὐκ ἐγκαλυπτόμενον οὐδὲ κατακρύπτοντα τὰς οὐλάς, ἀλλ᾽ ὥσπερ εἰκόνας ἐγκεχαραγμένας ἀρετῆς καὶ ἀνδραγαθίας περιφέροντα ; « Conçoit-on, dès lors, la gloire qu'il pouvait tirer de ses propres blessures, quand chaque partie de son corps rappelait une nation vaincue, une victoire gagnée, des villes prises, des redditions de roi ? Loin de cacher, de dissimuler ses cicatrices, il les exhibait comme autant d'images gravées sur son corps de sa vertu et de sa bravoure » [ed. et tr. Chr. Froidefond, CUF, 1990].
63. Plutarque, *Vie de Sertorius*, 1, 8 : Τῶν στρατηγῶν οἱ πολεμικώτατοι καὶ πλεῖστα δόλῳ κατεργασάμενοι μετὰ δεινότητος ἑτερόφθαλμοι γεγόνασι, Φίλιππος,᾽ Αντίγονος,᾽ Αννίβας καὶ [...] Σερτώριος. Tous sont dits ἑτερόφθαλμοι ce qui est parfaitement synonyme de μονόφθαλμοι, cf. Albert Esser, « Weitere Einäugige der Antike », *Klinische Monatsblätter für Augenheilkunde,* 92 (1934), p. 237-241. Il faut noter qu'Hannibal avait perdu la vue à la suite d'une maladie (ophtalmie) contractée lors de la traversée des marais d'Étrurie (Polybe, 3, 79, 12), cf. Albert Esser, « Die Augenkrankheit Hannibals », *Klinische Monatsblätter für Augenheilkunde,* 86 (1931), p. 677-678.
64. Cf. Albert Esser, « Die Einäugigkeit des Antigonos », *Klinische Monatsblätter für Augenheilkunde,* 91 (1933), p. 541-543.
65. Né vers 380, il décède à 81 ans.
66. Plutarque, *Vie de Sertorius*, 4, 4. Dans le cas des généraux, pour quelques officiers ou même des soldats, la blessure qui laisse une cicatrice apparente joue le rôle de « mutilation qualifiante », selon l'expression de Georges Dumézil, *op. cit.*, p. 65. Il est vraisemblable que Salluste copie les lignes de Démosthène sur Philippe pour sa description de Sertorius.
67. Rares sont les mentions d'une défaite qui l'attribuent au handicap du chef. C'est pourtant, semble-t-il, la grande myopie de Crassus qui, par une mauvaise interprétation des mouvements de troupes, provoqua sa perte (Plutarque, *Vie de Brutus*, 43, 4 : : ἦν γὰρ ἀσθενὴς τὴν ὄψιν).

B. Tenir sa place

1. Combattre pour tenir son rang

Quelques soldats placent leur honneur dans leur participation à la guerre, quel que soit leur état physique ou nonobstant une infirmité. Une jambe diminuée ne semblait pas faire obstacle à la volonté d'Androkleidas de participer au combat, on l'a vu [68]. Si l'on en croit les *Apophtegmes*, l'important est en effet de se maintenir en place. Agilité, souplesse et rapidité de mouvements ne sont pas requis des soldats en toutes circonstances. Savoir résister devient une qualité dont peuvent faire preuve les estropiés. Plutarque en présente deux autres exemples : « Un boiteux partant pour la guerre, suivi de quelques personnes qui se riaient de lui, se retourna et dit : "Imbéciles, ce n'est pas en fuyant que l'on se bat contre l'ennemi mais en restant où l'on est et en tenant son rang !" » [69]. L'argument est simple, assurément : tenir ou se faire tuer sur place ne nécessite, en effet, pas d'autre qualité que le courage. L'écho des mythiques combats de la phalange hoplitique résonne ici dans la bouche de ce citoyen anonyme, évidemment spartiate, et la nature même des apophtegmes invite à une concision bien « laconique ».

L'épisode, devenu emblématique de la vertu spartiate par excellence aux yeux de Plutarque, se trouve donc repris parmi les « bons mots » du roi Agésilas, parangon de tout commandant [70].

La mobilisation des boiteux dans la cavalerie pouvait éventuellement offrir aux plus aisés le moyen de participer au combat, mais elle demeure rare, certainement pour des raisons de hiérarchie militaire. Quant au soutien de béquilles [71], s'il est recommandé par les médecins pour l'exercice de la marche après un accident [72], il

---

68. Cf. *supra*, note 48.

69. *Apopht. lac.* (Anonymes), 45 [234 E], éd. Fr. Fuhrmann, Paris : CUF, 1988 : Χωλὸς ἐπὶ πόλεμον ἐξιών, ἐπακολουθούντων αὐτῷ τινων καὶ διαγελώντων, ἐπιστραφεὶς εἶπε ·' Κακαὶ κεφαλαί, οὐ φεύγοντα δεῖ τοὺς τοῖς πολεμίοις μάχεσθαι, ἀλλὰ μένοντα καὶ τὴν τάξιν φυλάττοντα '.

70. *Apopht. lac. Agésilas*, 34 [210 F], éd. Fr. Fuhrmann, Paris : CUF, 1988 : Θεώρησας δέ τινα Λάκωνα χωλὸν ἐπὶ πόλεμον ἐξιόντα καὶ ἵππον ζητοῦντα,' Οὐκ αἰσθάνῃ, ἔφη, ὅτι οὐ φευγόντων ἀλλὰ μενόντων ὁ πόλεμος χρείαν ἔχει ; « Considérant un certain Laconien boiteux qui partait pour la guerre et était à la recherche d'un cheval, il lui dit : "Tu ne te rends pas compte que la guerre a besoin non de gens qui fuient, mais de gens qui restent sur place ?" ».

71. Les bâtons d'appui sont connus et utilisés depuis les temps les plus anciens. Loin d'être toujours un emblème de pouvoir ou d'aristocratie, les bâtons, en général des béquilles uniques, sont aussi associés à des personnes « à mobilité réduite », âgées ou handicapées et ils sont peints à plusieurs reprises sur des tombes d'Égypte ancienne, cf. W. Y. Loebl & J. F. Nunn, « Staffs as walking aids in Ancient Egypt and Palestine », *Journal of the Royal Society of Medicine,* 90 (1997), p. 450-454.

72. Les estropiés peuvent ainsi pallier la faiblesse d'un membre, en fortifiant l'autre, comme l'explique le traité hippocratique des *Articulations,* 58 :"Ην δὲ μὴ προσχρέηται τῷ σιναρῷ ἐπὶ τὴν γῆν, ἀλλά, μετέωρον ἔχων, σκίπωνι ἀντερείδηται, οὕτω δὲ καρτερὸν γίνεται τὸ ὑγιὲς σκέλος · ἔν τε γὰρ τῇ φύσει διαιτᾶται, καὶ τὰ γυμνάσια προσκρατύνει αὐτό. Le texte continue Φαίη μὲν οὖν ἄν τις, ἔξω ἰητρικῆς τὰ τοιαῦτα εἶναι · τί γὰρ δῆθεν δεῖ περὶ τῶν ἤδη ἀνηκέχστων γεγονότων ἔτι προσξυνιέναι ; πολλοῦ δὲ δεῖ οὕτως ἔχειν. « Si, au contraire, l'infirme n'appuie pas à terre la mauvaise jambe, mais, en la tenant en l'air, se sert d'une

ne paraît pas réaliste en pleine action militaire et dans la violence des combats. Les estropiés partant à la guerre pouvaient-ils alors compter sur l'aide de prothèses ?

2. Combattre à l'aide d'une prothèse ?

Le recours à l'appareillage et aux prothèses est peu attesté [73]. Les textes littéraires ne les mentionnent que très rarement, les traités médicaux ne semblent pas les connaître [74] et les images sont très rares [75]. Aucun exemple d'un dispositif de remplacement des membres supérieurs ne nous a été transmis pour le monde grec [76].

---

béquille, la bonne jambe prend de la vigueur, attendu qu'elle est à la fois et employée selon sa conformation naturelle et fortifiée par l'exercice ». Le texte continue « Mais, dira-t-on, tout cela est en dehors de la médecine ; à quoi bon s'inquiéter davantage de ces affections devenues dès lors incurables ? Il s'en faut de beaucoup que l'on doive raisonner ainsi » [ed. et tr. Émile Littré, vol. IV, 1844].

73. Remplacer le membre manquant par une prothèse (de προστίθεναι : ajouter à) est un progrès grec, selon l'avis de à Lawrence J. Bliquez, « Classical Prosthetics », *Archaeology,* 36 (1983), p. 25-29.

74. Hippocrate, Galien, Celse et Oribase ne disent rien des prothèses, peut-être parce qu'elles ne sont pas fabriquées par des médecins mais par de simples artisans, forgerons, orfèvres ou menuisiers, cf. Martha L. Edwards, « Construction of Physical Disability in the Ancient Greek World », *The Body and Physical Discourses of Disability*, ed. David Mitchell & A. Snyder, Ann Arbor, 1997, p. 35-50. Sur les prothèses en général, Lawrence J. Bliquez, « Prosthetics in Classical Antiquity, Greek, Etruscan, and Roman Prosthetics », *ANRW* II, 37, 3, ed. Wolfgang Haase, Berlin – New York : de Gruyter, 1996, p. 2640-2676.

75. Un personnage masculin nu et barbu, peint sur un *skyphos* lucanien de la fin du IVe siècle, une jambe appuyée sur une pièce en bois, a d'abord été présenté comme l'illustration d'un individu disposant d'une prothèse (Adrien de Longpérier, *Revue archéologique*, 13 (1866), p. 151 et Émile Rivière, « Prothèse chirurgicale chez les Anciens : deux jambes de bois à l'époque gallo-romaine », *Gazette des Hôpitaux*, 17 nov. 1883, p. 1053-1055 et 27 nov. 1883, p. 1084-1086). Cette interprétation est erronée : l'individu est en réalité un silène à deux jambes qui mime un invalide. Pour une illustration, cf. Stephanos Geroulanos & René Bridler, *Trauma : Wund-Entstehung und Wund-Pflege im antiken Griechenland*, Mainz, 1994, ill. n° 106. L'objet est conservé au Louvre sans n° d'inventaire.

76. À Rome, sous la République, Marcus Sergius Silus, aïeul de Catilina, se serait fait adapter, si l'on en croit Pline l'Ancien (*Histoire Naturelle*, 7, 104), une main en fer (ou un bras artificiel ?) après une amputation, probablement entre le poignet et le coude. Muni de cette prothèse, plus élaborée qu'un simple crochet, qui lui permettait de fixer un bouclier de protection (tenir une lance ou une épée aurait requis l'installation d'un système trop compliqué), il aurait combattu vaillamment durant la 2e guerre punique, cf. Karl Sudhoff, « Die eiserne Hand des Marcus Sergius aus dem Ende des 3. Jahrhunderts vor Christo » *Mitteilungen zur Geschichte der Medizin und der Naturwissenschaften* [*MGMN*] 65 (1916), p. 1-5 ; E. Scharizer, « Kunstglieder im Altertum », *Monatsschrift für Unfallkunde und Versicherungsmedizin* 64 (1961), p. 468-470 ; Loretana de Libero, « Mit eiserner Hand ins Amt ?... », in Res Publica Reperta, *Zur Verfassung und Gesellschaft der römischen Republik u. des frühen Prinzipats. Festschrift für Jochen Bleicken zum 75. Geburtstag* [Hermes Suppl.], ed. Jörg Spielvogel, Stuttgart, 2002, p. 172-191 et Isabella Andorlini, Arnaldo Marcone, *Medicina, medico e società nel mondo antico*, Firenze, 2004, p. 193. Ces prothèses sont plus répandues au Moyen Âge et à la Renaissance, ainsi Götz von Berlichingen, blessé à Landshut en 1504, appareillé en 1509, continue à combattre pendant

La seule mention, dans les textes classiques, d'un pied de bois[77] est donnée, dans des circonstances relativement suspectes, par l'histoire de l'Arcadien Hégésistratos, qui, prisonnier des Lacédémoniens et entravé, s'évade en se tranchant le pied droit. Non seulement le blessé parvient, en clopinant à travers bois, à regagner sa patrie, mais il survit à cette amputation. Hérodote ajoute : « Quand il fut guéri [il se fit] adapter un pied de bois. »[78]. Il semble néanmoins bien peu vraisemblable qu'Hégésistratos ait pris part à des campagnes militaires ultérieures.

Le pied de bois de cet Arcadien intrépide aurait probablement été oublié par les chercheurs si, en pleine première Guerre mondiale[79], Karl Sudhoff[80] n'avait eu connaissance d'une trouvaille archéologique à laquelle il attacha grande importance[81]. Il s'agit d'une jambe de bois antique, mise au jour, avec le squelette, lors de l'ouverture d'une tombe datée d'environ 300, près de Capoue. L'objet est confectionné en bois, bronze et fer[82]. La jambe semble avoir été très habilement

---

de longues années. Goethe tire de cette histoire une pièce de théâtre en 1771 (une seconde version, en 1773, est qualifiée de *Schauspiel*).

77. Un second exemple est fourni par Lucien, *Contre un ignorant bibliomane*, 6 : en Asie, un riche personnage (πλούσιος ἀνὴρ) dont les deux pieds gelés avaient été amputés pour éviter la gangrène s'était fait confectionner des pieds en bois (ξυλίνους πόδας) avec lesquels il pouvait marcher en s'appuyant sur des esclaves.

78. Hérodote, 9, 37 : ὑγιὴς δὲ γενόμενος καὶ προσποιησάμενος ξύλινον πόδα. Sur l'appareillage des enfants pieds-bots, cf. *Des articulations,* 62. Plutarque, *Comment lire les poètes*, 3 (18 D) fait allusion aux chaussures pour boiteux qui ne valent rien, mais sont parfaitement adaptées : αἱ Δαμωνίδα τοῦ χωλοῦ κρηκῖδες ἃς ἀπολέσας εὔχετο τοῖς τοῦ κλέψαντος ἁρμόσαι ποσί · Φαῦλαι μὲν ἦσαν, ἐκείνῳ δ᾽ ἥρμοττον. Plutarque, *De l'amour fraternel*, 3 (479 B), répète l'anecdote du « devin d'Arcadie qui se fait adapter par nécessité un pied de bois, privé qu'il était de son propre pied » : Ὁ μὲν οὖν Ἀρκαδικὸς μάντις ἀναγκαίως πόδα ξύλινον προσεποιήσατο, καθ᾽ Ἡρόδοτον, τοῦ οἰκείου στερηθεὶς. Il convient, néanmoins, de se demander si ces objets, privilège de l'élite, n'étaient pas seulement des parures pour les fêtes ou les grandes occasions.

79. La multiplication des soldats estropiés au début de la guerre des tranchées a ravivé l'intérêt pour ces appareils et développé les recherches de prothèses mieux adaptées, plus confortables, plus légères, faciles à fabriquer et d'un coût raisonnable. Pour de nombreux croquis de prothèses en bois avec courroies de fixations, que ce soit pour le pied, la jambe, la cuisse et les membres supérieurs, cf. Auguste Broca et Ducroquet, *La prothèse des amputés en chirurgie de guerre*, Paris, 1917.

80. Ce médecin, né et mort à Francfort / Main (1853-1938), professeur d'Histoire de la médecine à Leipzig à partir de 1905 où il crée le premier Institut für Medizingeschichte (1906), éditeur de Paracelse et spécialiste de la chirurgie médiévale, est aussi fondateur, en 1901, de la *Deutsche Gesellschaft für Geschichte der Medizin, Naturwissenschaft und Technik* ainsi que la revue *Archiv für Geschichte der Medizin*, qui porte aujourd'hui son nom (*Sudhoffs Archiv*).

81. La découverte remonte en fait à l'hiver 1884/85 et l'objet a été immédiatement acquis par la *Royal Society of Surgeons in London*.

82. Hauteur 39,5 cm, largeur 15 à 12,5 cm. L'homme auquel la jambe avait appartenu était probablement un Samnite ou un Étrusque (Capoue était encore étrusque) pour lequel les occasions de perdre un membre n'avaient pas manqué entre 350 et 300 (guerres samnites, combats de gladiateurs…). La prothèse doit certainement sa fabrication aux célèbres ateliers de bronze qui faisaient la réputation de la Capoue étrusque, de même que la plupart des prothèses dentaires connues. Cette prothèse de Capoue est le seul exemple de ce genre, cf. Lawrence J.

fabriquée, de sorte que le moignon pouvait s'appuyer à l'intérieur, probablement sur un petit coussin. La forme du mollet est bien imitée et un pied, disparu, devait être fixé à l'extrémité. La prothèse comportait deux articulations possibles, une au genou et une à la cheville. Une jambière en bronze servait de protection et était apparemment ornée d'une décoration guerrière [83]. L'ensemble devait être fixé à la cuisse par un système de sangles ou une sorte d'enveloppe en cuir [84]. L'objet a disparu lors d'un bombardement de Londres, en mai 1941 [85].

Il faut préciser qu'un équipement tel que la prothèse de Capoue permettait peut-être de se déplacer sur de courtes distances [86], mais ne rendait plus envisageables des marches lors de campagnes militaires. Il est donc bien probable que la majorité des estropiés qui étaient encore en mesure de se déplacer clopinaient de leur mieux au milieu des troupes pour rester dans l'armée.

C. Combattre par obligation économique

Dans la plupart des cités du monde antique [87], un soldat estropié ou mutilé est laissé à la charge de sa famille [88], au même titre qu'un invalide de naissance ou une personne éclopée à la suite d'un accident ou d'une maladie.

Bliquez, *ANRW*..., note 74.

83. Loretana de Libero, *art. cit.*, propose d'y voir la preuve d'une amputation consécutive à un exploit militaire et non d'une maladie. L'objet « commémorait » ainsi le courage de son propriétaire.

84. Karl Sudhoff, « Ein Stelzbein aus altklassischer Zeit Italiens », *MGMN,* 15 (1916), p. 76-77, *Id.*, « Der Stelzfuß aus Capua », *MGMN,* 16 (1917), p. 291-293 et « Das Stelzbein von Capua », *MGMN* 18 (1919), p. 305 ; W. von Brunn, « Der Stelzfuß von Capua und die antiken Prothesen », *Archiv für Geschichte der Medizin* (*Sudhoffs Archiv*), 18 (1926), p. 351-360.

85. Une copie, fabriquée vers 1910, fut déplacée des collections du *Wellcome Institute* vers le *Science Museum* de South Kensington.

86. Son propriétaire (un homme assez riche pour avoir fait faire un objet de ce type) devait certainement passer plus de temps assis qu'à déambuler et, s'il marchait, s'appuyait sur des serviteurs ou/et une canne ou des béquilles.

87. L'exception athénienne est connue et l'origine de cette loi est attribuée à Solon ou à Pisistrate, soit au début ou au milieu du VIe siècle : « Il (Pisistrate) promulgua lui-même de nouvelles lois, entre autres celle qui ordonnait que les mutilés de guerre fussent nourris aux frais de l'État » (Plutarque, *Vie de Solon*, 31, 3 : Καὶ νόμους αὐτὸς ἑτέρους ἔγραψεν, ὧν ἐστι καὶ ὁ τοὺς πηρωθέντας ἐν πολέμῳ δημοσίᾳ τρέφεσθαι κελεύων). Mais quelques lignes plus bas, Plutarque suggère que Pisistrate n'a fait qu'imiter Solon lui-même (*Vie de Solon*, 31, 4). Pour Diogène Laërce, *Vie de Solon*, 55, l'initiative revient à Solon, l'un des « pères fondateurs » de la démocratie athénienne. Cf. E. Samama, *La santé des troupes. Guerre, médecine et politique sanitaire dans le monde grec antique* (à paraître).

88. « Un Laconien, qui avait été blessé à la guerre et ne pouvait marcher, progressait à quatre pattes. Comme il avait honte de cette posture ridicule, sa mère lui dit : "Combien, mon enfant, la joie d'avoir été brave ne vaut-elle pas mieux que la honte de faire rire des sots !" », *Apophtegmes laconiens*, 241 E-F, *Anonymes femmes* n° 15 : Λάκων τρωθεὶς ἐν πολέμῳ καὶ βαδίζειν οὐ δυνάμενος τετραποδιστὶ ὥδευεν. Αἰσχυνομένῳ δ'αὐτῷ ἐπὶ τῷ γελοίῳ ἡ μήτηρ · Καὶ πόσῳ βέλτιον, ὦ τέκνον, εἶπε, μᾶλλον ἐπὶ τῇ ἀνδρείᾳ γεγηθέναι ἢ αἰσχύνεσθαι ἐπὶ γέλωτι

Qui, de nos jours, dit invalide pense au vétéran, au soldat que les combats ont laissé en vie, mais diminué. Pour lui, le front s'éloigne, la guerre est finie. Mais autrefois, d'un coup de lance ou d'épée, le militaire était souvent changé en mendiant. À la détresse physique risque donc de s'ajouter une misère économique, doublée d'une sorte de disgrâce morale et une mise à l'écart[89]. La place des invalides dans la société est alors liée à la fois à la nature de leur handicap et surtout à leur fortune et à leur position sociale antérieure à la blessure.

Au IVe siècle, la cité d'Athènes propose, cela est connu, une pension aux invalides militaires et apparemment aussi civils[90]. Dans les autres cités, la solidarité familiale prend généralement le relais ; il semble pourtant qu'un système d'assistance similaire à celui mis en place à Athènes existe également à Tarente et à Rhodes[91]. La cité est alors assimilée au cercle de la famille élargie et intervient dans son rôle d'assistance auprès des plus démunis[92]. Elle a l'obligation, pour des

---

ἀνοήτων ; la réponse de la mère est surprenante si l'on considère toutes celles qui marquent, à l'époque classique, la valorisation spartiate du décès au combat. Peut-être faut-il voir dans ce texte de Plutarque le reflet d'une évolution qui en vient progressivement à préférer la survie et louer les blessures comme témoignage de courage et de valeur militaire.

89. L'interdiction faite aux mutilés d'exercer des fonctions religieuses est connue chez les Juifs : Flavius Josèphe, *Guerre des Juifs*, 1, 13, 9 (§ 270) : « Comme Hyrcan s'était jeté aux pieds d'Antigone, celui-ci lui coupa les oreilles avec ses dents, pour qu'il ne puisse plus, à l'avenir, être grand-prêtre, à la faveur d'un retournement de situation : en effet un mutilé ne peut pas exercer cette charge ».

90. L'invalide perçoit ainsi, durant la seconde moitié du IVe siècle, une aide journalière correspondant à un tiers du salaire moyen. D'après les arguments avancés pour sa défense, on comprend que le personnage du plaidoyer de Lysias n'est pas un invalide de guerre. Il faut donc en déduire que les pensions accordées par la cité ne concernent pas que les vétérans mais tous les infirmes pauvres. L'assimilation entre les invalides civils et militaires a été interprétée comme une des conséquences de la Guerre du Péloponnèse et de l'épidémie, cf. Herbert Grassl, « Behinderte in der Antike. Bemerkungen zur sozialen Stellung und Integration » in *Sozialmassnahmen und Fürsorge. Zur Eigenart antiker Sozialpolitik,* ed. Hans Kloft, *Grazer Beiträge für die klassische Altertumswissenschaft,* Suppl. Bd III, Graz, 1988, p. 35-44 déjà publié dans *Tyche* 1 (1986) p. 118-126 et, plus généralement, Hendrik Bolkestein, *Wohltätigkeit und Armenpflege im vorchristlichen Altertum*, Utrecht, 1939. Le contrôle des bénéficiaires doit se faire régulièrement pour éviter les abus et les fausses déclarations. Certains ont dû céder à la tentation de la fraude par de faux certificats, cf. Xénophon, *Mémorables*, 1, 2, 51 : Ἀλλὰ Σωκράτης γε, ἔφη ὁ κατήγορος, οὐ μόνον τοὺς πατέρας, ἀλλὰ καὶ τοὺς ἄλλους συγγενεῖς ἐποίει ἐν ἀτιμίᾳ εἶναι παρὰ τοῖς ἑαυτῷ συνοῦσι, λέγων ὡς οὔτε τοὺς κάμνοντας οὔτε τοὺς δικαζομένους οἱ συγγενεῖς ὠφελοῦσιν, ἀλλὰ τοὺς μὲν οἱ ἰατροί, τοὺς δὲ οἱ συνδικεῖν ἐπιστάμενοι, « Mais, dit son accusateur, Socrate n'a pas seulement déshonoré ses parents mais aussi le reste de sa parentèle en disant que les invalides et les justiciables profitaient non de la parentèle, mais plutôt de leur médecin ou de leur avocat » [tr. E. Samama du texte établi par E.C. Marchant, LCL, 1923].

91. Diodore, *Bibliothèque historique*, 20, 84 et Plutarque, *Vie d'Alexandre*, 71. Karl Sudhoff, « Kriegs-beschädigtenfürsorge von Gestern und von Ehedem », *Jahreshefte für ärztliche Fortbildung,* 8 (Sept. 1917), p. 44-56, suggère qu'à Samos, à l'époque classique, les blessés à la guerre sont nourris aux frais de la cité.

92. La philanthropie des Grecs n'est en aucune façon synonyme de l'amour de son prochain au sens chrétien de la *caritas* comme certains l'ont pensé (André Vercoutre, *Revue archéologique,*

raisons strictement politiques, et sans fondement humanitaire [93], de maintenir en état le corps civique et, en cas de défaillance de la famille, se substituer à elle [94]. On comprend que certains d'entre eux, se sentant redevables, aient tenu en retour à apporter leur aide, même ténue, en s'engageant pour la défense de la cité.

Les mercenaires invalides étaient indubitablement plus mal lotis, car non seulement ils se trouvaient privés d'un emploi, mais ils devaient aussi se débrouiller seuls pour leur subsistance, dans la mesure où leurs employeurs ne leur garantissaient pas de rente [95]. Il est compréhensible, dans ces conditions, qu'ils aient tenté de rester à tout prix au sein de l'armée.

À la lecture des textes anciens, il semble que des capacités physiques réduites, pas plus qu'elles n'excluaient une activité professionnelle adaptée, n'aient constitué un obstacle à la mobilisation. Quand ils le veulent et, évidemment, quand leur corps le leur permet, les infirmes sont des soldats comme les autres. Aux yeux des Grecs, en effet, les handicapés ne forment pas un groupe et ne sont pas

---

39, 21 (1880), p. 109 *sq.*), cf. M. P. J. Dillon, « Payments to the Disabled at Athens : Social Justice or Fear of Aristocratic patronage ? », *Ancient Society,* 26 (1995), p. 27-57 et Marina Elisabeth Pfeffer, *Einrichtungen der sozialen Sicherung in der griechischen und römischen Antike, unter besonderer Besichtigung der Sicherung bei Krankheit* [*Versicherungsforschung, Schriftenreihe für internationalen Gedanken-austausch über sozial- und privatwirtschaftlichen Versicherungsschutz, Heft* 5], Berlin : Duncker & Humblot, 1985.

93. Martha L. Edwards, *Physical Disability in the Ancient Greek World*, PhD University of Minnesota, 1995, p. 12-17. Martha L. Rose, *The Staff of Œdipus : Transforming Disability in Ancient Greece*, Ann Arbor, 2003, estime que le regard posé sur les handicapés est complètement neutre car ils sont partie intégrante de la société et ne suscitent ni rejet, ni intérêt, ni pitié.

94. Mark Harrison, *Medical History,* 46, 1 (2002), p. 120-122 le rappelle dans son compte-rendu du livre de David A. Gerber, *Disabled veterans in History*, Ann Arbor, 2000. L'aide fournie aux invalides de guerre en particulier repose aussi sur des arrière-pensées politiques. Dans l'Athènes classique, cette aide favorisait le bon fonctionnement de la démocratie, au même titre que les cérémonies annuelles en l'honneur des soldats tombés au front. Pour les finances publiques, un peu plus de deux talents par an suffisent à nourrir cent invalides à l'époque d'Aristote ; avant la guerre du Péloponnèse, le coût est évalué entre 5 et 10 talents, ce qui correspond à des pensions versées à plus de 500 personnes, cf. Hendrik Bolkestein, *Wohltätigkeit und Armenpflege im vorchristlichen Altertum*, Utrecht, 1939, p. 273. Il est vraisemblable que le versement des indemnités ait été interrompu durant les deux périodes de gouvernement oligarchique à Athènes.

95. Alexandre accorde des pensions aux anciens soldats qui ne peuvent plus servir : Plutarque, *Vie d'Alexandre*, 71, 8 : « il donna congé à ceux qui ne pouvaient servir, après les avoir comblés de présents magnifiques et avoir écrit à Antipatros que, dans les concours et dans tous les théâtres, on devait les faire asseoir au premier rang, avec une couronne sur la tête. », cf. Diodore 17, 69, 2-9 et Arrien, *Anabase* 7, 8, 1 ; 7, 12, 1 et 7, 10, 5. Le sort « normal » des invalides de guerre est de rentrer chez eux et d'être à la charge de leur famille. Mais ce sort peut, par une « grâce » royale, être grandement amélioré. Ils partagent en cela le destin des vétérans. L'intérêt du roi était, en la matière, évident : par les dons de terre et la possibilité d'installation offerte ainsi aux vétérans, invalides ou non, il assure le contrôle du territoire.

considérés comme tels [96], même par les textes médicaux. Leur mobilité réduite fait qu'on leur confie d'autres tâches, mais ils demeurent intégrés à la communauté et dans la mesure de leurs forces, participent à tous les aspects de l'existence. La guerre, si présente dans le monde grec, ne fait donc pas exception. À coup sûr, l'exemple vient d'en haut : nombre de généraux, chefs et rois combattent avec vigueur, bien que diminués. Les soldats invalides également, contraints par la pression sociale ou militaire ou encore poussés par leur désir de gloire, quand ce n'est pas par l'appât du gain ou la simple nécessité de survie, sont présents parmi les hommes du rang. Tous s'illustrent par une *dunamis* intacte [97].

---

96. Achim Hölter, *Die Invaliden. Die vergessene Geschichte der Kriegskrüppel in der europäischen Literatur bis zum 19. Jahrhundert*, Stuttgart-Weimar : J.B. Metzler Verlag, 1995. Les romans du XXe siècle montrent que le regard est modifié après la Première Guerre mondiale, cf., entre autres et à titre d'exemples, les ouvrages d'Henri Barbusse, d'Alfred Döblin, *Berlin Alexanderplatz*, d'Erich Maria Remarque, *À l'Ouest, rien de nouveau* ou *Après*, ou encore d'Irène Nemirovsky, *Les biens de ce monde*.

97. Je remercie Marielle de Franchis pour sa relecture attentive et ses remarques.

Intégrité du corps, maladie, mutilation et exclusion chez les magistrats et les sénateurs romains [1]

Catherine BAROIN
(ERIAC, Université de Rouen / Centre Louis Gernet)

À Rome, à la fin de la République et au début de l'Empire, y avait-il des prescriptions légales concernant l'état physique requis pour les candidats aux magistratures et pour les sénateurs : leur corps devait-il être intact ou entier, sans mutilations ni altérations dues à des maladies et / ou des blessures ? En outre, que se passait-il lorsqu'un magistrat déjà en fonction était malade, blessé ou mutilé ? Devait-il abandonner sa charge ? Y était-il contraint par la loi, par ses collègues, par le prince éventuellement, ou bien s'y obligeait-il lui-même ? Voilà les questions auxquelles cette étude tente de répondre, en s'appuyant sur une documentation textuelle et à partir d'un certain nombre de cas.

Dans cette analyse, il faut tenir compte de plusieurs données. Tout d'abord, on doit se rappeler que les magistrats romains avaient des compétences politiques, mais aussi religieuses ; en effet, dans la religion publique, comme l'écrit J. Scheid, « le principal prêtre de Rome, c'était le magistrat » [2]. Il faut donc observer attentivement, dans les textes qui mentionnent le corps ou la capacité physique des magistrats, lesquelles de leurs attributions sont concernées et quel est le contexte de leur action. En outre, de façon plus générale, il faut prêter attention à la façon dont se dit, en latin, d'une part, et en grec, d'autre part, chez les auteurs de la période romaine, ce qui sort de la « norme » sur le plan physique, qu'il s'agisse d'infirmités

---

1. Je tiens à remercier M.-Claire Ferriès, M. de Franchis, Ph. Moreau et E. Samama, pour leurs suggestions et les conseils bibliographiques précieux qu'ils m'ont apportés.

2. J. Scheid, « Les activités religieuses des magistrats romains », in R. Haensch et J. Heinrichs ed., *Herrschen und Verwalten*, Cologne, 2007, p. 126-144 (p. 128). Voir aussi J. Scheid, « Le flamine de Jupiter, les Vestales et le général triomphant », Ch. Malamoud et J.-P. Vernant (dir.), *Corps des dieux*, Paris, 1986, p. 287-313, en particulier p. 289-290, et J. Scheid, « Le prêtre », *in* A. Giardina (dir.), *L'Homme romain*, Paris, 1992, p. 71-106, en particulier p. 72 et p. 76-77.

apparues dès la naissance, ou survenues au cours de la vie, à la suite de maladies ou de blessures[3]. Certains des termes (comme « norme » et « handicap ») qui apparaissent dans les traductions sont modernes, et il faut veiller à rester au plus près du lexique ancien, qui révèle des représentations du corps particulièrement intéressantes. Enfin, en s'interrogeant sur le corps de l'homme politique à Rome, on voit apparaître la question du « déshonneur » (*dehonestamentum*) du corps. Il permet de comprendre que celui-ci peut, à l'inverse, être empreint de *decus*, c'est-à-dire d'honorabilité et de décence[4]. Cet aspect est essentiel pour les magistrats et les sénateurs qui doivent veiller à conserver leur *dignitas* dans le cadre de leur vie publique.

I. L'état préliminaire des candidats aux magistratures et à la carrière politique

A. Quel corps pour le candidat aux magistratures ?

Commençons cette enquête en nous interrogeant sur l'état physique éventuellement requis chez celui qui se présente à une magistrature : y a-t-il des règles qui prescrivent qu'on ne peut être magistrat en raison de difformités physiques ou de maladies ? Il faut se reporter ici aux pages que Th. Mommsen consacre aux motifs d'inéligibilité dans le *Droit public romain* :

> « Il est en outre assez vraisemblable, sans que cela puisse guère être indiqué comme démontré, qu'il n'y avait à pouvoir arriver aux magistratures, spécialement à la plus ancienne et à la plus élevée de toutes, au consulat, que les hommes propres au service militaire, et que, par conséquent, la paralysie[5], en particulier, en excluait. Pour les temps historiques, tout ce qui pourrait être affirmé, c'est que le magistrat président du vote a eu, tant qu'il a agi librement, le droit d'exclure de la candidature les candidats que leur état physique ou mental rendait notoirement incapables de remplir les obligations de la magistrature dont il s'agissait »[6].

3. Les mêmes termes, par exemple *deformitas* et *debilitas*, désignent les malformations congénitales et les corps abîmés par des blessures, par des maladies ou par la vieillesse (cf. B. Cuny-Le Callet, *Rome et ses monstres. Naissance d'un concept philosophique et rhétorique*, vol. I, Grenoble, 2005, p. 112).
4. Cf. L. de Libero, « Mit eiserner Hand ins Amt ? - Kriegsversehrte römische Aristokraten zwischen Recht und Religion, Ausgrenzung und Integration », in Jörg Spielvogel éd., *Res publica reperta, Zur Verfassung und Gesellschaft der römischen Republik und des frühen Prinzipats. Festschrift für Jochen Bleicken zum 75. Geburtstag*, Stuttgart : F. Steiner, 2002, p. 172-191 (p. 186).
5. Le terme « paralysie » traduit l'allemand *Lahmheit*, qui paraît avoir un sens plus large, puisqu'il peut désigner l'état de celui qui est perclus, usé, boiteux. Le terme est aussi utilisé par Mommsen à propos du texte de Dion Cassius (54, 26) que nous analysons plus bas, où il ne peut être question de « paralysie ».
6. Th. Mommsen, *Droit public romain*, t. II, tr. P.-F. Girard, Paris, 1892, p. 143.

Dans une note, Mommsen renvoie à un extrait du commentaire d'Ulpien à l'édit du préteur[7]. Le chapitre concerné, intitulé *De postulando*, énumère les dispositions concernant ceux qui font une demande en justice auprès du préteur et ceux qui peuvent faire cette demande au nom d'un tiers. De cette dernière catégorie sont exclus les femmes, ceux qui sont connus pour leur inconduite morale (*turpitudine notabiles*) et l'aveugle des deux yeux (*caecum utrisque luminibus orbatum*), qui ne peut voir ni respecter (*uidere et reuereri*) les insignes (*insignia*) du magistrat[8]. On comprend mieux pourquoi le juriste a indiqué d'emblée que ces dispositions visaient à préserver la dignité (*dignitas*) et l'honneur (*decus*) du préteur[9]. Immédiatement après le cas de l'aveugle, Ulpien donne l'exemple fameux d'Appius Claudius Caecus, qui participa aux délibérations publiques malgré sa cécité, et il soulève la question des magistratures. Ulpien note qu'un aveugle peut garder le rang de sénateur (*senatorium ordinem retinet*) et exercer la fonction de juge (*iudicandi officio fungitur*), mais il présente comme étant un point de discussion le fait qu'un aveugle puisse exercer des magistratures (*magistratus gerere*). Il conclut en disant que celui-ci peut conserver sa charge s'il a déjà commencé à l'exercer (*retinere quidem iam coeptum magistratum posse*), mais qu'il lui est interdit d'en briguer une nouvelle (*adspirare autem ad nouum penitus prohiberi*), comme l'indiquent de nombreux exemples… que, bien sûr, il ne cite pas[10].

On peut retenir de ce développement plusieurs points. Tout d'abord, le juriste prend soin de préciser qu'il parle d'un aveugle complet, non d'un homme à la vue faible ou d'un borgne, qui verrait « un peu », même mal. On peut alléguer qu'un tel aveugle est susceptible d'être assisté par des esclaves. Cependant, même avec l'aide d'autrui, l'aveugle ne peut voir lui-même les insignes de la dignité du préteur. C'est cela qui importe : il ne suffit pas que l'aveugle sache devant qui il se trouve et ce qu'il doit faire devant le préteur ; il faut qu'il voie lui-même ce personnage dans l'exercice de ses fonctions pour le respecter comme magistrat. Ici, la raison symbolique prime sur la raison pratique. D'autre part, Ulpien fait une distinction entre le rang de sénateur et la fonction de juge, d'un côté, et celle de magistrat en exercice, de l'autre, sans préciser pourquoi ; pour un juge ou un sénateur, l'usage de l'ouïe et de la parole semble être suffisant et pouvoir dispenser de la vue, alors que ce n'est pas le cas pour le magistrat. En outre, une différence est observée entre le fait de conserver une charge que l'on a déjà et celui d'être candidat à une nouvelle. Mais rien ne paraît obliger un magistrat à abandonner ses fonctions en cas de cécité, ou éventuellement d'une autre incapacité physique. Le fait de gérer ou non une magistrature si l'on est aveugle complet apparaît, en tout cas, comme un point de discussion : la question ne semble pas réglée par une loi,

7. *Ibid.*, note 2. Ulpien, *VI ad ed.*, *Digeste*, III, 1, 1, 5.
8. Ulpien, *op. cit.*, III, 1, 1, 5.
9. *Ibid.*, III, 1, 1, 1.
10. *Ibid.*, III, 1, 1, 5.

mais soumise à des usages divers. On comprend les précautions de Mommsen qui indique que la question n'est pas démontrée [11].

B. Les nouveaux sénateurs d'Auguste

Cependant existe-t-il des cas où un défaut physique empêche d'exercer une charge ou de faire partie d'un ordre ? Mommsen renvoie sur cette question à une autre source, un passage de Dion Cassius (*Histoire romaine*, 54, 26, 8-9) qui concerne le principat d'Auguste. Pour élucider certaines des difficultés de ce passage, on peut se reporter aux analyses d'A. Chastagnol et de S. Demougin [12]. Le contexte est le suivant : à partir de 29, Auguste commence à créer un ordre sénatorial (*ordo senatorius*). À cette fin, entre 18 et 13, il institue un cens sénatorial d'un million de sesterces, bien plus élevé que le cens équestre de 400 000 sesterces qui était requis sous la République pour pouvoir briguer la questure et donc entrer au sénat. Dès lors, les fils et petits-fils des sénateurs font la « grève » [13] : soit ils ne se portent pas candidats à la première magistrature (la questure), qui leur donnerait accès au sénat (à condition d'avoir le cens requis), soit, s'ils ont été élus questeurs, ils se récusent en disant qu'ils n'ont pas le cens requis pour entrer au sénat. De plus, dans les années 16-13, parmi les questeurs, il n'y a pas assez de candidats au tribunat de la plèbe. Il y a donc un problème de recrutement. C'est dans ce contexte qu'en 13, d'après Dion Cassius (54, 26, 8), Auguste examina (*exêtase*) [14] non pas « tout l'ordre sénatorial », comme le suggèrent plusieurs traductions [15], mais les chevaliers qui sont devenus tribuns de la plèbe [16] ou/et les chevaliers devenus *vigintivirs* (le vigintivirat, institué en 20, précède la questure). Plus précisément, Auguste « inspecte » lui-même ceux qui ont moins de trente-cinq ans, et les oblige à devenir sénateurs (*bouleusai*) [17], à condition qu'ils aient le cens (*timêma*) requis et qu'ils ne soient pas *anapêroi*. On peut traduire cet adjectif par « mutilés »,

---

11. W. Kunkel et R. Wittmann, *Staatsordnung und Staatspraxis der römischen Republik, II, Die Magistratur*, Munich, 1995, p. 55-56, suivent les conclusions de Mommsen.
12. A. Chastagnol, « La naissance de l'*ordo senatorius* », *MEFRA*, 85-2 (1973), p. 583-607 et *Le sénat romain à l'époque impériale*, Paris : Les Belles Lettres, 1992 (en particulier p. 50-53) ; S. Demougin, *L'ordre équestre sous les Julio-Claudiens*, Rome : EFR, 1988 (en particulier, p. 159, 165, 170 et 215).
13. L'expression se trouve chez S. Demougin (*L'ordre équestre*..., p. 165 et 170) et A. Chastagnol (*Le sénat romain*..., p. 51).
14. Sur l'emploi de ce verbe en pareil contexte, voir S. Demougin, *op. cit. (supra* note 11), p. 154-155. Le verbe *exetazô* est aussi employé par Dion Cassius pour l'examen des chevaliers ; il apparaît également chez Plutarque.
15. Ces traductions sont dues au fait que Dion Cassius lui-même a confondu cet épisode avec une *lectio senatus* (cf. S. Demougin, *op. cit. (supra* note 11), p. 159, et A. Chastagnol, *Le sénat romain*..., p. 52).
16. Cf. Suétone, *Auguste*, 40, 1.
17. A. Chastagnol (*Le sénat romain*..., p. 52) comprend que ceux qui ont plus de trente-cinq ans peuvent choisir, après leur sortie de charge, de rester dans l'ordre équestre ou bien d'être candidats à la préture, celle-ci leur ouvrant l'accès au sénat et à l'ordre sénatorial.

mais que signifie-t-il exactement ? Mommsen paraît comprendre qu'il désigne des paralysés [18], mais cela paraît difficile ici. Dion ajoute qu'Auguste regarde (*heôra*) lui-même le corps de ces hommes (*sômata*). Apparemment donc, il n'inspecte pas seulement leur visage ; mais quelles parties du corps sont concernées ? Et jusqu'à quel point le corps doit-il être intact ou entier ? Quel type de défaut physique empêche, aux yeux du prince, d'entrer au sénat ?

Je n'ai pas trouvé trace d'une autre indication de ce genre à propos du recrutement des sénateurs. Il ne faut vraisemblablement pas considérer qu'il y a là une règle générale appliquée uniformément sous l'Empire. Mais on peut tirer de ce texte les renseignements suivants. Tout d'abord, Dion Cassius envisage la possibilité que des hommes *anapêroi* aient exercé des magistratures (questure, vigintivirat et tribunat). La difficulté, encore une fois, est de comprendre ce que recouvre exactement ce terme grec [19] : s'agit-il d'une mutilation à la suite d'une maladie ou d'une blessure de guerre, d'une malformation *etc.* ? Il reste qu'un tel défaut physique empêche ces candidats à l'ordre sénatorial, si l'on peut dire, d'être inscrits sur la liste des sénateurs, alors même qu'il y a un problème de recrutement. L'état du corps est donc suffisamment important pour être pris en compte. Enfin, on peut dire qu'Auguste joue ici un rôle analogue au magistrat républicain qui accepte ou non les candidatures aux diverses magistratures.

C. Le cas de Claude

On peut évoquer un autre cas, complexe, celui de l'empereur Claude, dans la présentation que Suétone fait de lui. Tout d'abord, l'historien signale que, pendant son enfance et son adolescence, des maladies nombreuses et tenaces ont « émoussé à la fois son esprit et son corps » (*animo simul et corpore hebetato*), au point qu'« on ne l'estima apte à aucune fonction (*muneri*) publique ou privée. » [20] Claude apparaît comme un monstre, un prodige au mauvais sens du terme (*portentum*), « que la nature n'a pas fini, mais seulement commencé » (*nec absolutum a natura, sed tantum incohatum*), d'après les mots de sa propre mère [21] – Claude n'est « pas fini », comme on le dit familièrement pour évoquer quelqu'un de stupide. Le texte paraît suggérer que sa famille ne s'en est pas débarrassé à sa naissance parce qu'elle n'a pas vu cette imperfection radicale.

Dans le chapitre consacré à son portrait physique et aux détails de son comportement (sans qu'on sache à quel âge cette description correspond), il est question de caractéristiques qui le déshonorent (*dehonestare*) : un rire indécent, inconvenant (*risus indecens*), une colère plus laide et honteuse encore (*turpior*),

18. Th. Mommsen, *Droit public...*, p. 143, note 2 (« ...sous Auguste la paralysie dispensait des devoirs sénatoriaux (Dion 54, 26)... »).
19. Sur ce terme, voir la contribution d'E. Samama dans ce volume.
20. Suétone, *Claude*, 2.
21. *Idem*, 3.

une façon de parler bégayante (*linguae titubantia*)[22]. On voit que ces défauts sont d'abord une affaire de conduite, de comportement, à la fois physique et moral ou social, plus que des « tares » physiques.

Dans ces conditions, la carrière politique à laquelle Claude est promis grâce à son rang paraît difficile. Les lettres d'Auguste à Livie citées par Suétone montrent que le prince et Tibère tiennent une sorte de « conseil de famille » pour décider ce qu'il faut faire de Claude, en particulier pour savoir s'il doit exercer des magistratures ou non (*gerere honores necne*)[23]. L'important, pour la famille impériale, c'est que, surtout, on ne rie pas de Claude en public, car cela serait une indignité qui rejaillirait sur toute sa famille. Auguste prend finalement la décision de « ne lui laisser que la charge du sacerdoce augural (*auguralis sacerdotii honore*) »[24], comme si le fait d'être augure exposait moins la famille impériale à l'indignité qu'une magistrature. On sait aussi que Claude fera partie du collège des Augustales (les prêtres du culte d'Auguste divinisé)[25].

Pourtant, Claude devient empereur et aussi, comme tel, Grand pontife, dictant sans bégayer au peuple les formules de prières propiatoires (*obsecratio*) quand il le faut[26].

Il ne faut pas chercher à réduire ce qui nous apparaît souvent comme des « contradictions » du personnage[27] construit par Suétone ou du texte même de l'historien : en effet, ce genre d'opposition entre qualités et défauts, *uirtutes* et *uitia*, est caractéristique des *Vies* d'empereurs de Suétone[28] ; d'autre part, une même biographie juxtapose des notices qui sont écrites d'un point de vue différent[29]. On ne cherchera pas non plus à expliquer les apparentes incohérences du comportement de Claude par des raisons « psychologiques » (du type : Claude se retient de bégayer à cause de l'importance de la situation). Mais, si l'on revient sur le lexique utilisé par Auguste à propos de Claude, on peut saisir certaines caractéristiques de l'état physique requis pour exercer une magistrature ou une prêtrise, du moins à cette époque et aux yeux du *princeps*. L'empereur explique qu'il est possible de faire entrer Claude dans la carrière politique, comme son frère Germanicus, « si Claude est bien ajusté, bien proportionné : *artius* [forme latinisée d'*artios*], pour ainsi dire, complet (entier, intact, parfait, qui forme un tout) : *holoklêros* ». Mais, continue le prince, c'est impossible s'il lui manque quelque chose *(êlattôsthai*), s'il a « subi

---

22. *Id.*, 30.
23. *Id.*, 4.
24. Pour une analyse plus détaillée de cet aspect du personnage de Claude, voir C. Baroin, « Le corps du prêtre romain dans le culte public : début d'une enquête » (à paraître).
25. Suétone, *Claude*, 6 (le sénat propose de l'adjoindre à titre extraordinaire aux Augustales).
26. *Id.*, 22.
27. *Id.*, 4 : Auguste s'étonne que Claude puisse parler de façon si confuse (*tam asaphôs loqui*) et déclamer de façon claire (*declamare saphôs*).
28. Cf. E. Cizek, *Structures et idéologies dans « Les Vies des douze Césars » de Suétone*, Bucarest / Paris, 1977.
29. Voir A. Wallace-Hadrill, *Suetonius*, Bristol, 1995 (Londres, 1983[1]), p. 71.

un dommage concernant l'intégralité de son corps et de son esprit (*beblaphthai kai eis tên toû sômatos kai eis tên tês psuchês artiotêta*) »[30]. On le voit, ces termes sont grecs, mais il n'est pas très facile d'expliquer pourquoi[31]. On comprend cependant qu'il importe, aux yeux d'Auguste, qu'un membre de la famille impériale qui s'apprête à faire une carrière politique ne soit pas diminué, n'ait pas quelque chose « en moins »[32]. Ainsi, alors que Tibère se cherche un successeur, il hésite à choisir Claude, à cause de « son esprit diminué » (*imminuta mens*)[33]. Ici, il semble que l'idée de la « diminution » de Claude (qu'elle soit exprimée en grec ou en latin) s'oppose d'une part au fait d'être *magistratus* (magistrat), mot qui dérive, comme *magister*, de l'adverbe *magis* qui signifie « plus »[34], mais aussi au fait d'être *augustus*, adjectif dérivé du verbe *augeo* (augmenter), qui fait partie de la titulature de l'empereur à partir du premier d'entre eux, Auguste, et qui exprime l'idée que l'empereur possède « le plein de force sacrée » qui lui assure la souveraineté[35].

Cependant, tout ce qui est dit dans la biographie de Suétone, de la faible santé de Claude, de son bégaiement, de son comportement ridicule et inconvenant ne l'a empêché ni d'exercer des prêtrises (avant son principat), ni, finalement, d'être empereur.

II. Les accidents du corps

Il faut maintenant se demander ce qui se produit lorsque le corps d'un magistrat en exercice se retrouve « abîmé » par une maladie ou une blessure : lorsque des « accidents » (*casus*)[36], dus à des guerres ou à des maladies, atteignent le corps d'un magistrat. Celui-ci est-il exclu de ses fonctions ou bien les quitte-t-il ?

---

30. Suétone, *Claude*, 4.
31. Sur l'emploi d'*holoklêros* pour désigner l'état requis par certains prêtres dans le monde grec, voir J. Wilgaux, « *Hygiès kai holoklaros*. Le corps du prêtre en Grèce ancienne », in P. Brulé éd., *La norme en matière religieuse en Grèce ancienne*, *Kernos*, supplément 21, Liège, 2009, p. 231-242.
32. En latin, l'idée d'une personne diminuée, amoindrie peut être exprimée par les adjectifs *deminutus* ou *imminutus*. Sur cette terminologie, voir C. Baroin, « Le corps du prêtre romain… », cf. *supra* note 23.
33. Tacite, *Annales*, 6, 52 (= 46), 2.
34. Voir A. Ernout et A. Meillet, *Dictionnaire étymologique de la langue latine*, Paris, 1967, *s.u. magis*.
35. C'est le sens que donne à cet adjectif G. Dumézil, « *Augur* », in *Idées romaines*, Paris, 1969², p. 79-102, en particulier p. 95-101 (reprise de « Remarques sur *augur*, *augustus* », *REL* 35 (1957), p. 126-151). G. Dumézil (p. 95 et 99 note 1) remarque que les Romains connaissaient la parenté entre *augur*, *augustus* etc. et le verbe *augeo*. Cf. par ex. Suétone, *Auguste*, 7, 4.
36. Ce terme, qui désigne souvent un accident aux conséquences négatives, apparaît aussi bien chez Valère-Maxime, par exemple (8, 13, 5, cité *infra*) que dans le commentaire d'Ulpien que nous avons cité (Ulpien, III, 1, 1).

A. Quelques boiteux

Une première réponse paraît être celle de l'auto-exclusion. Ainsi, on connaît une anecdote, transmise par un passage du *De oratore* de Cicéron, à propos du consul Spurius Carvilius [37]. Ce personnage boite gravement (*grauiter claudicanti*) à cause d'une blessure de guerre reçue alors qu'il était au service de l'État (*ex uolnere ob rem publicam accepto*) et il a honte, pour cette raison, de paraître en public (*uerecundanti in publicum prodire*) ; sa mère lui dit qu'il ne doit pas hésiter à le faire, car, à chacun de ses pas, ses actes de courage lui viendront en tête [38]. Cet échange entre mère et fils, qui vise à valoriser la boiterie en montrant qu'elle est un signe de courage physique, fait partie d'une série, qui lui est postérieure, constituée de deux passages de Plutarque. L'un est issu des *Apophtegmes laconiens* [39] ; dans trois d'entre eux (241 e-f, *Apopht.* 13, 14 et 15), une mère (anonyme) explique à son fils que sa boiterie ou sa difficulté à marcher normalement ne doit lui faire craindre ni la souffrance physique ni le ridicule, mais lui rappeler son courage à la guerre (*aretê* ou *andreia*), qui est la valeur suprême. L'autre passage est extrait de *La Fortune d'Alexandre* et il concerne cette fois un père et un fils tous deux illustres [40]. Philippe de Macédoine a été blessé à la cuisse en combattant et souffre, physiquement et moralement, de sa claudication (*achtomenou tê chôlotèti*) ; son fils Alexandre l'invite à prendre courage, à marcher franchement afin de se rappeler son courage (*aretê*) à chaque pas. Plutarque voit là l'expression d'un esprit philosophe qui s'affranchit de ce qui peut diminuer le corps (*tôn tou sômatos elattômatôn*) [41]. Dans deux de ces textes, il est question de la honte [42] éprouvée par celui qui ne peut marcher sans montrer qu'il boite. Devant cette situation, Spurius Carviulius paraît vouloir se mettre à l'écart volontairement [43]. Mais cette tentation de l'auto-exclusion n'est pas nécessairement politique : elle concerne la vie sociale et rien ne dit que Spurius Carvilius renonce pour autant à ses fonctions de magistrat ou à son rang de sénateur. En outre, le contexte cicéronien de l'anecdote est tout à fait particulier et différent des textes de Plutarque. En effet, ce passage du *De oratore* fait partie d'un développement consacré à ce qui fait rire les auditeurs d'un discours. Une même chose, ainsi la claudication, peut être l'objet d'une parole « illustre et sérieuse » (*praeclarum et graue*) ou bien d'une plaisanterie qui fait rire (*ridiculum*),

---

37. Cicéron, *De oratore,* II, 248-249 (c'est C. Iulius Caesar Strabo Vopiscus qui parle).
38. Cicéron, *De oratore,* II, 249 : *Quotiensquomque gradum facies, totiens tibi tuarum uirtutum ueniat in mentem…*
39. F. Fuhrmann, éditeur des *Apophtegmes laconiens* dans la CUF (1988) note que le *Florilège* de Stobée (III, 7, 28), qui reprend le texte de Plutarque, en donne comme source les *Chries* de Dion de Pruse. Je remercie E. Samama pour ces références.
40. Plutarque, *Fortune d'Alexandre,* I, 9 = *Moralia,* 331b.
41. Philippe est connu aussi pour avoir été borgne. Sur le corps d'Alexandre lui-même et la fierté qu'il tire de ses cicatrices, voir Plutarque, *ibid.*, 331c.
42. Plutarque, *Apophtegmes laconiens*, 15 (*aischunesthai*) et Cicéron, *De oratore*, II, 249 (*uerecundanti*).
43. Cf. L. de Libero, « Mit eiserner Hand ins Amt ?... », p. 184.

et Cicéron donne l'exemple d'un jeu de mots qui repose sur la paronymie entre un nom propre (Claudius ou Clodius) et le verbe *claudicare*, et qui vise à se moquer d'un homme politique [44]. Cela montre bien l'ambiguïté d'une notation qui porte sur un défaut physique : l'interprétation qui en est donnée peut être laudative ou négative, en relation avec la personne qui a cette particularité. Il est probable aussi que l'origine de la boiterie est importante et on peut penser qu'elle est souvent connue de l'opinion publique : celui qui boite à la suite d'une blessure de guerre est peut-être mieux considéré que celui qui boite à cause de douleurs aux pieds dues, par exemple, à la goutte [45].

Enfin, le fait de boiter est considéré comme un mauvais présage (*omen*) : on le sait grâce à une lettre de Cicéron à Atticus, dans laquelle il mentionne le tribun de la plèbe Lurco qui était boiteux (*claudus homo*) et le dit « de bon augure » (*bono auspicio*) ; mais il s'agit là d'un oxymore (car les boiteux sont traditionnellement considérés comme un mauvais présage) et d'une antiphrase à la fois (car Cicéron critique la loi affichée par le tribun) [46].

On comprend que, dans ces conditions, celui qui boite cherche parfois à dissimuler ce défaut [47], par peur des moqueries ; le corps dont le mouvement est altéré de façon visible court le risque de s'attirer des regards et des commentaires dépréciatifs. Cependant, la boiterie n'empêche pas Spurius Carvulius d'être consul, Lurco d'être tribun – même si on ne peut être absolument certain qu'ils aient été élus alors qu'ils avaient déjà cette infirmité. Un défaut physique de ce type peut être l'objet de railleries ou être interprété comme un mauvais présage ; il n'est pas un critère qui exclut sans exception de l'obtention ou de l'exercice d'une fonction politique.

---

44. Cicéron, *De oratore*, II, 249 : « En voyant Calvinus qui boitait aussi, Glaucia disait : « Qu'est devenue la vieille question : *num claudicat* ? Le voilà qui *clodicat.* ». A. Ernout, éditeur et traducteur du texte dans la CUF (1928[1]), explique que « le jeu de mots sur *claudicat/clodicat* est une « allusion au changement d'opinions politiques du personnage, passé au parti populaire », c'est-à-dire du côté de P. Clodius Pulcher, tribun de la plèbe en 59 av. J.-C. et grand ennemi de Cicéron. Clodius avait opté pour l'orthographe « populaire », *Clodius*, à la place du vieux nom aristocratique *Claudius.* Ce Calvinus était peut-être préteur (cf. T. R. S. Broughton, *The Magistrates of the Roman Republic*, vol. II, New York, 1952, p. 18 et G. V. Sumner, *The Orators in Cicero's* Brutus *: Prosopography and Chronology*, Toronto, 1973, p. 76-77).
45. Calvinus était goutteux (cf. *Brutus*, 130 : il y est question de ses « douleurs dans les pieds » (*dolores pedum*). Cependant voir encore Plutarque, *Pompée*, 64, 7 : pendant la guerre civile, Teidius Sextus rejoint Pompée en Macédoine ; cet homme « d'une extrême vieillesse (*eschatogêrôs*) et qui était estropié d'une jambe (*pepêrômenos skelos*) » suscite les rires et les moqueries de l'assistance, mais Pompée se précipite à sa rencontre, considérant que sa venue une preuve de courage et de dévouement à son égard. Sextus Teidius était sénateur (cf. T. R. S. Broughton, *The Magistrates...*, II, p. 497).
46. Cicéron, *Lettres à Atticus,* I, 16 (CUF, tome I, lettre 22). Mommsen (*Droit public...*, p. 143, n. 2) fait référence à ce passage.
47. Voir aussi Suétone, *Auguste*, 80.

B. Des consuls malades

Cependant, on trouve dans les textes deux exemples de consuls qui s'excluent d'eux-mêmes des fonctions de magistrat. Le premier cas est celui du consul T. Manlius Torquatus, cité par Tite-Live pour l'année 211 : cet homme refuse son élection à un troisième consulat, car il est malade des yeux (*oculorum ualetudinem excusauit*)[48]. Ce personnage se trouve dans le cas, évoqué par le *Digeste*, de l'aveugle qui ne brigue pas une nouvelle magistrature. Le second exemple se trouve chez Denys d'Halicarnasse : en 479, pendant une guerre contre les Étrusques, l'un des deux consuls (Cnaeus Manlius) est tué et le second, Marcus Fabius, quitte sa charge alors qu'il ne lui reste plus que deux mois à faire, car il n'est plus capable (*adunatos*) d'exercer ses fonctions de consul et d'*imperator*, en raison d'une blessure de guerre qui l'oblige à rester alité[49]. Il y a là une impossiblité majeure et ce consul agit en chef militaire ; on peut même dire qu'ici le corps du soldat l'emporte sur celui du consul et que c'est cela qui cause son retrait, au moins momentané. Dans les deux cas, que le retrait ait lieu avant l'obtention d'une magistrature ou pendant l'exercice de la charge, il est en tout cas décidé par celui-là même qui est malade ou blessé.

Il faut distinguer ce genre de cas de ceux où la maladie est interprétée comme un mauvais présage, en raison du contexte. Ainsi, en 176 av. J.-C., alors que Rome est en guerre contre les Ligures, le sénat et le collège des pontifes décident de faire célébrer de nouveau les féries latines au Mont Albain, car certaines prières n'ont pas été dites comme il faut. Alors que le consul Cn. Cornelius revient de cette seconde célébration, il « s'écroule, à moitié paralysé » (*concidit...parte membrorum captus*). Puis, comme sa maladie s'aggrave, il part se soigner à Cumes, mais il y meurt[50]. Par la suite, des cérémonies expiatoires (*piacula*) sont nécessaires pour rétablir la paix avec les dieux (*pax deorum*). Ici, il va de soi que la question du retrait ne se pose pas ; mais on comprend qu'une maladie soudaine et inexpliquée comme celle de ce consul, survenant dans un contexte marqué par des scrupules religieux (*religio*), constitue un signe négatif[51].

Cependant, le fait de refuser une magistrature ou de la quitter volontairement en cours d'exercice n'est sans doute pas systématique, et il ne faut pas déduire des exemples de T. Manlius et M. Fabius que tous les consuls atteints de maladie (quand celle-ci n'est pas mortelle) se retirent de leur charge. Ainsi, une anecdote racontée

---

48. Tite-Live, 26, 22, 5.

49. Denys d'Halicarnasse, *Antiquités romaines*, 9, 13, 4. Tite-Live (2, 47) ne fait pas allusion à ce retrait.

50. Tite-Live, 41, 16, 1-3. L'expression *membris captus* paraît en effet pouvoir être traduite par « paralysé ».

51. Voir aussi Tite-Live, 2, 36, 4-8 (exemple de paralysie survenue d'un coup et disparue de même), cité et commenté par J. Gagé, « Infirmes, blessés de guerre et marques corporelles dans l'Ancienne Rome », *REL*, 47 (1969), p. 184-208, repris dans *Enquêtes sur les structures sociales et religieuses de la Rome primitive*, Bruxelles, 1977, p. 371-392.

par Cicéron dans le *Brutus* met en scène un consul qui paraît mal en point, mais occupe pourtant ses fonctions. Cicéron fustige l'absence d'éloquence de Curion, dont la façon de prononcer un discours (l'*actio*) faisait rire parce qu'il bougeait sans cesse. Un tribun de la plèbe, Cnaeus Sicinius, exerce sa verve à ses dépens :

> « Un jour que, comme tribun de la plèbe, il avait introduit devant l'assemblée [un concile de la plèbe] les consuls Curion et Octavius et entendu un long discours de Curio à côté d'Octavius, lequel était assis, enveloppé de bandages, et, à cause de ses douleurs articulaires, couvert d'onguents (*sedente Cn. Octauio collega, qui deuinctus erat fasciis et multis medicamentis propter dolorem artuum delibutus*) : «Jamais, dit-il, tu ne pourras assez remercier ton collègue ; car s'il ne s'était pas démené à son ordinaire, les mouches aujourd'hui t'auraient dévoré sur place» »[52].

La cible du tribun est double : il raille la gestuelle de Curion et l'aspect physique d'Octavius[53]. Le corps du consul atteint de douleurs articulaires est présenté comme enchaîné (*deuinctus*), ce qui l'assimile à un prisonnier, et, semble-t-il, comme un corps pourrissant qui attire les mouches. La représentation d'un corps fait prisonnier (*captus*) par la maladie est repérable aussi dans le cas du consul Cn. Cornelius, pris de paralysie.

On peut alléguer que, dans le cas du consul malade des yeux et de celui qui est alité, la raison pratique est plus forte que dans le cas d'Octavius : dans un contexte où la cité est en guerre, il est de toute façon impossible qu'un consul aveugle ou incapable d'être sur le champ de bataille exerce sa fonction d'*imperator*. Au contraire, dans le cas d'Octavius, il n'y a pas de situation de guerre et les douleurs articulaires du consul ne l'empêchent pas d'exercer son mandat. Mais l'anecdote à son sujet signifie – comme celle qui met en scène Spurius Carvilius et sa mère – que le corps du magistrat qui est malade de façon visible, s'il ne l'oblige pas à quitter ses fonctions, peut être l'objet de plaisanteries et de remarques dépréciatives qui mettent en jeu la *dignitas* de toute sa personne.

Il en va de même pour le consul Vatinius, qui nous est connu notamment par Cicéron[54]. On sait par différents témoignages textuels antiques que Vatinius souffrait de *strumae*, ce qu'on traduit par scrofules, écrouelles ou goitre[55]. Il s'agit en tout cas d'une affection visible du visage et du cou[56]. Certains textes

---

52. Cicéron, *Brutus*, 217. J'ai modifié la traduction de J. Martha (CUF, 1923) sur une seule expression, *dolor artuum*, que J. Martha traduit par « goutte ». L'anecdote est reprise par Quintilien, *Institution oratoire*, 11, 3, 129, qui invoque simplement la mauvaise santé (*ualetudo*) d'Octavius et remplace *deuinctus* par *deligatus*, qui signifie de même « attaché », « lié ».
53. Cn. Octavius est préteur en 79 et consul en 76 (cf. T. R. S. Broughton, *op. cit. (supra* note 43), II, p. 92 et G. V. Sumner, *op. cit. (supra* note 43), p. 114-115).
54. Sur ce personnage, en particulier sur sa charge d'augure, cf. C. Baroin, « Le corps du prêtre... », cf. *supra* note 23.
55. Le terme grec correspondant utilisé par Plutarque (*Cicéron*, 9, 3 et 26, 3) est *trachêlos*.
56. Cicéron parle du cou gonflé de Vatinius (*Contre Vatinius*, 4 : « *inflato collo, tumidis*

mentionnent aussi des problèmes aux membres inférieurs (pieds ou jambes)[57]. Ces maladies alimentent l'invective politique des discours de Cicéron ainsi que ses lettres. La laideur physique de Vatinius est en outre associée, par Cicéron et par Velléius Paterculus à sa suite, à sa laideur morale[58], selon une corrélation assez courante (comme l'indique par exemple l'adjectif *turpis*, qui signifie à la fois laid et honteux). En outre, le nom de Vatinius est resté dans la tradition ultérieure synonyme de laideur et sujet de moquerie, notamment chez Sénèque, qui écrit de lui que c'était « un homme né pour qu'on s'en moque et pour qu'on le haïsse » (*hominem natum et ad risum et ad odium*)[59], et chez Plutarque, dans sa *Vie* de Cicéron. Tout cela n'empêche Vatinius ni d'être consul en 47[60], ni d'accéder à l'augurat[61].

Il faut donc bien distinguer entre l'invective politique, la critique sociale, le motif littéraire, d'un côté, et les lois ou les décisions d'un collège de magistrats ou de prêtres, de l'autre : des hommes politiques, des orateurs, des biographes peuvent railler le goitre et la laideur de Vatinius, celui-ci n'en a pas moins été un magistrat supérieur, doté comme tel de responsabilités religieuses, et le prêtre d'un des collèges majeurs.

C. Un cas d'exclusion ? : Marcus Sergius Silus

Cependant, arrive-t-il qu'un magistrat soit exclu de sa charge à cause de mutilations physiques ? Il faut envisager ici le cas de Marcus Sergius Silus, exposé par Pline l'Ancien[62]. Ce personnage est une espèce de surhomme et un cas-limite

---

ceruicibus »). En outre, il s'adresse à lui en disant (*ibid.*, 39), « si tes scrofules ont quitté ta sale figure et se sont établies maintenant dans d'autres parties de ton corps » (*si [...] strumae denique ab ore improbo demigrarunt et aliis iam se locis conlocarunt*). C'est peut-être à cause de ce passage que le scholiaste de Bobbio mentionne le « corps taché » (*corpus maculosum*) de Vatinius (Schol. Bob., *Pro Sestio*, 135).

57. Sénèque, *De constantia sapientis*, 17, 3 dit que Vatinius lui-même se moquait de ses pieds (*pedes*) ; Quintilien (6, 3, 77) cite une moquerie de Cicéron à l'encontre de la lenteur de Vatinius pour marcher (il était malade des pieds : *pedibus aeger*) ; Macrobe, *Saturnales*, 2, 4, 16 le dit atteint de goutte (*podagra*).

58. Velléius Paterculus, 2, 69, 3 : « il n'était personne qui ne parût préférable à Vatinius, lui qui chez qui la laideur physique (*deformitas corporis*) le disputait à la turpitude morale (*turpitudo ingenii*), au point que son âme (*animus*) semblait enfermée dans une demeure tout à fait digne d'elle » (trad. J. Hellegouarc'h, CUF, 1982). Voir aussi Plutarque, *Cicéron*, 9, 3.

59. Sénèque, *De constantia sapientis*, 17, 3.

60. Sur sa carrière, voir notamment A. Pauly et G. Wissowa dir., *Realencyclopädie der classischen Altertumswissenschaft*, VIII A, 1, col. 1515-1517 et T. R. S. Broughton, *The Magistrates...*, II, p. 286 et 293.

61. Vatinius devient augure en 48 ou 47 (cf. Cicéron, *Ad Familiares*, 5, 10, 2).

62. Pline l'Ancien, 7, 104-105. La notice de Pline est reprise par Solin, *Collectanea rerum memorabilium*, rec. Th. Mommsen, Berlin : Weidmann, 1895[1], I, 104. Sur ce personnage, voir aussi C. Baroin, « Les cicatrices ou la mémoire du corps », in *Corps romains*, Ph. Moreau éd., Grenoble, 2002, p. 27-46 (p. 44-45).

du combattant : à sa deuxième campagne, il perd sa main droite (*dextra*), puis, il est blessé vingt-trois fois, si bien qu'il ne peut se servir de façon efficace de ses mains ni de ses pieds (*neutra manu, neutro pede satis utilis*) ; il fait plusieurs campagnes comme soldat infirme (*debilis miles*), ou, plus littéralement, affaibli (c'est là le sens premier de l'adjectif *debilis*) ; il combat avec sa main gauche, puis se fait faire une main droite en fer (*dextra ferrea*) avec laquelle il combat victorieusement à de nombreuses reprises. Son état ne l'empêche donc pas de combattre. Mais, dit Pline, « alors qu'il était préteur, ses collègues voulurent l'exclure des sacrifices, parce que son corps était affaibli (*cum in praetura sacris arceretur a collegis ut debilis*) »[63].

Pour se défendre, Sergius prononce un discours, dans lequel il cite ses exploits (explique Pline), mais dont nous ne savons rien[64].

Ce qui paraît avoir posé problème à ses collègues n'était pas sa charge de préteur, mais sa participation aux sacrifices qu'il devait célébrer conformément à sa fonction[65]. La difficulté venait-elle plus exactement de sa main droite en fer ou/et de son absence de main droite ? Sur le plan pratique, Sergius ne pouvait-il exécuter certains gestes ? Ou bien le problème était-il surtout d'ordre symbolique ? En effet, la main droite est associée à la divinité de la Bonne Foi, *Fides*, à l'échange de promesses (dans la *dextrarum iunctio*), etc.[66] ; elle a donc une valeur symbolique puissante. À moins que l'entreprise des collègues de Sergius n'ait été motivée par l'ensemble de son aspect physique ?

Il est presque certain, cependant, que Sergius Silus est resté préteur, donc, *a priori*, en charge des mêmes fonctions en matière de vie religieuse publique[67]. En outre, le fait qu'il ait été infirme à la suite de blessures de guerre ne l'avait pas empêché d'obtenir cette charge[68]. D'après son cas, on peut donc comprendre qu'un mutilé de guerre, même celui dont la mutilation est visible, peut faire une carrière de magistrat supérieur et exercer toutes ses fonctions, y compris celles qui concernent la vie religieuse et les actes cultuels. C'est vrai du moins lorsque ces

---

63. Pline l'Ancien, 7, 105. Sergius Silus était préteur urbain en 197 : cf. T. Corey Brennan, *The Praetorship in the Roman Republic*, Oxford, 2000, p. 125 et 729, et T. R. S. Broughton, *The Roman Magistrates*..., I, p. 333.
64. Cf. H. Malcovati, *Oratorum Romanorum Fragmenta*, Turin, 1953², p. 97-98.
65. Voir J. Scheid, « Le prêtre », *art. cit.* (cf. *supra* note 1), p. 76 : le préteur urbain devait assurer les sacrifices offerts à Hercule à l'Ara Maxima, et présider des jeux (les Jeux Apollinaires, les *Ludi piscatorii*) ; plus généralement, les préteurs remplaçaient les consuls en cas d'empêchement. Voir aussi T. C. Brennan, *The Praetorship*... (cf. *supra* note 62), p. 123-125 sur les devoirs religieux des préteurs urbains.
66. Cf. G. Freyburger, Fides. *Étude sémantique et religieuse depuis les origines jusqu'à l'époque augustéenne*, Paris, 1986.
67. C'est l'avis de T. C. Brennan (*The Praetorship*..., p. 125) : si les collègues de Sergius l'avaient emporté contre lui, il aurait été remplacé par le préteur pérégrin et le sénat aurait dû modifier les attributions de celui-ci en matière religieuse ; mais cela ne s'est pas produit.
68. Les batailles de Crémone et de Plaisance dans lesquels il a combattu avec sa main droite en fer ont eu lieu en 218 et 217, donc avant son élection à la préture, en 197.

mutilations sont les traces d'un courage exceptionnel mis au service de la patrie [69], ce que Sergius a sans doute exploité dans son discours et qui lui a probablement permis de faire une carrière politique. Dès lors, on peut aussi se demander si son cas ne relève pas de ce que G. Dumézil appelle une « mutilation paradoxalement qualifiante » [70].

D. Le borgne et le manchot

Dumézil utilise cette expression à propos des dieux de la mythologie scandinave Odinn et Tyr. Le premier doit d'être un dieu magicien à la perte volontaire de l'un de ses yeux ; le second a sacrifié sa main pour sauver les dieux [71]. Ces deux divinités sont comparées respectivement à Horatius Coclès, dont le surnom signifie « le borgne » et à Mucius Scaevola, « le gaucher » (c'est le sens du terme *Scaeuola*), deux héros de la guerre menée par les Romains contre les Étrusques dans les premiers temps de la cité [72]. Indépendamment des points qui distinguent ces divinités scandinaves des deux héros romains et des différences mêmes qui existent entre ces deux personnages, on peut considérer que l'absence ou la perte d'un œil chez Coclès et d'une main chez Scaevola sont le corollaire de leur *uirtus* guerrière et, pour le second, de sa loyauté (*fides*) envers le peuple romain. Cependant, comme le note Dumézil [73], ces deux personnages ne réapparaissent pas dans la suite du récit de cette période. Denys d'Halicarnasse suggère, à propos d'Horatius Coclès, que c'est précisément sa défectuosité physique qui le prive d'une carrière politique et militaire :

> « Horatius [...] était désormais inutile (*achrêstos*) pour les affaires publiques parce qu'il était privé de la vue (*dia tên pêrôsin tês blepseôs*) et, à cause de cet accident (*dia tên sumphoran tautên*), il n'obtint ni le consulat (*hupateias*), ni aucun autre commandement militaire (*allês hêgemonias stratiôtikês*) » [74].

69. Sur cet aspect, voir C. Baroin, « Les cicatrices... » (cf. *supra* note 61), p. 37 *sqq*.
70. G. Dumézil, *Mythe et épopée III. Histoires romaines,* Paris, 1978² (1973¹), p. 275.
71. *Id.*, *Mythe et épopée I*, Paris, 1968, p. 424-428 et *Mythe et épopée III*, p. 271-281.
72. Voir Tite-Live, 2, 10 et 11-12 sur Horatius Coclès et Mucius Scaevola respectivement. Tite-Live ne décrit pas Horatius Coclès comme borgne, mais comme un guerrier dont les regards sur l'ennemi sont « sauvages et menaçants » (*truces minaciter oculos* : Tite-Live, 2, 10, 8). Plutarque (*Publicola*, 16, 7) donne plusieurs explications de son surnom : « Horatius était surnommé Coclès parce qu'il avait eu un œil crevé à la guerre ou, selon d'autres, parce qu'il avait le nez si aplati et si enfoncé que rien ne séparait ses yeux et que ses sourcils se confondaient : les gens voulaient le surnommer Cyclope, mais ils prononçaient le mot de travers, et le surnom qui prévalut dans la foule fut Coclès » (traduction : A.-M. Ozanam, Paris, Gallimard, 2001). Voir aussi Plutarque, *Publicola*, 17 sur Mucius.
73. G. Dumézil, *Mythe et épopée III*, p. 276.
74. Denys d'Halicarnasse, *Antiquités romaines*, 5, 25, 3. Ce texte est cité par Th. Mommsen, *Droit public...*, p. 143, note 2. Le terme *sumphora* apparaît comme un équivalent du latin *casus*.

Un autre manuscrit donne le terme *baseôs*, qui signifie la marche. En effet, Denys ne dit pas qu'Horatius est borgne, même s'il lui donne son surnom habituel de Coclès ; en revanche, il précise qu'il est blessé à la hanche pendant le combat et que cela gêne sa marche. On retrouve ici deux défauts physiques évoqués plusieurs fois : la cécité, partielle ou complète, et la boiterie. Quoi qu'il en soit, ces défauts sont présentés ici comme antinomiques avec une carrière militaire et politique. Les personnages d'Horatius Coclès et de Mucius Scaevola, ancrés dans la tradition romaine, peuvent donc aussi être une façon de dire, sur un plan mythique, que, pour être magistrat et exercer à ce titre un commandement militaire élevé, on ne doit pas souffrir de la perte ou de l'altération d'un organe qui se laisse voir malgré la cuirasse du soldat ou la toge du citoyen. Il est clair, toutefois, que ces deux personnages ne sont pas des figures historiques ordinaires.

Dans le cas de Sergius Silus, tel qu'il est présenté par Pline, la mutilation n'apparaît pas comme volontaire (comme chez les dieux scandinaves ou chez Scaevola) ; elle n'est pas non plus la condition de la *uirtus*, mais elle en est un signe qui montre la qualification de ce personnage pour le combat. Toutefois, elle risque en même temps de le disqualifier pour les attributions cultuelles de sa magistrature.

III. Déshonneur et honneur du corps

A. Le corps déshonoré (*dehonestamentum corporis*)

Ainsi, un défaut physique comme la perte d'un œil, d'une main ou le fait de boiter, s'il n'empêche pas radicalement, dans la pratique, une carrière politique ou militaire, fait courir au corps, et donc à la personne entière, le risque de perdre son *decus*, à fois décence et honorabilité [75]. Il en va ainsi du corps marqué par les cicatrices : les traces des blessures reçues au combat sont, en temps de paix, cachées par la toge ; une blessure qui ne peut être dissimulée par ce vêtement fait en quelque sorte apparaître le corps guerrier en lieu et place du corps du citoyen, et il peut y avoir là quelque chose d'excessif et d'inconvenant [76].

C'est le cas pour Sertorius [77], dans le portrait qu'en font par exemple Aulu-Gelle et Plutarque. Aulu-Gelle cite d'abord les *Histoires* de Salluste qui note que Sertorius a des cicatrices de blessure au visage et un œil crevé [78]. Ces cicatrices sont connotées avec l'adjectif *aduersus*, qui sert habituellement à décrire les cicatrices honorables reçues de face au combat, mais qui sont sur la poitrine. À l'inverse, les

75. Sur l'ambivalence des cicatrices et des blessures de guerre, voir L. de Libero, « Mit eiserner Hand... », et R. J. Evans, « Displaying Honourable Scars : a Roman Gimmick », *Acta Classica*, 42 (1999), p. 77-94 (en particulier, p. 87 et 91-93).

76. Cf. C. Baroin, « Les cicatrices... » (cf. *supra* note 61), p. 44-45.

77. Sertorius est préteur en 83, lorsqu'il quitte Rome pour l'Espagne, après la mort de Marius.

78. Aulu-Gelle, *Nuits attiques*, 2, 27, 2, citant Salluste, *Histoires*, I, 88 Maur.

marques sur le visage sont une source de laideur et de déshonneur, parce qu'elles assimilent le visage à celui de l'esclave [79]. Or, Sertorius se réjouit du fait que son corps ait été ainsi déshonoré (l'expression *dehonestamentum corporis* est présente trois fois chez Aulu-Gelle). D'après Titus Castricius, cité par Aulu-Gelle dans la suite [80], sa joie est outrée et contre-nature. Elle est sans doute à mettre en relation avec l'ambivalence et la « dérive » politiques de ce personnage, qui, à la fin de sa vie, se bat contre des Romains aux côtés de barbares (des Lusitaniens, des Africains) et va jusqu'à négocier avec Mithridate. D'après Aulu-Gelle, Titus Castricius propose une sorte d'éthique de la blessure de guerre, qui est à l'opposé d'un tel comportement : il ne faut pas se réjouir du déshonneur de son corps, mais mépriser les pertes et les dommages qu'il a soufferts (*iacturarum damnorumque corporis*), pour leur préférer la gloire (*laus*) et l'honneur (*honor*).

Comme on le voit aussi dans la *Vie* que Plutarque lui consacre [81], Sertorius, qui se vante de son œil crevé et porte toujours sur lui et de façon « voyante » les marques (*gnôrismata*) de son courage, fait prévaloir sur le corps du citoyen celui du soldat et rappelle constamment à ceux qui le voient qu'il s'est battu pour eux.

B. L'honneur du corps (*decus corporis*) : l'exemple d'Appius Claudius Caecus

On peut opposer à la figure terrible de Sertorius un personnage qui conserve toute sa dignité, malgré une infirmité physique : Appius Claudius Caecus, auquel fait référence le texte du juriste Ulpien par lequel nous avons commencé. La carrière politique de ce personnage est éminente : il est censeur en 312, deux fois consul (en 307 et 296), dictateur (probablement en 285) [82]. Sa cécité, signalée par son surnom (*Caecus* signifie l'Aveugle), est le plus souvent associée à sa vieillesse. Mais, quelle que soit la cause de cette infirmité [83], on peut considérer que c'est elle qui le fait culturellement basculer dans la vieillesse, dans un statut de *senex* [84]. Or,

---

79. Cf. C. Baroin, « Les cicatrices... », p. 34 et 44 ; P. Cordier, *Nudités romaines. Un problème d'histoire et d'anthropologie*, Paris, 2005, p. 114.

80. Aulu-Gelle, *Nuits attiques*, 2, 27, 3. Titus Castricius est un professeur de rhétorique connu seulement par Aulu-Gelle et Fronton.

81. Plutarque, *Sertorius*, 4, 3-4.

82. Sur sa carrière, cf. *RE* III, 2, col. 2681-2685 (n° 91) et T. R. S. Broughton, *op. cit.* (*supra* note 43), p. 545. En dernier lieu, voir M. Humm, *Appius Claudius Caecus. La République accomplie*, Rome : EFR, 2005.

83. Selon certaines sources (par ex. Tite-Live, 9, 29, 11), Appius aurait réformé, lors de sa censure, le culte d'Hercule à l'Ara Maxima, ce qui lui aurait valu d'être puni par la divinité en étant frappé de cécité : voir M. Humm, *op. cit.* note précédente, p. 9 et n. 31.

84. Appius Claudius est questeur *circa* 316. À cette époque, il n'y a pas de règle fixe sur l'âge minimum pour obtenir une magistrature (cf. M. Molin, « L'âge du pouvoir sous la République », in *Pouvoir et Religion dans le monde romain*, A. Vigourt, X. Loriot, A. Bérenger-Badel et B. Klein (dir.), Paris, 2006, p. 29-38). Mais, en supposant qu'Appius soit questeur à 25 ans, il aurait 61 ans en 280. Cet âge le place dans les *seniores* (réservistes) sur le plan militaire, mais n'en fait

la cécité d'Appius n'est jamais présentée comme une source d'enlaidissement du visage, ni comme un déshonneur subi par son corps (rien de commun donc avec l'œil borgne de Sertorius)[85].

Dans les *Tusculanes* (V, 112), Cicéron dit de façon générale, et sans donner aucune précision de date, que la cécité d'Appius ne l'a pas empêché d'exercer des magistratures (*magistratus*) et de remplir son devoir (*munus*) sur le plan public comme sur le plan privé (*nec priuato nec publico muneri defuisse*). Dans le *De senectute* (37), Appius est l'un des *exempla* qu'utilise Cicéron pour montrer que la vieillesse est plus culturelle que biologique : même aveugle et âgé (*et caecus et senex*), Appius dirige sa famille, ses esclaves et sa clientèle avec l'autorité d'un chef de famille conforme au *mos maiorum*[86].

Sur le plan politique, un épisode surtout est célèbre : celui de la venue d'Appius au sénat, en 279 ou 280, alors que les Romains font la guerre contre Pyrrhus, le roi d'Épire, et qu'ils ont perdu la bataille d'Héraclée. Pyrrhus leur demande de faire la paix ; certains sont d'accord, mais Appius, par la seule force de son intervention et de son discours, va les convaincre de continuer la guerre[87]. Parmi les nombreux textes qui relatent cet épisode, on peut citer l'*Abrégé* de Tite-Live qui mentionne simplement un problème de santé des yeux (*ualetudinem oculorum*) et indique qu'à cause de cela, Appius « s'était abstenu (*abstinuerat*) depuis longtemps de participer aux délibérations publiques (*consiliis publicis*) »[88]. La présentation du personnage est à peu près la même chez Plutarque (*Pyrrhus*, 18, 8-9) qui explique qu'« à cause de sa vieillesse et de la privation de sa vue » (*hupo de gêrôs hama kai pêrôseôs ommatôn*), Appius avait renoncé à la politique (*apeirêkôs pros tèn politeian*) et cessé son activité (*pepaumenos*). Le *Digeste*, qui fait allusion à cette intervention au sénat, indique au contraire qu'Appius continuait à prendre part aux délibérations publiques (*consiliis publicis intererat*), bien qu'il soit aveugle[89]. On voit que la tradition interprète de plusieurs façons la cécité d'Appius en relation avec son activité politique.

---

pas un homme d'une vieillesse extrême.

85. Sur la cécité, voir L. de Libero, « Dem Schicksal trotzen. Behinderte Aristokraten in Rom », *The Ancient History Bulletin*, 16 (2002), p. 75-93. Sur un autre fameux aveugle, le grand pontife L. Caecilius Metellus, voir C. Baroin, « Le corps du prêtre... », cf. *supra* note 23.

86. Dans les *Tusculanes*, Cicéron veut montrer que des défectuosités physiques comme la surdité ou la cécité ne sont pas des maux pour le sage et l'homme de bien ; dans le *Cato Major* ou *De senectute*, son but est de montrer que la vieillesse n'est pas un mal. Dans les deux cas, Appius apparaît comme un exemple topique (sur ce personnage comme *exemplum* dans de nombreux types d'ouvrages, voir M. Humm, *op. cit.* (*supra* note 81), p. 9-10).

87. Cf. M. Humm, *op. cit.* (*supra* note 81), p. 6-7, 61 *sqq.* et 510-512 sur ce discours et son « retentissement formidable dans toute la littérature gréco-romaine jusqu'à la fin de l'Antiquité » (p. 61).

88. Tite-Live, *Abrégés*, 13, 6.

89. Ulpien, *op. cit.*, III, 1, 1, 5.

Le début du discours d'Appius tel qu'on le lit chez Plutarque montre que l'ancien consul utilise son état pour convaincre :

> « Jusqu'ici j'étais affligé d'avoir perdu la vue (*tên peri ta ommata tuchên*) ; mais à présent je suis fâché de n'avoir pas aussi perdu l'ouïe avec la vue et d'entendre vos honteuses délibérations et décisions, qui ruinent la gloire de Rome »[90].

Appius fait ici un parallèle entre la cécité et la surdité, deux infirmités physiques très souvent mises en relation par les textes. En outre, il joue implicitement avec le sens métaphorique de la surdité : il veut être sourd aux décisions des sénateurs. On pourrait aussi gloser cet exorde en ces termes : c'est moi, Appius, qui suis aveugle, mais c'est vous, sénateurs, qui ne voyez plus. Ainsi, dans les *Tusculanes*, juste après avoir mentionné Appius, Cicéron interprète de façon analogue la cécité de Drusus, dont il dit :

> « La maison de C. Drusus était généralement, d'après la tradition, encombrée de gens qui venaient demander conseil : n'étant pas à même de voir clair dans leurs propres affaires (*sua ipsi non uidebant*), les intéressés recouraient aux lumières d'un aveugle comme guide (*caecum adhibebant lucem*) »[91].

Pour certains commentateurs, la tradition qui fait de la cécité d'Appius une punition divine est une invention du collège des pontifes, opposés à la censure d'Appius, et l'attribution du surnom de Caecus pourrait avoir la même origine[92]. Mais on voit que la plupart des témoignages anciens ont fait de cette cécité une qualité supplémentaire. Dans la lecture moralisante que certains textes en donnent, elle fait partie de la grandeur du personnage. Dans cette perspective, la cécité d'Appius n'ôte rien au *decus* de son corps, à son honorabilité, à son *auctoritas*, et le *cognomen* qui l'immortalise peut être mis sur le même plan que ceux de Coclès et de Scaevola.

Les textes qui mettent en scène Appius aveugle comme chef de famille (*dominus*) ou comme sénateur montrent comment un *senex* aveugle peut conserver son prestige et son autorité. Cependant, Appius a nécessairement besoin d'aide, puisque ses yeux n'y voient plus. Ainsi, Plutarque indique qu'il se fait transporter au sénat en litière et qu'il y entre soutenu par ses fils et ses gendres, qui se placent

---

90. Plutarque, *Pyrrhus*, 19, 1 (ed. et tr. R. Flacelière et E. Chambry, CUF, 1971).

91. Cicéron, *Tusculanes*, 5, 112 (ed. et tr. J. Humbert, CUF, 1960²). Voir aussi Valère-Maxime, 8, 13, 5 (« Pourrait-on donner à cet homme [Appius] le nom d'aveugle (*caecus*), lui qui a obligé sa patrie à bien distinguer (*peruidere*) quel était le parti honorable (*honestum*), alors qu'elle ne le voyait pas bien par elle-même (*per se parum cernens*) ? » Il est possible qu'il y ait là un motif ancien, dont un autre exemple fameux est, pour le monde grec, le héros tragique Œdipe, qui voit la vérité et s'aveugle (je remercie N. Palmieri pour cette remarque).

92. Cf. M. Humm (*op. cit.* (*supra* note 81), p. 43 et 84-85). Le surnom originel d'Appius était Crassus (Frontin, *De aquae ductu*, I, 5, 1) ; celui de Caecus, qu'on trouve dans les Fastes Capitolins et tous les textes littéraires (hormis Frontin), lui a sans doute été attribué après ses différentes magistratures, voire après sa mort (M. Humm, *op. cit.* (*supra* note 81), p. 85).

autour de lui [93]. Cela donne à voir l'autorité du *paterfamilias* qu'est Appius, mais indique en même temps qu'il dépend d'autrui pour se déplacer. C'est précisément le problème posé par la cécité. Il est explicitement formulé par le consul de 211 qui renonce à un troisième mandat. Tite-Live lui fait commenter son refus en ces termes :

> « Il est impudent (*impudentem*), le pilote (*gubernatorem*), le général (*imperatorem*) aussi, qui, quand il lui faut tout faire par les yeux d'autrui (*cum alienis oculis ei omnia agenda sint*), demande que ce soit à lui de préférence qu'on confie la vie et la destinée des autres ! » [94]

Ainsi, le principal problème posé par la cécité ou la surdité à un citoyen en situation de pouvoir politique réside dans le fait d'être contraint à recourir à l'aide d'autrui, ce qui paraît contraire à sa dignité. Cela pourrait expliquer le raisonnement d'Ulpien cité en commençant, selon lequel il est interdit à un aveugle de briguer une magistrature.

On peut essayer de faire le bilan des différents cas que nous avons examinés. Tout d'abord, il faut bien distinguer, si l'on parle d'exclusion de la vie politique à cause d'un problème physique, d'une part, les types de problème (cécité, surdité, boiterie, etc.) et le fait qu'ils soient plus ou moins visibles, d'autre part, les causes de ces altérations (blessure de guerre, maladie, vieillissement), et il faut surtout prêter attention au statut de celui qui les endure et à la façon dont il gère sa défectuosité physique : s'en glorifie-t-il de façon excessive et inhumaine comme Sertorius ? L'utilise-t-il pour montrer sa valeur, comme Sergius ? S'exclut-il lui-même et de quoi exactement ? En effet, ce n'est pas la même chose de quitter une magistrature avant la fin de son mandat comme le consul blessé à la guerre cité par Denys, d'hésiter à sortir en public comme Spurius Carvilius, et de garder son rang sénatorial, mais sans participer régulièrement aux séances du sénat, comme Appius. En tout cas, il n'y pas d'exemple, à notre connaissance, où une instance (un magistrat, le sénat, le prince) imposerait à un magistrat de quitter sa charge à cause d'un « défaut » physique ; mais l'enquête reste à poursuivre.

En outre, on peut reprendre le point de vue de Mommsen, selon lequel « le magistrat président du vote » exerçait un contrôle en amont sur les candidats, interdisant à certains de se présenter, parce que « leur état physique ou mental [les] rendait notoirement incapables de remplir les obligations de la magistrature dont il s'agissait » [95]. On sait aussi que, pendant l'élection, les candidats se montraient aux citoyens en se plaçant sur un lieu élevé (une estrade, vraisemblablement), de façon à être visibles de tous [96]. Les citoyens pouvaient ainsi évaluer l'aspect du

93. Plutarque, *Pyrrhus*, 19, 1.
94. Tite-Live, 26, 22, 6 (ed. et tr. P. Jal, CUF, 1991).
95. Th. Mommsen, *Droit public...*, p. 143.
96. Pour Mommsen (*op. cit.*, p. 126), il s'agit de « la plate-forme sur laquelle le magistrat qui

candidat et les défauts physiques éventuels qui n'étaient pas cachés par la toge, en plus de ce qu'ils pouvaient connaître par la rumeur. Ils étaient donc en situation d'élire un magistrat malgré ses défauts physiques, mais aussi d'être influencés favorablement par la vue de l'ensemble de la personne du candidat (non seulement son corps, mais sa façon d'être physiquement : son *habitus*), en même temps que par son prestige et son nom [97].

Du reste, on peut penser que les enfants qui naissaient avec une malformation visible (ce qui n'est pas le cas de la surdité ou du mutisme) étaient le plus souvent exposés, c'est-à-dire abandonnés [98], et que de tels personnages, s'ils parvenaient à l'âge adulte, n'avaient que très peu de chance de faire une carrière politique. En effet, il apparaît, en particulier avec le cas de Claude, qu'il n'est pas bon que le corps de celui qui se destine à des responsabilités politiques au sein de la vie publique à Rome soit diminué (*deminutus* en latin, *êlattomenos* en grec), faible ou affaibli (*debilis*, *infirmis*). Il n'y a pas là seulement des raisons pratiques, mais aussi des raisons symboliques, car, de façon générale, le corps et surtout le comportement, qui engage à la fois le corps et l'esprit, doivent garder leur *decus*.

En résumé, si un magistrat ou un sénateur peut conserver, malgré une infirmité physique, congénitale ou acquise, ses attributions politiques et militaires [99], les atteintes qui marquent son corps lui font courir des risques sur le plan social – le premier étant celui du rire et de la moquerie d'autrui –, voire sur le plan politique. La question des cicatrices et des mutilations dues à la guerre fait aussi apparaître la tension qui existe entre deux statuts et deux corps : le corps du soldat et celui de l'homme politique [100], qui est un seul et même corps dans le cas de l'*imperator*. Le corps marqué, trop marqué, est porteur d'ambiguïté : selon les circonstances, un même corps peut apparaître comme glorieusement blessé et mutilé ou, au contraire, abîmé pour la vie sociale, politique et cultuelle.

---

présidait le vote avait son siège. » L'auteur renvoie notamment à Tite-Live, 26, 18, 7 qui relate l'élection du jeune Scipion comme proconsul pour l'Espagne pendant la seconde Guerre punique, et aussi à Macrobe, *Saturnales*, 1, 16, 35 pour la période de la campagne électorale.

97. En dehors du cas de Scipion évoqué ci-dessus, on peut aussi renvoyer à Plutarque, *Paul Émile*, 10 sur l'élection de ce personnage comme consul, en charge de la guerre contre la Macédoine.

98. Sur cette vaste question, voir notamment Ph. Charlier, *Les monstres humains dans l'Antiquité. Analyse paléopathologique*, Paris, 2008, p. 42-44 ; B. Cuny-Le Callet, *Rome et ses monstres...*, p. 102-111. Pour le monde grec, P. Brulé, « Infanticide et abandon d'enfants : Pratiques grecques et comparaisons anthropologiques », in *La Grèce d'à côté. Réel et imaginaire en miroir en Grèce antique*, Rennes, 2007, p. 21-45 (chapitre 1).

99. C'est ce que souligne à juste titre L. de Libero, « Mit eiserner Hand ins Amt ? … », p. 191.

100. Voir C. Baroin, « Les cicatrices… », cf. *supra* note 61.

La représentation des blessés dans la troisième décade de Tite-Live

Marielle de FRANCHIS
Université de Paris-Sorbonne (Paris IV)

Les blessés de guerre sont nombreux dans toute l'Antiquité, en raison de la fréquence des affrontements militaires, mais la discrétion des sources rend l'étude de cette question particulièrement délicate[1]. Dans l'œuvre de Tite-Live, qui a pour souci de transmettre aux générations futures la vie et les moeurs des Romains d'autrefois, l'histoire de Rome est, on le sait, rythmée par les récits de bataille. Il n'est pas anodin qu'infirmes et mutilés y figurent en pleine gloire, dès le livre 2, sous les traits d'Horatius Coclès et de Mucius Scaevola. Ces héros n'hésitent pas à mettre leur infirmité au service de la toute jeune République, voire à se mutiler pour la défendre et s'attirent ainsi la reconnaissance de leurs concitoyens[2].

Tite-Live fournit au fil de son récit plusieurs informations sur les blessés de guerre. Ces dernières ont été utilisées, parmi d'autres témoignages antiques, dans le cadre des recherches sur le handicap, qui se développent depuis une vingtaine

1. Cf. le constat dressé pour Rome par de Libero 2002, p. 172-176, et concernant l'histoire des blessures de guerre, les analyses de Lamy-Mounier 2003, p. 25-39. La bibliographie est fournie à la fin de cet article.
2. Il sont tous deux récompensés par la cité (Tite-Live, 2, 10, 12 et 13, 5). Le rôle des infirmes dans le récit livien des origines de la République a suscité dès 1940 l'intérêt de G. Dumézil et a abouti aux importants résultats que l'on connaît : avoir fait ressortir le mythe indo-européen du dieu borgne et du dieu manchot, dans ce qui se présentait à Rome sous la forme de l'histoire. Je me limite à renvoyer ici à l'exposé le plus développé qu'il a donné de cette question dans Dumézil 1973, p. 268-283. Je signalerai dans cette perspective l'étude de G. Capdeville qui montre la réactivation efficace du couple légendaire du borgne (Horatius Coclès) et du manchot (Mucius Scaevola) par la propagande césarienne et dans la littérature impériale. Sur l'opposition entre l'aristocrate décadent qui a peur de se faire blesser au visage à Pharsale et le valeureux centurion qui ne craint pas les blessures et incarne ainsi les valeurs qui ont permis l'expansion de la république naissante, voir de Libero 2002, p. 177.

d'années[3] ou celles, plus récentes, sur l'interprétation de la cicatrice comme signe social[4]. Le large spectre de ces recherches les incite à convoquer plusieurs types de textes, sans s'attarder sur l'arrière-plan historique des situations mentionnées ni sur la différence de statut entre des textes poétiques, historiques ou rhétoriques. Les indications de Tite-Live ont ainsi rarement été exploitées dans leur contexte. Il n'y a à ma connaissance qu'un article de Jean Gagé sur un passage précis de la première décade, centré sur la question de la participation des blessés aux jeux de la cité à l'époque archaïque[5].

Je souhaiterais pour ma part analyser comment Tite-Live représente les citoyens blessés lors d'une lutte longue et éprouvante, comme le fut la guerre contre Hannibal, deuxième des trois conflits qui opposèrent durant plus d'un siècle Rome à sa rivale punique, Carthage. Tient-il compte, et de quelle manière, de cette réalité quand il raconte les nombreuses opérations militaires d'un conflit qui laissa dans la mémoire collective le souvenir des pires catastrophes ? Limiter ainsi l'étude présente plusieurs avantages : celui de prendre pour objet un ensemble cohérent et pleinement historique, les années 218-201 av. J.-C. ; mais aussi, celui d'étudier la question à l'occasion d'un conflit long, dont le récit est conçu sur le modèle de la tradition annalistique. L'historien suit en effet le déroulement des événements dans le cadre de l'année consulaire et fournit donc régulièrement au lecteur des renseignements sur la carrière militaire et politique des élites dirigeantes et, plus rarement il est vrai, des indications sur le comportement des simples soldats. En cherchant à répondre à ces questions, il m'est apparu que la représentation des blessés avait essentiellement une fonction idéologique : elle permet d'illustrer des valeurs ou des qualités utiles à la cité. C'est ce que je voudrais montrer ici, en commençant par analyser la place des blessés dans le récit des opérations militaires. Je présenterai ensuite les principaux enjeux que j'ai dégagés, la piété filiale, l'efficacité guerrière, et surtout le consensus de la cité.

I. Les blessés dans le récit de la guerre d'Hannibal

Tite-Live mentionne à plusieurs reprises l'existence de blessés du côté romain au cours des affrontements militaires. Il utilise les deux termes synonymes signifiant blessé, *saucius* (12 occurrences) et *uolneratus* (7 occurrences), et plus fréquemment des expressions faisant intervenir le nom *uolnus* (24 occurrences). Le déséquilibre entre *saucius* et les termes formés sur *uolnus,* qui est le même que dans les autres décades conservées[6], provient du fait que *saucius* appartient

---

3. Depuis la synthèse pionnière de H. Graßl en 1986.
4. Cf. Leigh 1995, Evans 1999, Baroin 2002, Dasen 2007.
5. Gagé 1969, p. 184-208, à propos de Tite-Live, 2, 36-37.
6. Cf. Packard 1968, IV, p. 488 pour *saucii* et p. 1272-1273 pour les termes de la famille de *uolnus*. On compte, pour l'ensemble de l'œuvre conservée de Tite-Live, 34 occurrences de *saucius*

à un registre poétique moins fréquent en latin[7]. On relève également, toujours à propos des Romains, deux occurrences de *ictus* (frappé)[8], une seule de l'adjectif *inualidus*[9], dont le champ sémantique est toutefois plus large, puisqu'il désigne un soldat incapable de combattre pour diverses raisons, dont les blessures. Il n'apparaît aucun terme désignant un soldat infirme, qu'il soit général (*debilis*), ou plus précis, comme *claudus* (boiteux), *mancus* (estropié), *luscus* (borgne) ou *caecatus* (aveuglé). Voilà qui forme un ensemble plutôt restreint par rapport au nombre d'affrontements sur terre et sur mer que l'historien relate dans cette décade : environ 80, traités de manière très variable, en quelques lignes ou en plusieurs pages[10]. Tite-Live dresse assez régulièrement un bilan des batailles, faisant apparaître les pertes humaines et /ou les prises de guerre en hommes et en matériel. On peut ainsi relever une soixantaine d'affrontements où figurent au moins des éléments de bilans, au mieux un bilan complet. La lecture de ces passages fait clairement ressortir que les blessés sont bien loin d'être répertoriés de manière systématique : il n'y a que cinq bilans signalant des blessés, et seulement trois d'entre eux mentionnent des blessés du côté romain[11]. Ces trois mentions ne figurent pas à l'occasion de graves défaites, mais seulement en cas de victoire, non pas importante, mais particulièrement difficile et sanglante[12]. L'indication des blessés vient s'ajouter à celle des morts pour permettre au lecteur d'apprécier l'étendue des sacrifices dont étaient capables les Romains d'autrefois. Il est significatif que le premier bilan faisant état de blessés soit celui de

---

contre environ 200 pour *uolnus* et les termes de sa famille.

7. Gagé 1969, p. 202 relevait le relatif isolement de *saucius* en latin. La comparaison avec l'ombrien *sauitu* pour éclairer son étymologie, encore inconnue (cf. A. Ernout et A. Meillet *Dictionnaire étymologique de la langue latine*, Paris, 4e éd. 1985, *s.u.*), a été récemment réévaluée par Vine 2004 (notamment p. 622-625), qui explique les deux mots par la racine **ksew-* (grec ξύω, ξυρόν, védique *ksurá-*, « rasoir »). Je remercie Vincent Martzloff de m'avoir indiqué cette référence.
8. 22, 49, 2 ; 27, 27, 7.
9. 23, 16, 8.
10. 21, 29 ; 21, 46 (défaite du Tessin) ; 21, 49-51 ; 21, 52-56 (défaite de la Trébie) ; 21, 59 ; 21, 60, 5-9 ; 21, 61 ; 22, 4, 4 -7, 5 (défaite de Trasimène) ; 22, 16 ; 22, 18 ; 22, 21 ; 22, 24 ; 22, 29 ; 22, 31 ; 22, 41 ; 22, 45-49 (défaite de Cannes) ; 23, 16 ; 23, 18 ; 23, 24 ; 23, 29 ; 23, 30 ; 23, 35 ; 23, 37 ; 23, 40 ; 23, 44 ; 23, 45 ; 23, 49 ; 24, 16 ; 24, 17 ; 24, 19 ; 24, 39 ; 24, 40 ; 24, 41 ; 24, 42 ; 25, 1 ; 25, 14 ; 25, 18 ; 25, 19 ; 25, 21 ; 25, 23-31 (siège de Syracuse) ; 25, 34-26 (mort des Scipions en Espagne) ; 25, 39 ; 25, 41 ; 26, 4 -6 (siège de Capoue) ; 26, 38 ; 26, 39 ; 26, 45 ; 27, 1 ; 27, 2 ; 27, 12 ; 27, 14 ; 27, 16 ; 27, 18 ; 27, 26 ; 27, 27 (mort de Marcellus) ; 27, 28, 27, 32 ; 27, 40 ; 27, 42 ; 27, 47-49 (victoire du Métaure) ; 28, 2 ; 28, 3 ; 28, 6 ; 28, 14-16 ; 28, 19-20 ; 28, 22-23 ; 28, 32-34 ; 28, 36 ; 29, 2 ; 29, 7 ; 29, 29 ; 29, 34 ; 29, 36 ; 30, 5-6 ; 30, 8 ; 30, 10 ; 30, 11-12 ; 30, 18 ; 30, 19, 11 ; 30, 24 ; 30, 33-35 (victoire de Zama) ; 30, 36, 7-8.
11. 21, 2, 3 ; 22, 7, 3 ; 23, 30, 2 ; 27, 14, 14 ; 28, 34, 2. 23, 30, 2 concerne les blessés carthaginois, ainsi que 22, 7, 3, d'après les éditeurs, qui rejettent depuis Perizonius (= J. Voorbroek) le *utrimque* figurant dans les manuscrits.
12. À l'aide de la litote *Nec Romanis incruenta uictoria fuit* « La victoire ne fut pas non plus sans coûter des pertes aux Romains » (27, 14, 14). Cf. également 27, 49, 7 ; 30, 18, 14 et 21, 29, 4 (formulation légèrement différente). Sauf indication contraire, les textes et traductions sont extraits de la CUF.

la toute première rencontre de l'armée romaine et de l'armée carthaginoise, avant la traversée des Alpes, aux abords du Rhône, en 218 av. J.-C. : « Outre de nombreux blessés, la quantité de morts fut presque égale des deux côtés [13] ». Cette mention sert à illustrer la difficile victoire des Romains dans ce tout premier affrontement, et à annoncer l'âpreté du conflit pour les forces en présence. La seconde intervient lors d'une victoire ponctuelle de Marcellus sur Hannibal en Campanie (en 209 av. J.-C.) : après l'indication des pertes subies par l'ennemi et le nombre de morts du côté romain, l'historien précise, certainement par souci de dramatisation et pour mettre en évidence l'existence d'une unité italienne contre Hannibal : « Il y eut un très grand nombre de blessés parmi les citoyens et les alliés [14] ». La dernière se présente exactement de la même manière, et concerne une victoire de Scipion sur des peuples espagnols en 206 av. J.-C. : « Plus de 3 000 <Romains et alliés> furent blessés [15] ». La proportion des blessés représente dans ce cas précis le quart du nombre de morts indiqués (12 000). Mais cette indication est peu exploitable, en raison de son caractère isolé et des difficultés d'interprétation des indications chiffrées transmises par les manuscrits.

Cette rareté des mentions concernant les blessés dans les bilans liviens est à souligner, ainsi que le fait qu'elles n'interviennent qu'à titre de complément de l'indication des morts. Cela reflète finalement assez justement la réalité : les cas de guérison ne représentaient à cette époque que des exceptions. La plupart des blessés étaient laissés pour morts. Ils n'avaient que très peu de chances de survivre et étaient des combattants irrémédiablement perdus pour la cité [16].

Le récit livien nous laisse précisément entrevoir deux facteurs aggravants pour la survie des blessés. Le premier — et le plus important — est dû au manque d'efficacité des soins. Malgré le nombre d'affrontements rapportés dans cette décade, et la mention fréquente, comme nous allons le voir, de généraux ou de soldats blessés, on n'y trouve aucune description de soins à proprement parler. Selon le témoignage de l'annaliste Cassius Hemina (milieu du IIe siècle av. J.-C.) rapporté par Pline l'Ancien, la médecine grecque était alors pratiquée depuis peu à Rome, et l'intérêt qu'elle avait suscité lors de son apparition -en raison de méthodes chirurgicales nouvelles à Rome- était bien vite retombé :

> « Cassius Hemina, l'un des plus anciens auteurs, rapporte que le premier médecin à être venu à Rome fut le péloponnésien Archagathos, fils de Lysanias, sous le consulat de L. Aemilius et de M. Livius, en l'an de Rome 535 (= vers 218 av. J.-C.). On lui donna le droit quiritaire et une boutique au

13. *Praeter multa uolnera caedes etiam prope par utrimque fuit* (21, 29, 3).

14. *Volnerati permulti ciuium sociorumque (*27, 14, 14).

15. *Volnerata amplius tria milia hominum* (28, 34, 2).

16. Nous sommes très peu renseignés sur le service de santé des légions sous la République avant l'époque de César. Le silence des sources invite à penser qu'il était rudimentaire. Cf. André 1987, p. 119-124 ; Wilmanns 1995, p. 8-14 (synthèse utile dans l'introduction à son étude très complète de cette question pour la période impériale) ; André 2006, p. 513.

carrefour Acilius, achetée sur les fonds publics à cet effet. Il fut appelé, à la suite de cela «le médecin des plaies» et sa venue, au début, fut extrêmement appréciée ; mais bientôt , en raison de sa fureur de tailler et de brûler, on changea son nom en «bourreau» et on prit en dégoût son art et tous les médecins »[17].

Ce texte a le mérite de nous apprendre que l'État romain se préoccupait de questions de santé à l'époque du déclenchement de la deuxième guerre punique, puisqu'il encouragea la venue de cet Archagathus à Rome en lui accordant le droit de cité, et en lui offrant un lieu où exercer son art, mais nous ne pouvons rien en tirer pour les premiers soins donnés aux blessés pendant les campagnes. Tite-Live ne nous décrit pas dans la troisième décade les moyens mis en œuvre pour permettre à certains de survivre, il ne s'intéresse pas non plus à ce qu'ils deviennent. Il signale parfois, sans s'y attarder, ceux qui finissent par connaître une mort sans gloire, d'un laconique *ex uolnere moritur*[18]. Son récit fait état incidemment de quelques guérisons, mais il ne nous dit rien de leurs causes. Ce fut le cas du père de Scipion l'Africain, blessé en 218 à la bataille du Tessin (21, 46, 7), et de son oncle, blessé en 214 en Espagne (24, 42, 5). Tous deux trouveront la mort en combattant en 212[19]. Le préteur P. Furius Philus est présenté comme un blessé grave en 216 (23, 21, 2). Malgré un âge certain (il avait été consul en 223), il réussit à se rétablir, puisque Tite-Live nous indique qu'il a été élu censeur en 214. Il signale sa mort par deux fois, mais sans jamais en préciser la cause, d'abord au cours de l'année 214 : elle empêcha de faire le sacrifice clôturant le cens et son collègue dut, comme c'était l'usage, se démettre de ses fonctions (24, 43, 4). Il la mentionne également dans sa notice consacrée au remplacement des prêtres publics (ce personnage était augure) pour l'année 213 (25, 2, 1). Quant au proconsul Appius Claudius, blessé lors du siège de Capoue (26, 6, 5 ; 26, 8, 9), il ne survivra que quelque temps à sa blessure. Il mourra peu après la reddition de la ville (26, 16, 1 ; 26, 33, 4), d'une cause non précisée.

Le second facteur que nous laisse entrevoir le récit livien est lié à la difficulté du transport, particulièrement éprouvant par voie de terre à cause des cahots (*iactatio* ou *agitatio*[20]). Le moyen n'est précisé qu'une seule fois, à propos

17. *Cassius Hemina ex antiquissimis auctor est primum e medicis uenisse Romam Peloponneso Archagathum Lysaniae filium L. Aemilio M. Liuio cos. Anno Vrbis DXXV, eique ius Quiritium datum et tabernam in compito Acilio emptam ob id publice. Volnerarium eum fuisse e re dictum, mireque gratum aduentum eius initio, mox a saeuitia secandi urendique transisse nomen in carnificem et in taedium artem omnesque medicos,* Cassius Hemina, fr. 29 dans *L'Annalistique romaine*, II, éd. de M. Chassignet, CUF, Paris, 1999 (= Pline l'Ancien, *Histoire naturelle*, 29, 12). André 2006, p. 404, souligne cette mauvaise réputation de la chirurgie, qui passait pour « charcuter » et « brûler » et la préférence des Romains pour la médication. Sur Archagathos, voir Mudry 2006, p. 173-176.

18. « Il meurt de sa blessure. » (27, 33, 6) pour le consul T. Quinctius Crispinus.

19. 25, 34, 11 pour P. Scipion et 25, 36, 13 pour Cn. Scipion.

20. 21, 48, 7 ; 27, 29, 1. Il n'y a aucune différence de ce point de vue entre les Romains et leurs adversaires carthaginois. Tite-Live donne des indications analogues pour le général carthaginois Magon, blessé en 203 (30, 19, 1-5) : il allonge les étapes autant que sa blessure le lui permet

du consul P. Quinctius Crispinus : gravement blessé en Apulie en 208, au cours de l'affrontement où a été tué le consul Marcellus, il se rend difficilement en litière (*lectica*[21]) jusqu'à Capoue avec ses légions. Il ne peut aller plus loin et envoie alors une lettre au sénat :

> « Il lui était impossible de venir à Rome en vue des comices ; il ne croyait pas pouvoir supporter la fatigue du voyage et il était inquiet pour Tarente, car il craignait qu'Hannibal n'y conduisît son armée (…) Il fallait lui envoyer comme légats des hommes d'expérience auxquels il pourrait dire ce qu'il voudrait au sujet de l'État »[22].

Le sénat se montre sensible à ses raisons et lui épargne un douloureux voyage jusqu'à Rome en lui dépêchant à Capoue trois légats l'autorisant à désigner en territoire romain un dictateur pour présider les élections.

Il ressort de cet état des lieux que les indications concernant les blessés sont très difficiles à exploiter en tant que telles. Tite-Live ne livre que des bribes d'informations. En revanche, la représentation qu'il donne des blessés a surtout un rôle idéologique, dont je vais à présent dégager les enjeux.

II. Piété filiale

L'enjeu idéologique est patent, parce qu'inattendu, dans la seule description que l'historien nous donne des modalités d'évacuation d'un blessé hors du champ de bataille. Il ne le fait en effet qu'une fois dans cette décade, avec l'intention de mettre en valeur les qualités exceptionnelles de celui qui prend cette initiative, car il s'agit d'un personnage promis à un grand avenir. Scipion, le futur vainqueur d'Hannibal, est ainsi représenté tout jeune — il a environ 16 ans — en train de sauver son père blessé à la bataille du Tessin, en 218 av. J.-C. :

> « La peur qui s'ensuivit ébranla les Romains, et elle s'accrut encore quand le consul fut blessé, mais le péril fut conjuré par l'intervention rapide de son fils, alors à peine entré dans l'adolescence. Ce jeune homme sera celui qui aura la gloire d'achever cette guerre et qui fut appelé l'Africain, en raison de sa brillante victoire sur Hannibal et les Puniques. Ce sont surtout les lanceurs de javelots sur qui tombèrent d'abord les Numides, qui se mirent à fuir en désordre ; le reste du détachement, les cavaliers, en rang serré, protégeant de leurs armes,

---

(*quantum pati uiae per uolnus poterat itineribus extentis*) pour arriver à la côte, dans l'espoir que les secousses infligées à sa blessure seront moins fortes en mer que sur la route (*sperans leniorem in nauigatione quam in uia iactationem uolneris fore*).

21. 27, 29, 2.

22. *Se comitiorum causa non posse Romam uenire quia nec uiae laborem passurus uideretur et de Tarento sollicitus esset ne (...)Hannibal eo conuerteret agmen. Legatos opus esse ad se mitti uiros prudentes cum quibus quae uellet de re publica loqueretur* (27, 29, 3).

et même de leur corps, le consul, qu'ils avaient recueilli au milieu d'eux, le ramenèrent au camp sans montrer nulle part de panique et sans se débander dans la retraite. L'honneur d'avoir sauvé le consul, Coelius l'attribue à un esclave de nationalité ligure ; je préfèrerais, pour ma part, considérer comme authentique à propos de son fils la version que nous a transmise la majorité des sources et que la renommée a retenue» [23].

Tite-Live se préoccupe ici d'informer son lecteur de sa préférence pour la version la plus répandue et la plus célèbre. Elle était également présente chez Polybe [24], à la seule différence que l'historien grec mentionnait seulement la blessure du consul dans son récit de la bataille. Il évoquait ultérieurement cette intervention du fils, en précisant qu'elle lui avait été racontée par Laelius, l'ami et le confident de Scipion [25]. Tite-Live peut ainsi attribuer au jeune Scipion une intervention qu'il présente comme un témoignage de piété filiale (*intercursu pubescentis filii*), et faire son éloge au titre de cette vertu, qui était particulièrement célébrée à l'époque augustéenne (il suffit de rappeler le *pius Aeneas* virgilien). Il l'illustre par la rapidité d'intervention du jeune homme (*tum primum*), qui réussit à sauver son père en le faisant transporter jusqu'au camp par les cavaliers et en conjurant la panique. L'auteur juge néanmoins utile de signaler la divergence de ses sources à propos de cet épisode et mentionne la version de l'historien Coelius Antipater [26], moins glorieuse, selon laquelle le consul aurait été sauvé par un simple esclave ligure. Cette divergence nous laisse deviner qu'il devait y avoir un sauve-qui-peut général en cas de blessure du chef. Les secours n'étaient pas programmés, mais dépendaient totalement de l'initiative individuelle. Rappelons que celle-ci jouissait d'une forme de reconnaissance officielle, puisque le soldat sauvé avait l'obligation d'offrir à son sauveur une couronne civique (*corona ciuica* [27]). Tite-Live, qui représente cette action du jeune Scipion comme un acte de piété filiale, n'en parle pas [28].

---

23. *Is pauor percutit Romanos, auxitque pauorem consulis uolnus periculumque intercursu tum primum pubescentis filii propulsatum. Hic erit iuuenis penes quem perfecti huiusce belli laus est, Africanus ob egregiam uictoriam de Hannibale Poenisque appellatus. Fuga tamen effusa iaculatorum maxime fuit quos primos Numidae inuaserunt ; alius confertus equitatus consulem in medium acceptum, non armis modo sed etiam corporibus suis protegens, in castra nusquam trepide neque effuse cedendo reduxit. Seruati consulis decus Coelius ad seruum natione Ligurem delegat ; malim equidem de filio uerum esse, quod et plures tradidere auctores et fama obtinuit* (21, 46, 7-10).
24. Polybe, 3, 66, 9.
25. Polybe, 10, 3, 3.
26. Auteur d'une monographie sur la seconde guerre punique, datant vraisemblablement de la fin du IIe siècle av. J.-C., cf. *L'Annalistique romaine*, II, éd. M. Chassignet, CUF, 1999, fr. 18.
27. Cf. Polybe, 6, 39, 6-7 ; Aulu-Gelle, *Nuits Attiques*, 5, 6, 13-14 ; Pline, *Histoire naturelle*, 16, 12-13 . Sur l'histoire de cette distinction, qui sera attribuée sous l'Empire par l'empereur lui-même, voir Maxfield 1981, p. 70-74. Tite-Live ne mentionne qu'une seule fois dans la troisième décade ceux qui ont reçu une telle récompense : ils pourront être choisis en dernier ressort pour compléter l'effectif du sénat décimé après Cannes (23, 23, 7).
28. De même Polybe, 10, 3, 3 et Florus, I, 22. En revanche selon Valère Maxime, 5, 4, 2, il l'aurait

III. Efficacité guerrière

Se battre sans avoir peur de se blesser est bien sûr pour Tite-Live une manifestation de bravoure et de dévouement exemplaire à la République. Il n'hésite pas à se montrer critique à l'égard d'un consul qui veut interrompre un assaut victorieux parce qu'il cause beaucoup de blessures et de pertes[29]. Selon lui, « un courage opiniâtre triomphe de tout[30]». Il décrit longuement le refus des soldats qui repoussent par leurs cris un ordre si peu hardi, font changer d'avis le consul et parviennent à prendre le camp[31]. Il est attentif à montrer que les blessures ne sauraient entraver l'action, et que le bon général est celui qui sait continuer à agir, en évitant les risques inconsidérés. Il décrit par exemple des déplacements de camp opérés par des généraux blessés pour mieux se protéger de l'ennemi. P. Scipion s'installe ainsi près de la Trébie, malgré la blessure qui avait causé son évacuation lors de la bataille du Tessin. Il choisit de se déplacer dans un endroit plus difficile d'accès pour la cavalerie ennemie[32]. Se sentant cependant diminué par sa blessure, il préfère retarder un nouvel affrontement[33]. Mais l'autre consul pense que son collègue « malade moralement plus que physiquement, redoutait une bataille rangée et les projectiles parce qu'il se souvenait de sa blessure »[34] et il refuse de différer. Hannibal profite habilement de cette dissension pour provoquer la bataille « tant que sa blessure rendait inopérant le meilleur des chefs»[35] et remporte la victoire de la Trébie. En 214 av. J.-C., en Espagne, devant Munda, on sonne la retraite, alors que les Romains ont l'avantage, parce que Cn. Scipion, l'oncle du futur Africain, a la cuisse transpercée par un javelot et que ses soldats craignent que la blessure ne soit mortelle[36]. Il obtiendra quand même la victoire, mais le lendemain, en dirigeant le combat sur une civière (*lecticula in aciem illatus*)[37].

---

méritée pour « avoir arraché en même temps son chef et son père à la mort ». Pline l'Ancien va jusqu'à dire qu'il l'aurait refusée : « Scipion l'Africain, qui avait sauvé son père à la Trébie, la refusa » (*Histoire naturelle*, 16, 14).

29. *Cum multis uolneribus ac militum pernicie* (25, 14, 1).
30. *Vincit tamen omnia pertinax uirtus* (25, 14, 1).
31. 25, 14, 3- 9.
32. *Scipio (...) quamquam grauis adhuc uolnere erat (...) ad Trebiam fluuium(...) castra mouet* (21, 48, 4). De même, le consul Crispinus, effrayé par la mort de son collègue et sa propre blessure, change son camp d'emplacement pendant la nuit, pour se mettre à l'abri : *Crispinus et morte collegae et suo uolnere territus (...) loco alto et tuto undique castra posuit* (27, 28, 2).
33. *Volnere suo comminutus, trahi rem malebat* (21, 52, 2).
34. 21, 53, 2.
35. *Dum meliorem ex ducibus inutilem uolnus faceret* (21, 53, 9). Hannibal a la même stratégie en 208 après la mort de Marcellus et la blessure de Crispinus en 208 : « Pensant qu'avec la mort d'un consul et la blessure de l'autre, il avait infligé une grande frayeur aux ennemis, Hannibal... » : *<Hannibal> magnum terrorem hostibus morte consulis unius, uolnere alterius inectum esse ratus*... (27, 28, 1).
36. *Vincentibus Romanis signum receptui est datum, quod Cn. Scipionis femur tragula confixum erat pauorque circa eum ceperat milites ne mortiferum esset uolnus* (24, 42, 3).
37. 24, 42, 5.

L'attitude d'un général à l'égard des blessures ou des blessés permet donc de mesurer son efficacité tactique. D'abord en ce qui le concerne, car la blessure d'un général a une forte incidence sur le cours de la bataille : elle peut l'interrompre [38], causer une défaite ou, dans le meilleur des cas, comme nous venons de le voir, retarder une victoire. Tite-Live insiste à plusieurs reprises sur la nécessité pour un chef de ne pas s'exposer imprudemment. Il doit absolument éviter de mettre l'État en péril. C'est là la critique formulée à l'égard de Marcellus, qui a reçu un coup de lance mortel dans une banale opération de reconnaissance contre Hannibal en 208 av. J.-C. [39]. Il y avait inconsidérément engagé son collègue, P. Quinctius Crispinus, qui mourra quelque temps plus tard des suites de sa blessure. Tite-Live souligne à deux reprises la gravité de la situation ainsi provoquée, les deux consuls laissant l'État comme orphelin pour avoir été tués dans un combat sans importance [40]. Il justifie en revanche les précautions de Scipion quand, lors de la bataille pour la prise de Carthagène (209 av. J.-C.), il se fait précéder de trois jeunes soldats vigoureux pour se protéger, grâce à leurs boucliers, de la multitude de traits qui tombaient des remparts [41]. Pendant le siège d'Iliturgi, Scipion va jusqu'à s'avancer au pied des remparts, « non sans courir un grand danger » (*haud mediocri periculo*), nous dit Tite-Live. Il voulait donner l'exemple à ses troupes trop timorées et menaçait de monter lui-même sur les échelles. C'est alors que les soldats, inquiets pour la vie de leur général (*sollicitis* (...) *imperatoris militibus*), se lancèrent à l'assaut [42].

La mention des soldats blessés permet souvent d'illustrer cette efficacité du général. Il se préoccupe en effet de les faire évacuer pour ne pas nuire aux mouvements engagés. Lors du siège de Nole, Marcellus demande aux soldats de cette cité venus rejoindre les Romains de ne pas se joindre aux combattants, mais de rester parmi les troupes de réserve pour s'occuper d'emporter les blessés hors du champ de bataille [43]. Pendant le siège de Carthagène, Scipion se soucie de faire remplacer les soldats fatigués et blessés par des troupes fraîches, pour attaquer la ville avec plus d'énergie [44]. À Zama, dès qu'il voit du flottement sur le front, il fait ramener les blessés à l'arrière, puis déplace le gros de son infanterie sur les ailes, pour renforcer la protection de son centre [45].

---

38. En 211, l'assaut romain contre Capoue est arrêté par la blessure du général Ap. Claudius frappé par un javelot « en haut de la poitrine, sous l'épaule gauche » pendant qu'il haranguait ses troupes (26, 6, 5).
39. 27, 27, 7.
40. 27, 27, 11 ; 27, 33, 7.
41. 26, 44, 7.
42. 28, 19, 17.
43. 23, 44, 9.
44. 26, 45, 6.
45. 30, 34, 11.

IV. Consensus civique

Évoquer blessures et blessés est surtout pour l'historien un moyen de mettre en lumière le consensus exceptionnel que connaissait alors la cité. Il présente les blessures comme un risque partagé par tous, généraux comme simples soldats, que tous affrontent avec un courage exemplaire, pour la survie de la cité. L'exemple du consul Paul-Émile, gravement blessé par une fronde [46] au tout début du récit de la bataille de Cannes, est le plus célèbre : il lance, malgré son état, plusieurs assauts contre Hannibal, sous la protection de sa cavalerie, et redresse la situation. Ses cavaliers mettent pied à terre seulement lorsqu'ils voient que le consul n'a plus la force de diriger son cheval et ils continuent à se battre à pied contre la cavalerie carthaginoise, sous les yeux de Paul-Émile, couvert de sang, assis sur une pierre. Il mourra, criblé de traits, sur le champ de bataille qu'il aura refusé de quitter. Tite-Live ne se contente pas de fixer pour la postérité le courage exceptionnel des chefs. Il juge utile de faire figurer dans son histoire l'héroïsme de blessés anonymes, qui constituent des modèles immédiats pour ses lecteurs : il a conscience de s'adresser à un public très large et pas seulement à des hommes politiques, lecteurs traditionnels des ouvrages d'histoire [47]. Il raconte par exemple comment, lors de la prise du camp du général carthaginois Hannon près de Bénévent (212 av. J.-C.), les soldats romains font tout pour rechercher une mort glorieuse [48]. Il s'attache à souligner l'émulation des soldats entre eux, même quand ils sont blessés : « Beaucoup de blessés même, quoique perdant leurs forces et leur sang, tâchaient de ne tomber qu'à l'intérieur du retranchement ennemi [49] ».

J'évoquerai à ce propos l'anecdote très frappante qui clôt la description du champ de bataille de Cannes :

> « Un Numide attira surtout l'attention : on l'avait retrouvé vivant, le nez et les oreilles mutilés, sous le cadavre d'un Romain ; ses mains n'étant plus capables de tenir une arme, dans un accès de rage, il était mort en déchirant son ennemi à coups de dents» [50].

La prise en compte de l'acte désespéré de ce soldat anonyme a clairement dans le récit livien une fonction idéologique : celle d'effacer pour l'ensemble du peuple romain la honte de la défaite de Cannes. L'historien réactive ici pour ses

---

46. *Primo statim proelio funda grauiter ictus* (22, 49, 1).

47. « On y trouve pour son bien et pour celui de son pays des modèles à suivre » : *tibi tuaeque reipublicae quod imitere capias* (Préface, 10).

48. 25, 14, 7-9. Cf. également 24, 19, 6 ; 26, 44, 9.

49. *Multi uolnerati etiam quos uires et sanguis desereret, ut intra uallum hostium caderent nitebantur* (25, 14, 9).

50. *Praecipue conuertit omnes subtractus Numida mortuo superincubanti Romano uiuus, naso auribusque laceratis, cum, manibus ad capiendum telum inutilibus, in rabiem ira uersa laniando dentibus hostem exspirasset.* (22, 51, 9, tr. M. de Franchis du texte établi par C. F. Walters et R. S. Conway, Oxford, 1929).

lecteurs une relation essentielle dans la mentalité romaine : celle entre blessure et courage (*uulnus* et *uirtus*)[51]. Juste auparavant, dans un passage qui n'a pas d'équivalent dans le récit que fait Polybe de la bataille[52], Tite-Live avait décrit dans la même intention les mutilations infligées aux soldats par la cavalerie numide :

> « Tant de milliers de Romains gisaient là pêle-mêle, fantassins et cavaliers, que le hasard du combat ou de la déroute avaient réunis ; certains, couverts de sang, cherchaient à se redresser au milieu des cadavres, car leurs blessures, ravivées par la fraîcheur du matin les avait réveillés ; les ennemis les achevèrent ; ils en trouvèrent certains étendus encore vivants, les cuisses ou les jarrets coupés, qui, en découvrant leur nuque ou leur gorge, demandaient de faire couler le sang qui leur restait »[53].

La description de l'attention du général pour ses soldats blessés a elle aussi un enjeu idéologique : elle illustre la cohésion exceptionnelle de la cité et est à mettre au compte de la volonté livienne de présenter la solidarité de tous les citoyens dans la catastrophe qui les frappe. La victoire sur Hannibal est le résultat de cet effort collectif. Les blessés peuvent ainsi avoir un rôle actif dans le camp ; Tite-Live dépeint la manière dont Marcellus fait participer tout le monde, y compris les soldats dans l'incapacité de combattre, à la construction du camp : « Quant aux muletiers, aux valets d'armes et aux invalides, ils devaient porter des pieux de la palissade»[54]. Il se soucie de leur protection quand il est obligé de changer de camp pour poursuivre Hannibal : « il laissa les blessés à Numistro avec une faible garnison commandée par le tribun militaire, L. Furius Purpurio et se hâta de partir sur les traces de l'ennemi»[55]. L'année suivante, après une bataille victorieuse, il

---

51. C'est aussi la fonction du long discours au style direct prononcé par le porte-parole des soldats relégués en Sicile pour s'être enfuis après Cannes (25, 6, 2-23, environ trois pages dans la CUF). Il a pour objet de supplier Marcellus d'intervenir auprès des sénateurs pour que ces soldats puissent de nouveau combattre et se racheter de la honte de Cannes par leur sang et leurs blessures : *sanguine nostro uolneribusque nos senatui satisfacturos esse* (25, 6, 3). Il ne s'agit bien sûr que de blessures reçues de face. Celles situées sur le dos, qui signent la lâcheté, ne sont jamais évoquées dans cette décade pour les Romains, malgré leurs nombreuses défaites. Sur la symbolique des cicatrices à Rome, voir Leigh 1995, p. 195-215 ; Baroin 2002, p. 35-38 ; de Libero 2002, p. 177-179 ; Dasen 2007, p. 19-22.
52. Polybe, 3, 113-116.
53. *Iacebant tot Romanorum milia, pedites passim equitesque, ut quem cuique fors aut pugna iunxerat aut fuga ; adsurgentes quidam ex strage media cruenti, quos stricta matutino frigore excitauerant uolnera, ab hoste oppressi sunt ; quosdam et iacentes uiuos succisis feminibus poplitibusque inuenerunt, nudantes ceruicem iugulumque et reliquum sanguinem iubentes haurire* (22, 51, 7, tr. M. de Franchis du texte établi par C. F. Walters et R. S. Conway, Oxford, 1929). Sur la pratique des cavaliers numides de sectionner les jarrets de leurs adversaires, voir Brizzi 1997, p. 53-58.
54. *Impedimenta subsequi iussit, calones lixasque et inualidos milites uallum ferre* (23, 16, 8).
55. *Sauciis cum praesidio modico Numistrone relictis praepositoque iis L. Furio Purpurione, tribuno militum, uestigiis institit sequi* (27, 2, 10).

renonce à poursuivre Hannibal, comme il le désirait, à cause du grand nombre de blessés parmi les citoyens et les alliés [56].

La comparaison avec la première décade permet d'apprécier combien la prise en compte du traitement des blessés est à Rome un élément important du consensus politique. Au tout début de la République, dans les temps très anciens de la lutte contre Véies, le consul M. Fabius a le souci de regagner l'affection de la plèbe et fait soigner, dans ce but, les blessés chez les patriciens [57]. Tite-Live raconte aussi que pendant la guerre contre les Samnites, Le consul L. Papirius Crassus comprend quel obstacle interdisait la victoire. Il lui fallait modérer son caractère et tempérer sa sévérité de douceur. Il va donc visiter lui-même les blessés et charge ses officiers de prendre soin de chacun d'eux, désigné par son nom [58].

Dans son récit de la guerre contre Hannibal, Tite-Live ne décrit jamais de conflit social. Les tribuns de la plèbe ne sont pas en opposition avec les consuls ou le sénat mais travaillent de concert avec eux [59]. Ils auraient pu pourtant intervenir pour protester contre le sort des blessés après Cannes. Tite-Live évoque une situation analogue dans la première décade où les tribuns attaquent le consul Sempronius pour avoir abandonné les blessés dans le camp après sa défaite contre les Volsques [60]. Il ne décrit rien de tel ici. Il insiste au contraire sur la faiblesse physique causée par les blessures pour justifier l'ampleur sans précédent du désastre. Si les Carthaginois réussissent à mettre en fuite les quelques survivants, si l'un des deux camps romains se rend même plus vite que ne l'imaginait Hannibal, c'est à cause de cet épuisement [61]. La seule critique à l'égard des blessés dans cette décade figure justement dans la description de la reddition du second camp, livré, précise l'auteur « par les blessés et les lâches » (*ab sauciis timidisque*). Voilà qui engage à ne pas se laisser séduire par le discours des délégués des prisonniers de Cannes venus demander leur rachat au sénat. Ils y font valoir que malgré leur état physique, ils ont défendu leurs retranchements le reste du jour et de la nuit, avant de se résoudre à se rendre [62]. La discordance entre le discours des prisonniers et

---

56. 27, 14, 14-15. Marcellus est le seul général de la décade à montrer cette sollicitude pour ses soldats blessés. Tite-Live n'évoque rien de tel pour Scipion. Pourtant, d'après Appien, 6, 38, 153, ce dernier aurait fondé en Espagne en 206 av. J.-C. la ville d'Italica, après la bataille d'Ilipa, pour y soigner ses blessés : « Après avoir laissé à ces préteurs une petite armée, comme il est naturel en temps de paix, Scipion installa ses blessés dans une ville à laquelle il donna le nom d'Italica, tiré de celui de l'Italie. C'est la patrie de Trajan et d'Hadrien qui, par la suite, exercèrent à Rome la magistrature impériale ». Voir sur ce point J. S. Richardson, *Hispaniae. Spain and the Development of Roman Imperialism 218-82 BC*, Cambridge, 1986, p. 53 (pagination de l'édition de poche, 2004).
57. 2, 47, 12.
58. 8, 36, 6.
59. Le sénat a même recours aux tribuns pour résoudre les rivalités entre les consuls concernant l'attribution des provinces. Cf. 30, 27, 3 ; 41, 4.
60. 4, 39, 9-40, 9.
61. *Labore ac uolneribus fessos* (22, 49, 5) ; *labore, uigiliis, uolneribus etiam fessis* (22, 52, 2).
62. *Diei reliquum ac noctem insequentem, fessi labore ac uolneribus, uallum sumus tutati* (22, 59, 5).

le récit livien invite le lecteur à approuver le refus du sénat, qui n'a pas cru à leur sincérité [63]. Cette notation négative sur le comportement des blessés est néanmoins tempérée par la présentation de l'historien lui-même : il avait indiqué, dans la proposition précédente que tous les soldats valides avaient quitté le camp [64]. Les blessés avaient donc été abandonnés à leur sort, mais personne n'a exploité ce fait pour ébranler le consensus de la cité.

Ces enjeux idéologiques contribuent à expliquer, à mon sens, la sobriété du récit livien dans cette décade. À l'exception en effet de la description des mutilations subies par les Romains à Cannes, Tite-Live reste extrêmement discret sur l'aspect des blessures. Il ne nous dit rien des lésions et plaies multiples causées par le glaive espagnol, conçu pour frapper d'estoc et de taille. Cette arme avait été adoptée par les Romains un peu avant la seconde guerre punique et était aussi utilisée par les Celtibères de l'armée d'Hannibal [65]. Il connaît pourtant les terribles blessures qu'elle provoque et les décrit, mais c'est pour expliquer l'effroi des soldats macédoniens au moment où ils doivent affronter des Romains ainsi équipés, en 199 av. J.-C. :

> « Après avoir vu ces cadavres mis en pièces par l'épée espagnole, ces bras coupés avec leur épaule, ces têtes séparées du corps, le cou complètement tranché, ces entrailles à nu, et l'aspect horrible d'autres blessures encore, ils considéraient, dans un sentiment général de panique, contre quelles armes et quels hommes ils allaient devoir combattre » [66].

Cette esthétique de l'horreur est rare chez lui, et la troisième décade est de ce point de vue extrêmement dépouillée, malgré le nombre de batailles sanglantes qui auraient pu donner lieu à de telles évocations. L'historien ne témoigne d'aucune complaisance envers l'exhibition d'un héroïsme douloureux, comme ce sera le cas plus tard sous l'Empire. Nous sommes bien loin aussi de l'atmosphère épique qui dominait dans la première décade, où de valeureux héros continuaient à combattre en dépit de leurs mutilations :

---

63. 22, 60-61, 1.

64. *Cum (...) quibus satis uirium aut animi fuit (...) Canusium perfugissent, castra ipsa ab sauciis timidisque (....) tradita hosti* : « Comme ceux auxquels il restait assez de force et d'énergie s'étaient enfuis à Canusium, les blessés et les lâches livrèrent le camp à l'ennemi.» (22, 52, 4, tr. M. de Franchis du texte établi par C. F. Walters et R. S. Conway, Oxford, 1929).

65. Polybe, 2, 33 et 6, 23.

66. *Postquam gladio Hispaniensi detruncata corpora bracchiis cum humero abscisis aut tota ceruice desecta diuisa a corpore capita patentiaque uiscera et foeditatem aliam uolnerum uiderunt, aduersus quae tela quosque uiros pugnandum foret pauidi uolgo cernebant* (31, 34, 4-5).

« Ni le dictateur, malgré une blessure à l'épaule, ni Fabius, la cuisse presque clouée à son cheval, ni le consul, qui avait un bras coupé, ne s'éloignèrent d'une mêlée si confuse »[67].

Une telle accumulation ne pouvait que rendre le lecteur sceptique sur la réalité des faits rapportés. Tite-Live a ici à cœur de transmettre à ses lecteurs, encore traumatisés par le souvenir des guerres civiles, la mémoire d'une époque où la cité avait connu un consensus exceptionnel. La manière dont il représente les blessés montre qu'il ne s'y intéresse pas pour eux-mêmes, mais parce qu'ils illustrent combien la *uirtus*[68], pivot de l'identité romaine, était alors une valeur commune, qui avait réussi à s'incarner à tous les niveaux de la société, pour obtenir finalement, malgré les catastrophes initiales, la victoire sur Carthage[69].

Bibliographie

André 1987 — J. André, *Etre médecin à Rome*, Paris.

André 2006 — J.-M. André, *La médecine à Rome*, Paris.

Baroin 2002 — C. Baroin, « Les cicatrices ou la mémoire du corps », *in Corps romains*, textes réunis par Ph. Moreau, Grenoble, p. 27-46.

Brizzi 1997 — G. Brizzi, « Une coutume de guerre des Numides : réflexions d'après quelques épisodes des campagnes d'Hannibal », *Bulletin archéologique du Comité des Travaux Historiques et Scientifiques. Série B, Afrique du Nord,* 1993-1995, p. 24, 53-58.

Capdeville 1972 — G. Capdeville, « Le centurion borgne et le soldat manchot », *MEFRA* 84, p. 601-621.

Lamy-Mounier 2003 — J. Lamy et M. Mounier, « La chair et le canon : problématiques pour une histoire des blessures de guerre », *in La blessure corporelle : violences et souffrances, symboles et représentations. Table ronde organisée par le GERHICO, Poitiers, juin 2000.* Textes rassemblés par P. Cordier et S. Jahan, *Les cahiers du GERHICO*, 4, Poitiers, p. 25-39.

Dasen 2007 — V. Dasen, « Autour du portrait romain : marques identitaires et anomalies physiques », *in Le portrait. La représentation de l'individu*, Textes réunis par A. Paravicini Bagliani, J.-M. Spieser et J. Wirth, Florence, p. 17-45.

67. *Non dictatorem umerus uolneratus, non Fabium prope adfixum equo femur, non brachium abscisum consulem ex tam ancipiti proelio submouit* (4, 28, 8).

68. Le courage. Sur ce sens typiquement romain de la notion de *uirtus*, cf. McDonnell 2006, p. 1-73 et 206-240.

69. Je remercie Valérie Naas et Clara Auvray-Assayas pour leurs remarques au sujet de cet article.

Dumézil 1973 — G. Dumézil, *Mythe et épopée III, Histoires romaines*, Paris, p. 263-291 (1985[3]).

de Libero 2002 — L. de Libero, « Mit eiserner Hand ins Amt ? – Kriegsversehrte römische Aristokraten zwischen Recht und Religion, Ausgrenzung und Integration », *in* Respublica reperta *: zur Verfassung und Gesellschaft der römischen Republik und des frühen Prinzipats. Festschrift für Jochen Bleicken zum 75. Geburtstag* (J. Spielvogel éd.), Stuttgart, p. 172-191.

Evans 1999 — R. J. Evans, « Displaying Honourable Scars. A Roman Gimmick », *Acta Classica,* 42, p. 77-94.

Gagé 1969 — J. Gagé, « Infirmes, blessés de guerre et marques corporelles dans l'ancienne Rome. À propos de l' « Expulsion des Volsques » à la veille des « Ludi Magni » (491 av. J.-C.) », *Revue des Études latines*, 47, p. 184-208 (repris dans *Enquêtes sur les structures sociales et religieuses de la Rome primitive*, Coll. *Latomus* 152, Bruxelles, 1977, p. 371-392 avec quelques compléments p. 367-368).

Graßl 1986 — H. Graßl, « Behinderte in der Antike. Bemerkungen zur sozialen Stellung und Integration », *Tyche,* 1, p. 118-126.

Leigh 1995 — M. Leigh, « Wounding and popular rhetoric at Rome », *The Bulletin of the Institute of Classical Studies*, 40, p. 195-212.

McDonnell 2006 — M. McDonnell, *Roman Manliness.* Virtus *and the Roman Republic*, Cambridge.

Maxfield 1981 — V. A. Maxfield, *The Military Decorations of the Roman Army*, Londres.

Mudry 2006 — Ph. Mudry, « Le médecin dans l'antiquité grecque et romaine », p. 151-178 in *Medicina, Soror philosophiae. Regards sur la littérature et les textes médicaux antiques (1975-200)*, réunis et édités par B. Maire, Lausanne (= p. 21-57 dans L. Callebat, *Histoire du médecin*, Paris, 1999).

Packard 1968 — D. W. Packard, *A concordance to Livy*, Harvard.

Vine 2004 — B. Vine, « New Thoughts on an Old Curse (Tab. Ig. VIb 60 / VIIa 49) », *Per Aspera ad Asteriscos. Studia Indogermanica in honorem J. E. Rasmussen sexagenarii Idibus Martiis anno MMIV*. Edd. A. Hyllested, A. R. Jørgensen, J. H. Larsson, Th. Olander, *Innsbrucker Beiträge zur Sprachwissenschaft*, 112, Innsbruck, p. 615-626.

Willmanns 1995 — J. C. Willmanns, *Der Sanitätsdienst im Römischen Reich : eine sozialgeschichtliche Studie zum römischen Militärsanitätswesen nebst einer Prosopographie des Sanitätspersonals*, Hildesheim-Zürich- New York : Olms.

Penser et surmonter le handicap : les écrits des juristes romains

Michèle DUCOS
Université de Paris-Sorbonne (Paris IV)

Le handicap ou plutôt les infirmités sont quelquefois mentionnés dans les textes de droit et permettent de s'interroger sur la façon dont ils étaient perçus. Une telle enquête pose toutefois de nombreux problèmes car nous ne possédons qu'un matériel épars et composite : les fragments des juristes romains regroupés dans le *Digeste.* En outre, il n'existe pas de définition du handicap, et encore moins de statut du handicapé, c'est-à-dire d'actes normatifs décrivant les droits qui lui sont reconnus.

C'est à l'occasion de questions précises posées sur la validité d'un testament ou les formes d'un acte juridique que les juristes romains s'intéressent aux infirmités et les prennent parfois en compte. De plus, les invalides ne constituent pas une catégorie sociale unique : esclaves et citoyens sont également concernés, bien que leur situation ne soit pas appréciée de la même façon. Le handicap apparaît donc sous des aspects extrêmement variés concernant les malformations des enfants, l'esclave et sa capacité de travail, ou le citoyen dans les engagements qu'il prend. Dans tous ces cas, les juristes ne pouvaient le laisser de côté : il nous reste à envisager la façon dont ils l'ont apprécié.

La cité romaine ne laissait pas vivre les enfants atteints de malformations. Selon Denys d'Halicarnasse, une loi de Romulus interdisait « de tuer tout enfant de moins de trois ans, à moins que le nouveau-né ne fût dès sa naissance infirme ou monstrueux (auquel cas il n'interdisait pas aux parents d'exposer l'enfant pourvu qu'ils l'eussent montré d'abord à cinq hommes du voisinage et obtenu leur assentiment) [1] ». Une sorte de conseil décidait ainsi de l'exposition d'enfants

1. Denys d'Halicarnasse, *Antiquités Romaines* II, 15, trad. V. Fromentin, J. Schnäbele, Paris : Belles Lettres, coll. La roue à Livres, 1990.

atteints de malformations sévères. La loi attribuée à Romulus est presque toujours rapprochée de la loi des XII Tables où existait une disposition analogue ; nous ne la connaissons que de façon fragmentaire par Cicéron. Dans le *De legibus*, Quintus fait allusion à la naissance du tribunat rapidement mis à mort « comme l'enfant remarquable par sa difformité conformément aux XII Tables »[2] puis en peu de temps ranimé. La comparaison et la référence à la législation romaine montrent l'existence de cet usage, reconnu par le droit de la cité. Sont ainsi admis l'abandon et l'exposition d'enfants atteints de malformations, mais aussi leur élimination ; de telles pratiques relèvent du droit familial et se trouvent associées au *ius uitae necisque* du père de famille[3]. Elles persistent sous la république et l'empire : de nombreux témoignages mentionnent des enfants trop faibles à leur naissance ou monstrueux qui sont éliminés[4].

Sénèque le Père rapporte dans l'une de ses *Controverses* les paroles d'un rhéteur soulignant la fréquence de cette pratique : « un grand nombre de pères ont coutume d'exposer les nouveau-nés inutiles. Certains dès leur naissance ont quelque partie du corps estropiée ou marquée d'une infirmité incurable ; et leurs pères les rejettent plus qu'ils ne les exposent »[5]. L'exemple des enfants monstrueux, éliminés à leur naissance, est aussi utilisé par Sénèque dans le *De ira*[6] pour montrer qu'il est possible de tuer sans colère ; car c'est la raison qui conduit à séparer les éléments inutiles et les éléments sains. Il s'agissait pour la communauté de ne pas conserver des citoyens qui seraient inutiles, des enfants dont la survie était problématique, compte tenu de leur fragilité ou de leurs malformations.

Toutefois, la principale raison de ce rejet est d'ordre religieux ; ces naissances d'enfants atteints de malformations sont considérées comme des prodiges[7]. Sous la république, l'histoire romaine est riche en indications de ce genre, comme le

---

2. *Lex XII Tab.* IV, 1 = Cicéron, *Leg.* III, 8, 19 : ... *cito necatus, tanquam ex XII tabulis insignis ad deformitatem puer...Necatus* est une correction pour la leçon des manuscrits : *legatus* ; elle est admise par la plupart des éditeurs ; voir la discussion dans A. Dyck, *A Commentary on Cicero,* De legibus, Ann Arbor : University of Michigan Press, 2004, p. 495 ; pour le sens de cette loi, M. Crawford, *Roman Statutes* II, *BICS* Suppl. 64, 1996, p. 630, qui reprend la correction d'Orelli : *leto datus.*
3. C. Fayer, *La familia romana. Aspetti giuridici ed antiquari,* Rome, 1994, p. 179-194 ; A. Allély, « Les enfants malformés et considérés comme *prodigia* à Rome et en Italie sous la république », *Revue des Etudes Anciennes [REA]*, 105 (2003), p. 127-156.
4. A. Allély, « Les enfants malformés et handicapés à Rome sous le principat », *REA,* 106 (2004), p. 73-101 ; D. Gourevitch, « Au temps des lois Julia et Papia Poppaea, la naissance d'un enfant handicapé est-elle une affaire publique ou privée ? », *Ktema*, 23 (1998), p. 459-473. Voir également B. Cuny-Le Callet, *Rome et ses monstres*, t. I, Grenoble, 2005.
5. Sénèque le Père, *Controverses* X, 4, 16 : *multos patres exponere solitos inutiles partus. Nascuntur, inquit, quidam statim aliqua corporis parte mulcati, infirmi et in nullam spem idonei, quos parentes sui proiciunt magis quam exponunt.*
6. *De ira* I, 15, 2 : *portentosos fetus, extinguimus, liberos, si debiles monstruosique editi sunt, mergimus ; nec ira sed ratio est a sanis inutilia secernere.*
7. A. Allély (2003) art. cité *supra* note 3 ; et A. Allély (2004), cité *supra* note 4, p. 90-93.

montre le récit livien ou le recueil de Julius Obsequens. Sans reprendre cette question fréquemment étudiée, il faut rappeler que les naissances monstrueuses, les êtres nés *contra naturam* font partie des *ostenta* ou des *prodigia*, comme le montrent bien des définitions républicaines [8]. L'*ostentum* ou le *prodigium* relèvent ainsi de ce qui n'est pas jugé conforme à la nature de l'être humain. *Monstrum* a servi à désigner les monstres de la mythologie, mais c'est aussi le terme qui est le plus souvent employé pour désigner un être vivant, « proprement anormal, contraire aux lois de la nature » [9].

Droit sacré et droit civil s'interpénètrent souvent et les juristes romains ont à leur tour cherché à analyser ces naissances et à distinguer différentes catégories. Au temps d'Auguste, M. Antistius Labeo, un célèbre juriste, définit comme prodige « tout ce qui est né et s'est produit contrairement à la nature propre à chaque chose. Mais il y a deux sortes de prodiges : l'un existe toutes les fois que naît quelque chose contrairement à la nature avec trois mains ou trois pieds ou avec quelque autre partie du corps qui est contraire à la nature ; l'autre, lorsque quelque chose paraît prodigieux, ce que les Grecs appellent *phantasmata* » [10]. Labeo reprend la définition de l'*ostentum*, figurant dans les sources républicaines mais cet esprit soucieux de précisions opère une distinction entre des êtres atteints de malformations, « contraires à la nature » et des difformités plus graves, qui en font des êtres hors du commun. C'est la distinction que reprend Ulpien, citant la définition de Labeo [11].

Au cours du principat, la question continue à intéresser les juristes pour différentes raisons. Elle relève d'abord du droit familial et du statut de la femme mariée. En effet, le *ius trium liberorum* qu'accordait la *lex Iulia* aux parents ayant eu trois enfants, apportait privilèges et exemptions à ceux qui en bénéficiaient [12]. En outre, au temps d'Hadrien, le sénatus-consulte Tertullien accorda aux femmes de naissance libre, mères de trois enfants, et aux affranchies, mères de quatre enfants, un droit de succession légitime sur les biens de leurs enfants [13]. Toutes ces

8. Cicéron, *De natura deorum* II, 5, 14 : *praeter naturam hominum pecudumque portentis* ; Isidore de Séville, *Etym.* XI, 3, 1 : *Portenta esse Varro ait quae contra naturam nata uidentur.*
9. Cl. Moussy, «Esquisse de l'histoire de *monstrum* », *REL,* 55 (1977), p. 345-369, souligne que c'est l'idée d'être extraordinaire qui explique le mieux le développement sémantique de *monstrum* (p. 363).
10. *Digeste* L, 16, 38 [*Digesta Iustiniani Augusti*, ed. P. Krüger & Th. Mommsen, 2 vols., Berlin : Weidemann, 1870] : *"Ostentum" Labeo definit omne contra naturam cuiusque rei genitum factumque. Duo genera autem sunt ostentorum: unum, quotiens quid contra naturam nascitur, tribus manibus forte aut pedibus aut qua alia parte corporis, quae naturae contraria est : alterum, cum quid prodigiosum uidetur, quae Graeci fantasmata uocant.*
11. Pour Ulpien, elle s'insère dans la question du *locus religiosus* ; le juriste devait s'interroger sur la sépulture du *prodigium* et son caractère de *locus religiosus* , cf. G. Impallomeni, « Vitalità e forma umana come requisiti essenziali alla personnalità », *Iura*, 22 (1971), p. 99-120 ; A. Allély (2004), cité *supra* note 4, p. 94.
12. J. Gardner, *Women in Roman Law and Society* , Londres, 1986.
13. Justinien, *Institutes,* III, 3, 2 [*Iustiniani Institutes, Corpus Iuris Ciuilis*, I, ed. P. Krüger, Berlin : Weidmann, 1872].

règles de droit conduisaient à s'interroger sur les naissances et l'état des enfants à la naissance [14]. En même temps, l'octroi de ces avantages soulevait bien des questions : fallait-il avoir trois enfants vivants ou avoir seulement mis au monde trois enfants ? Quelle place faire aux prématurés ? Que faire des enfants malformés ou trop fragiles pour vivre ? Autant de situations qu'ont rencontrées les juristes et pour lesquelles ils ont dû « donner des réponses » et proposer des solutions acceptables. Au temps des Sévères, Ulpien, comme sans doute d'autres juristes avant lui, s'est interrogé sur ces naissances monstrueuses, ces êtres difformes « le nouveau-né, étrange par son apparence ou son vagissement, qui n'a pas de figure humaine, mais une figure d'une autre espèce, plus animale qu'humaine » [15], mais il conclut que de tels enfants ne doivent pas priver les parents des avantages dont ils peuvent bénéficier, car on ne peut reprocher à ces femmes d'avoir obéi aux lois, et « ce qui est arrivé du fait de la fatalité, ne doit pas leur causer de dommages ». Ces êtres difformes ou monstrueux sont donc considérés comme des enfants. Paul, un autre juriste du IIIe siècle, en commentant le sénatus-consulte Tertullien, qui octroie des avantages successoraux aux mères de trois enfants, se montre plus rigoureux ; il distingue avec plus de précision le monstre informe, qui n'est pas compté au nombre des enfants, et l'enfant atteint de malformations : « le nouveau-né qui a augmenté en nombre les fonctions des membres humains, semble en quelque sorte achevé et pour cette raison sera compté au nombre des enfants » [16]. Il s'agit par conséquent d'apprécier l'importance de la malformation. Se trouvent soigneusement distingués ceux qui n'ont pas forme humaine et ceux qui sont atteints de malformations qui n'altèrent pas trop leur apparence humaine.

---

14. Nous laissons ici de côté la question souvent examinée des naissances prématurées et de la durée légale de la grossesse, de même que celle des malformations, qui dépasse largement le cadre de cet article.

15. *Digeste* L, 16, 135 (Ulpien) : *Quaeret aliquis, si portentosum uel monstrosum uel debilem mulier ediderit uel qualem uisu uel uagitu nouum, non humanae figurae, sed alterius, magis animalis quam hominis, partum, an, quia enixa est, prodesse ei debeat ? Et magis est ut haec quoque parentibus prosint: nec enim est quod eis imputetur quae, qualiter potuerunt, statutis obtemperauerunt, neque id quod fataliter accessit, matri damnum iniungere debet.* Des monstres, mi-hommes mi-bêtes, sont mentionnés parmi les prodiges, cf. A. Allély (2004), cité *supra* note 4, p. 88 et 92.

16. *Digeste* 1, 5, 14 (Paul) : *Non sunt liberi, qui contra formam humani generis conuerso more procreantur : ueluti si mulier monstrosum aliquid aut prodigiosum enixa sit. Partus autem, qui membrorum humanorum officia ampliauit, aliquatenus uidetur effectus et ideo inter liberos connumerabitur.* Les *Sentences* de Paul [*Pauli Sententiae, Fontes Iuris Romani Antejustiniani* [*FIRA*], t. II, ed. J. Baviera, Florence, 1968, p. 317-417], IV, 9, 3-4, donnent un texte un peu différent de celui du *Digeste* : *Mulier si monstruosum aliquid aut prodigiosum enixa sit, nihil proficit : non sunt enim liberi qui contra formam humani generis conuerso more procreantur. Partum qui membrorum humanorum officia duplicauit, quia hoc ratione aliquatenus uidetur effectum, matri prodesse placuit.* A *ampliauit* a été substitué *duplicauit* ; cette modification éclaire le sens du passage en montrant qu'il s'agit d'une allusion à des membres surnuméraires. D. Gourevitch (1998), cité *supra* note 3, p. 462 insiste sur la présence de l'adjectif *effectus*, équivalent du grec *teleios*, qui fait partie du vocabulaire médical.

De fait, les membres surnuméraires, en particulier des doigts supplémentaires, sont le plus souvent jugés inutiles ou gênants, mais ne semblent pas considérés sous le principat comme une malformation très grave [17].

La question continue à se poser au cours des siècles : l'empereur Justinien distingue parmi les enfants posthumes ceux qui sont faibles et qui meurent, ceux qui vivent mais ne poussent pas de cris, et les monstres qui sont rejetés [18]. Dans cette constitution, il ne s'agit plus de la condition de la femme, mais de droit successoral, car cette naissance a de lourdes conséquences : elle annule le testament fait par le père de famille. Mais derrière ces distinctions on devine la place accordée à une caractérisation implicite de l'être humain, fondée sur la voix et la parole et sur le développement harmonieux du corps et des membres.

Les êtres humains atteints de telles malformations ne survivaient pas toujours. Mais nous connaissons quelques exemples d'êtres humains fortement handicapés [19]. Le problème est souvent posé pour l'empereur Claude, qui était atteint de problèmes neurologiques sévères [20] : s'ils sont évoqués de manière caricaturale dans l'*Apocoloquintose*, ils sont aussi mentionnés par Suétone, rappelant qu'il était objet de risée et reprenant les paroles de sa propre mère Antonia : « sa mère Antonia l'appelait prodige d'homme et déclarait qu'il n'avait pas été achevé par la nature, mais seulement commencé » [21]. Nous retrouvons le vocabulaire du prodige, appliqué aux difformités de Claude, tandis que l'opposition établie entre *absolutum* et *inchoatum* fait écho aux distinctions que nous avons rencontrées plus haut chez les juristes.

De façon générale, les citoyens romains semblent avoir cherché à dissimuler leurs infirmités ; ils faisaient des « efforts et se donnaient de la peine pour faire en sorte que leur infirmité physique ne soit pas visible ou le soit le moins possible » [22]. Cicéron ajoute même qu'ils sont prêts à subir les traitements les plus douloureux pour dissimuler ces infirmités ou les faire disparaître ; seules celles des mendiants s'exposaient largement comme le laisse voir, avec un grand luxe de détails, une

17. Cicéron, *De natura deorum,* I, 92 ; Pline, *Histoire naturelle,* 11, 272 ; A. Allély (2004), cité *supra* note 4, p. 84 et 93 ; L'esclave qui possède ce type de malformation n'est pas considéré comme infirme ou malade (voir *infra*).

18. *Code de Justinien* VI, 29, 3 [*Codex Iustinianus* ed. P. Krüger, Berlin : Weidemann, 1877] ; cf. G. Impallomeni (1971), cité *supra* note 11 et D. Gourevitch (1998), cité *supra* note 3, p. 466.

19. D. Gourevitch (1998), cité *supra* note 3, p. 468, s'attarde sur le cas de Q. Pedius, *natura mutus*, mentionné par Pline l'Ancien, *Hist. Nat.*, 35, 21.

20. Senèque, *L'Apocoloquintose du divin Claude* V, 1 ; Suétone, *Claude,* 3, 3-4. ; Régis Martin, « Les paradoxes de l'empereur Claude », *REL*, 67 (1989), p. 149-162.

21. Suétone, *Claude* 3, 3 : *Mater Antonia portentum eum hominis dictitabat, nec absolutum a natura, sed tantum incohatum.*

22. Cicéron, *De finibus* V, 17, 46 : ... *uidesne ut si quae in membris praua aut debilitata aut imminuta sint, occultent homines ? ut etiam contendent et elaborent, si efficere possint, ut aut non appareat corporis uitium aut quam minimum appareat ?*

Controverse de Sénèque le Père[23]. Mais dans ces conditions, il n'est pas très surprenant que les individus atteints d'infirmités ou de malformations n'aient pas été protégés en tant que tels par la cité ou le droit[24] ; on peut penser à l'octroi d'un curateur, mais ce cas semble rarement se présenter comme nous le verrons plus bas.

En revanche, il a été souligné que les membres de la *nobilitas* aimaient à s'entourer de nains ou de bouffons aux corps difformes[25]. Quintilien évoque « ces corps contrefaits et monstrueux qui ont plus de prix aux yeux de certaines gens que ceux qui ont conservé les avantages de la conformation ordinaire »[26]. La mode semble ici s'écarter du droit ou de l'opinion commune. Mais on ajoutera que ces êtres difformes, qui sont des esclaves, n'ont d'autres fonctions que de distraire leur maître ou de satisfaire leur goût pour l'étrangeté. Ce ne sont pas des magistrats pour lesquels l'intégrité physique est une nécessité[27], ni des citoyens qui ont à remplir des fonctions précises dans la cité. Ce ne sont pas non plus des esclaves dont le maître attend un certain travail et une certaine efficacité.

La question des infirmités se pose aussi pour ces derniers. Elle intervient dans l'appréciation des dommages causés par un tiers, lorsqu'un esclave meurt ou se trouve atteint d'une blessure grave : la *lex Aquilia* prévoyait en effet que l'auteur du dommage devait verser au propriétaire à titre de dédommagement une somme d'argent égale à la valeur la plus haute atteinte par l'esclave dans l'année ou le mois précédant l'accident[28] ; le préjudice pouvait être élevé pour un esclave aux compétences spécialisées devenu impropre à toute activité : par exemple, un peintre de talent dont la main se trouve mutilée[29] ou un musicien qui ne peut plus exercer son activité, ou même un chœur de musiciens qui ne peut plus exercer son art par suite du décès de l'un d'eux.

Elle se trouve examinée de façon extrêmement précise par les juristes romains, au sujet de la vente et de l'achat des esclaves. L'édit des édiles curules en fixait les conditions ; il imposait au vendeur de déclarer les maladies et les défauts apparents des esclaves[30] mais il prévoyait aussi la possibilité pour l'acheteur de

---

23. Sénèque le Père, *Controversiae,* X, 4 [ed. M. Winterbottom, Harvard : University Press, 1974 et tr. fr. de H. Bornecque, revue pa J.-H. Bornecque, Paris : Aubier, 1992].
24. H. Grassl, « Behinderte in der Antike. Bemerkungen zur sozialen Stellung und Integration », *Tyche*, 1 (1986), p. 118-126.
25. A. Allély (2004), cité *supra* note 4, p. 96-97 et R. Garland, *The Eye of the Beholder : Deformity and Disability in the Graeco-Roman World*, Londres, 1995.
26. Quintilien, *Institution Oratoire,* II, 5, 11 : *...distortis et quocumque modo prodigiosis corporibus apud quosdam maius est pretium quam iis quae nihil ex communis habitus bonis perdiderunt.*
27. Th. Mommsen, *Le droit public romain*, Paris, 1892, t. II, p. 143 (et n. 2).
28. M. Crawford (1996), cité *supra* note 2, p. 723-726 (*lex Aquilia*).
29. *Digeste* IX, 2, 23, 3 et IX, 2, 22, 1.
30. Aulu-Gelle, IV, 2,1 ; voir G. Impallomeni, *L'editto dei edili curuli*, Padoue, 1955 ; L. Manna, *Actio redhibitoria e responsabilità per i vizi della cosa nell'editto de mancipiis uendundis,*

rapporter au vendeur l'objet acquis (*redhibitio*) et de s'en faire rembourser le prix, en cas de vice caché. Dans le cas particulier d'un esclave, il s'agit d'infirmités ou de maladies. Cette possibilité était source de nombreux litiges. Les juristes ont donc, au fil du temps, élaboré des définitions et des distinctions, parfois complexes ou subtiles, permettant de préciser dans quelles conditions pouvait s'effectuer la restitution de l'esclave par l'acheteur. Des interprétations différentes coexistent et expliquent la complexité de ces analyses.

Ces interprétations reposent sur une définition de la maladie (*morbus*) ; elle figure en premier lieu chez Labeo ; selon ce juriste, « la maladie est un état du corps contraire à la nature qui en rend l'usage défectueux »[31]. La définition a été reprise par les successeurs de Labeo et se trouve citée par Ulpien. Elle reste très générale[32] ; certes, une distinction a été établie entre les maladies qui affectent le corps entier ou seulement une partie de celui-ci ; mais il n'en demeure pas moins que les distinctions indiquées manquent de précision. Un autre juriste du temps de Tibère, Masurius Sabinus, avait, lui aussi, regroupé sous la notion de *morbus* des états extrêmement divers, comme le montre la fin du chapitre d'Aulu-Gelle : « le fou furieux, le muet ou celui qui a un membre déchiré, blessé ou un membre qui le gêne et diminue sa capacité, sont malades. Celui qui par nature a la vue trop courte est aussi sain que celui qui court trop lentement »[33]. Dans ces lignes, Masurius Sabinus semble utiliser *morbus* comme un terme général s'appliquant à toute espèce de déficience, mentale ou physique, qui diminue l'activité.

Il semble pourtant que la science juridique ait tenté d'établir des distinctions plus fines. La notion de *uitium* est mentionnée par Aulu-Gelle, sans qu'il soit vraiment possible d'en définir avec précision le contenu car Caelius Sabinus, le juriste qu'il cite, indique seulement que le bègue et celui qui ne peut articuler sont atteints d'un *uitium*[34]. L'érudit se réfère ensuite brièvement à des juristes anciens (*ueteres*) qui opposent la maladie, affection temporaire qui possède un début et une fin, et une infirmité considérée comme « perpétuelle »[35], sans toutefois s'attarder sur

---

Milan, 1994 ; C. Lanza, « D. 21.1 : *res se moventes* e *morbus vitiumve* », *Studia et Documenta Historiae et Iuris*, 70 (2004), p. 54-162.

31. Aulu-Gelle, IV, 2, 3 : *Caelius Sabinus in libro, quem de edicto aedilium curulium composuit, Labeonem refert quid esset «morbus», hisce uerbis definisse : «Morbus est habitus cuiusque corporis contra naturam, qui usum eius facit deteriorem»* ; *Digeste* XXI, 1, 1, 7 (Ulpien) : *Sed sciendum est morbum apud Sabinum sic definitum esse habitum cuiusque corporis contra naturam, qui usum eius ad id facit deteriorem, cuius causa natura nobis eius corporis sanitatem dedit.*

32. Selon C. Lanza (2004), cité *supra* note 30, p. 141, elle constitue un progrès par rapport à l'approche de ses prédecesseurs par la référence à la *natura*, critère de « normalité », et par l'aspect « fonctionnel » dans la référence à un *usus deterior*.

33. Aulu-Gelle, IV, 2, 15 : *Verba Masuri Sabini apposui ex libro iuris ciuilis secundo: « Furiosus mutusue cuiue quod membrum lacerum laesumue est aut obest, quo ipse minus aptus sit, morbosi sunt. Qui natura longe minus uidet tam sanus est quam qui tardius currit ».*

34. Aulu-Gelle, IV, 2, 5.

35. Aulu-Gelle, IV, 2, 13 : ... *morbum et uitium distare, quod uitium perpetuum, morbus cum*

ses implications. Mais cette affirmation figure aussi chez des juristes postérieurs à Labeo, soucieux de définitions rigoureuses, qui ont nettement distingué une affection temporaire (*morbus*) et une défectuosité permanente qu'ils appellent *uitium*[36]. Ce critère n'est pas toujours suffisant ; il n'est pas nécessairement accepté par tous les juristes : certains se contentent du terme plus général et plus imprécis de *morbus*. Ulpien semble peu convaincu par cette opposition et tend à assimiler *morbus* et *uitium* : il suggère même que les édiles ont dit deux fois la même chose pour éviter toute hésitation[37] ; il use à plusieurs reprises d'un lexique différent où sont opposés l'esclave considéré comme *sanus* et celui qui ne semble pas l'être, pour lequel il peut avoir *redhibitio,* mais il reconnaît, avec ses prédécesseurs, qu'une affection bénigne ne peut donner lieu à *redhibitio*[38] : il y a donc volonté claire de s'en tenir à des infirmités sérieuses et invalidantes .

Dans le titre du *Digeste* consacré à l'édit des édiles curules figure un long catalogue provenant d'Ulpien mentionnant des états qualifiés de *morbus* ou de *uitium*. Sont laissés de côté les défauts de caractère (paresse, gourmandise, caractère querelleur) ainsi que les *uitia animi* comme le montre l'analyse détaillée qui est l'œuvre de Vivianus, juriste de l'époque de Trajan : « fanatique », débauché, « mélancolique »[39], mais la tendance à la fuite est une cause de *redhibitio*.

Au cours du second siècle, avec Vivianus, les *iurisprudentes* ont posé comme principe que les défauts physiques, seuls, doivent retenir l'attention : telle est la règle de droit qui est appliquée dans la jurisprudence classique comme l'affirme nettement Ulpien[40]. Ce choix, joint à l'absence d'une véritable définition de *morbus,* conduit le juriste à donner de longues énumérations concernant les infirmités qui peuvent atteindre les esclaves récemment acquis ; il s'agit d'une série de cas particuliers problématiques. La complexité de l'ensemble est encore accrue par les débats entre juristes et l'absence véritable de distinction entre *morbus* et *uitium*. Les déficiences de langage sont mentionnées à plusieurs reprises : le bègue, celui qui articule mal ou qui parle difficilement, ont été considérés comme atteints d'infirmités (*uitia*) par Labeo[41]. Un peu plus tard, Masurius Sabinus admet que le muet est *morbosus* ainsi

---

accessu decessuque sit.

36. *Digeste,* L, 16, 101, 2 (Modestin) : *Verum est «morbum» esse temporalem corporis inbecillitatem, «uitium» uero perpetuum corporis impedimentum, ueluti si talum excussit : nam et luscus utique uitiosus est.*

37. *Digeste,* XXI, 1, 1, 7 ; C. Lanza (2004), cité *supra* note 30, p. 142-143, souligne les nombreuses contradictions de telles affirmations.

38. *Digeste,* XXI, 1, 1, 8 ; 1, 4, 6 (Pomponius).

39. Ph. Cocatre-Zilgien, « La rédhibition de l'esclave pour cause de maladie en droit romain », *Revue générale de droit médical,* hors série : *Pouvoir, santé et société,* 2008, p. 9-81. L'auteur souligne que « les raisons de cette exclusion demeurent inconnues » (p. 52-53).

40. *Digeste,* XXI, 1, 4, 3 : *Et uidemur hoc iure uti ut uitii morbiue appellatio non uideatur pertinere nisi ad corpora.*

41. Aulu-Gelle IV, 2, 5 citant Labeo.

que celui qui parle de façon incompréhensible[42]. Mais celui qui a des difficultés à se faire comprendre, ne l'est pas. Le cas de l'esclave muet a suscité quelques controverses, finalement il est admis que le mutisme justifie la *redhibitio.* Il existe aussi tout un débat au sujet des déficiences visuelles. Nous avons rencontré plus haut le cas de la myopie que Sabinus ne considérait pas comme une infirmité ni même une maladie. Ulpien évoque aussi le cas de l'esclave nyctalope[43]. La cécité n'est pas toujours mentionnée dans cet ensemble mais on ne peut s'en étonner, car il s'agit d'un défaut visible, que le vendeur ne peut ignorer, ni passer sous silence, un défaut aussi qui ne peut échapper à l'acheteur.

Les infirmités physiques font l'objet de longues énumérations. Caton, le fils du Censeur, mentionne l'esclave qui a perdu un doigt à la main ou au pied, car il est selon lui considéré comme malade, mais les juristes postérieurs ont nuancé cette opinion ; au premier siècle av. J.-C., Ofilius considère que cette infirmité doit seulement être prise en compte si elle rend l'esclave impropre à l'usage auquel il est destiné[44] : « Quant à celui qui possède des doigts surnuméraires à la main, ou au pied, s'il n'est pas empêché de travailler par leur nombre, il n'est pas dans une situation de restitution, parce qu'il ne faut pas examiner quel est le nombre des doigts, mais si l'esclave peut sans inconvénient utiliser un nombre supérieur ou inférieur de doigts »[45]. De la même façon, des bras de longueur différente ne sont pas un obstacle[46], ni le fait d'avoir les genoux cagneux ou les pieds en dedans[47]. Le gaucher n'est pas non plus un malade[48]. En revanche, celui qui est né avec des doigts joints n'est pas considéré comme sain, mais seulement s'il est gêné pour utiliser sa main[49]. Les infirmités et les handicaps qui retiennent ici l'attention ne sont pas les seuls à être mentionnés : on peut penser à la stérilité de la femme esclave, qui a suscité un long débat chez les *iurisprudentes*, ou la question de l'esclave fugitif.

Il est donc clair que les infirmités ou les handicaps ne sont pas envisagés d'un point de vue médical ; la référence à la science médicale est à peu près absente[50] ; c'est par rapport à la fonction de l'esclave que la question de l'infirmité est posée, car il doit fournir un certain travail pour son maître. En raison de ce critère fonctionnel, on comprend aisément que puissent se succéder de longues listes d'infirmités acceptées ou refusées, sans que le fondement de tels choix soit clairement explicité. Ce qui importe pour l'acheteur, c'est l'utilité que l'esclave

---

42. *Digeste,* XXI, 1, 9 (Sabinus).
43. *Digeste,* XXI, 1, 10, 4.
44. *Digeste,* XXI, 1, 10, *proœmium* et 1.
45. *Ibid.*, 2.
46. *Digeste,* XXI, 1, 12, 1.
47. *Digeste,* XXI, 1, 10, 5.
48. *Digeste,* XXI, 1, 12, 3.
49. *Digeste,* XXI, 1, 14, 6.
50. Ph. Cocatre-Zilgien, cité *supra* note 39, p. 41-43.

peut avoir dans une *familia*, l'activité à laquelle il est capable de se livrer. *Usus ministeriumque* (l'usage et la fonction), tels sont les deux termes qui reviennent régulièrement chez les juristes pour apprécier la condition de l'esclave[51]. Les malformations ou les maladies qui n'affectent pas la capacité de travail ne sont donc pas prises en compte. C'est ce qui explique que l'on ne trouve pas vraiment de définition du handicap, mais une distinction entre incapacité temporaire et infirmité permanente, et l'énumération de cas particuliers rencontrés par les juristes et objets de débats ou sources de litiges.

Il en va de même pour les citoyens atteints d'infirmités. Les juristes romains (puis les empereurs) ont porté attention à leur situation spécifique lorsqu'elle constitue un obstacle ou qu'elle est source de difficultés dans la vie juridique. L'infirmité ou la faiblesse qui empêchait un plaideur de se déplacer était mentionnée dans la loi des XII Tables : un véhicule attelé était fourni au malade pour répondre à l'*in ius uocatio* de son adversaire[52]. Mais il existe de nombreux actes juridiques dont la conclusion pouvait être difficile. En effet, il est souvent nécessaire de prononcer à haute voix des paroles précises, de lire un document ou de le signer.

Deux catégories bien différentes sont à envisager : l'atteinte mentale ou intellectuelle sous toutes ses formes (*furor, dementia, amentia)* qui rend le malade incapable de savoir ce qu'il fait ou incapable de comprendre les engagements qu'il prend. Une telle situation est souvent mentionnée par les juristes romains, mais aboutit simplement à affirmer que le *furiosus* ne peut s'engager ou contracter valablement. Il est souvent assisté d'un *curator* qui veille sur ses biens.

Pour les infirmités physiques (langage, ouie, vue...), qui n'altèrent pas la capacité intellectuelle, c'est-à-dire la conscience de l'engagement qui est pris et l'intention (*animus*) de le prendre, les juristes ne semblent pas avoir jugé nécessaire la présence d'un curateur[53], mais ils ont cherché à mesurer les conséquences d'une telle situation.

L'aveugle peut accepter les fonctions de tuteur avec les charges et les responsabilités qu'elle entraîne[54]. Mais la cécité, ainsi que d'autres infirmités, constitue un empêchement reconnu et admis par les juristes, comme le montrent

51. Ofilius (XXI, 1, 10, *proœmium*) : *si minus eo (scil. digito) uti possit*, et surtout Ulpien (XXI, 1, 1, 8) : « Si l'infirmité ou la maladie sont telles qu'elles empêchent l'utilisation et le service de l'esclave, elles donneront lieu à rédhibition. ». Cf. aussi Labeo, cité par Aulu-Gelle, *supra* note 31 : *usum facit deteriorem.*

52. *Lex XII Tab.* I, 3 : *si morbus aeuitasue escit, iumentum dato*. Pour le sens de cette disposition, voir Aulu-Gelle, XX, 1, 25-30.

53. J. Gardner, *Being a Roman Citizen*, Londres, 1993, ch. 6 « Participation : the Handicapped Citizen », p. 155-178. L'auteur s'appuie sur Paul (*Sentences,* IV, 12, 9) pour préciser que la présence d'un curateur n'est pas nécessaire pour un aveugle (p. 156) ; en revanche, un curateur ou un tuteur peut être donné (si nécessaire) au sourd et au muet.

54. *Digeste,* XXVI, 8, 16.

les remarques de Paul [55]. Une constitution de Septime Sévère et Caracalla confirme qu'elle constitue une excuse admise pour certaines charges [56] : elle permet donc d'être dispensé d'une telle obligation. En outre, le muet ne peut être tuteur car il lui est impossible de déclarer oralement son accord pour certains engagements que prend le mineur et de donner son *auctoritas* ; le sourd est dans la même situation car il ne peut ni entendre les questions qui lui sont posées ni leur répondre [57]. Aussi, comme nous l'apprend Paul, de nombreux sénatus-consultes ont-ils prévu le remplacement du tuteur muet ou atteint de surdité [58]. Nous ne connaissons pas le détail de ces mesures, mais elles nous montrent que les juristes et les empereurs avaient conscience des difficultés qu'entraînaient de telles infirmités.

Se pose également la question de la vente et de l'achat des biens : l'aveugle qui ne sait pas vraiment ce qu'il achète, peut être facilement trompé [59]. En matière de contrats, la forme la plus courante est la stipulation, conclue oralement sous la forme d'une question et d'une réponse : *spondesne ? spondeo.* Un muet ne peut évidemment recourir à un tel type de contrat ; il ne convient pas non plus à un sourd, puisque « le stipulant doit entendre les paroles du promettant et le promettant les paroles du stipulant » [60]. Des solutions ont donc été cherchées par le recours à un esclave [61] ou à un « fondé de pouvoir », un *procurator.* D'autres actes juridiques qui supposent aussi une déclaration ou une réponse à des questions, suscitent les mêmes difficultés : l'adoption ou l'affranchissement des esclaves devant le préteur par exemple [62] ; mais il existait des formes d'affranchissement, moins solennelles sans doute, auxquelles il était possible de recourir : par lettre ou *inter amicos*. L'assistance familiale n'était pas exclue : un fils pouvant procéder à un

---

55. *Digeste,* XXVII, 1, 40 : *Post susceptam tutelam, caecus aut surdus aut mutus aut furiosus aut ualetudinarius deponere tutelam potest.*

56. *Cod. Iust.* V, 68, 1 : *Luminibus captus aut surdus aut mutus aut furiosus aut perpetua ualetudine tentus tutelae seu curationis excusationem habent.*

57. *Digeste,* XXVI, 1, 1, 2-3 (Paul) : *Mutus tutor dari non potest, quoniam auctoritatem praebere non potest. Surdum non posse dari tutorem plerique et Pomponius libro sexagesimo nono ad edictum probant, quia non tantum loqui sed et audire tutor debet.* Cf. Hermogénien *Digeste,* XXVI, 4, 10.

58. *Digeste,* XXVI, 1, 17.

59. *Digeste,* XVIII, 1, 11.

60. Gaius, *Institutes,* III, 105 ; cf. *Digeste,* XLV, 1, 1 : *Stipulatio non potest confici nisi utroque loquente ; et ideo neque mutus neque surdus neque infans stipulationem contrahere possunt, nec absens quidem, quoniam exaudire inuicem debent. Si quis igitur ex his uult stipulari, per seruum praesentem stipuletur...*

61. J. Gardner (1993), cité *supra* note 53, p. 162-163.

62. Paul, *Sentences,* IV, 12, 2 : *mutus et surdus seruum uindicta liberare non possunt : inter amicos tamen et per epistulam manumittere non prohibentur* ; pour l'adoption, *Digeste,* I, 7, 29, voir *infra* note 77.

affranchissement *iussu patris* [63]. Si la seule présence du citoyen suffit dans un acte juridique, on peut accepter celle d'un muet, ou d'un sourd, servant de témoin [64]

La question la plus délicate est celle du testament : cet acte occupe une place particulièrement importante dans la société romaine ; pour être valable il suppose la réunion d'un testateur qui écrit son testament sur des tablettes et de témoins qui apposent leur sceau sur les tablettes testamentaires [65]. Le testateur doit déclarer à haute voix : « Je donne, je lègue, je teste, et vous, Quirites, donnez-moi votre témoignage. » [66]. Avec le cours du temps, les procédures se sont simplifiées ; il est admis que le testament puisse être écrit par un esclave ou un citoyen et lu par le testateur [67]. Mais un tel acte pose des problèmes complexes, quand son auteur est atteint d'une infirmité sérieuse. L'aveugle ne peut s'assurer de la présence des témoins, mais il peut les entendre déclarer à haute voix qu'ils sont témoins [68]. Pour le sourd et le muet, la situation est bien plus problématique : le muet ne peut procéder à la déclaration à haute voix (*nuncupatio*) qui accompagne le testament, le sourd ne peut entendre les réponses des témoins, ni les paroles du *familiae emptor* [69] ; Le recours à un acte écrit est accepté : c'est une forme moins solennelle, comme le souligne Gaius, mais admise et considérée comme valable par le préteur [70].

Bien plus tard, à l'époque de Justinien, une constitution impériale envisage de façon très détaillée ces problèmes. L'aveugle peut tester valablement sous une forme orale, en présence de sept témoins et d'un *tabularius* [71] . Le contenu de la déclaration est ensuite prévu de façon détaillée : les noms des héritiers doivent être indiqués avec précision pour éviter toute confusion et toute ambiguïté, la part d'héritage qui leur revient doit faire l'objet d'indications tout aussi précises, ainsi

---

63. *Digeste,* XL, 2, 10. J. Gardner (1993), cité *supra* note 53, p. 162, indique qu'à la fin du IIIe siècle un affranchissement par l'intermédiaire de licteurs semble possible (*Digeste,* XL, 2, 23).

64. *Digeste,* L, 17, 124, *prooemium* (Paul) : *Ubi non uoce, sed praesentia opus est, mutus, si intellectum habet, potest uideri respondere ; idem in surdo: hic quidem et respondere potest.*

65. E. Champlin, *Final Judgments. Duty and Emotion in Roman Wills, 200 B.C.-A.D. 250,* Berkeley-Los Angeles, 1991.

66. Gaius, *Institutes,* II, 104 : *ita do, ita lego, ita testor, ita uos Quirites, testimonium mihi perhibetote.*

67. Paul, *Sentences,* III, 4a, 4 (= *Digeste,* XXVIII, 1, 10) : *Qui manus amisit, testamentum facere potest, quamuis scribere non possit.*

68. Paul, *Sentences,* III, 4a, 4 : *Caecus testamentum potest facere, quia accire potest adhibitos testes et audire sibi testimonium perhibentes.*

69. Ulpien, *Regulae* XX, 13 *: Mutus, surdus (...), testamentum facere non possunt : mutus, quoniam uerba nuncupationis loqui non potest ; surdus, quoniam uerba familiae emptoris exaudire non potest.*

70. Gaius, *Institutes*, II, 147.

71. *Codex Iustinianus* VI, 22, 8 *prooemium* (Justin, 521) : *Hac consultissima lege sancimus ut carentes oculis seu morbo uel ita nati per nuncupationem suae condant moderamina uoluntatis, praesentibus septem testibus, quos aliis quoque testamentis interesse iuris est, tabulario etiam...*

que les noms des légataires et des fidéicommissaires [72] ; toutes les précautions sont donc précises pour respecter au mieux la volonté du testateur.

En ce qui concerne les sourds, dans une constitution de 531, l'empereur Justinien a distingué de multiples catégories selon l'origine de l'infirmité, congénitale ou liée à une maladie, et selon les degrés de cette infirmité : celui qui est sourd et muet de naissance ne peut faire un testament, ni laisser de codicilles ou de fidéicommis ; d'autres actes de droit lui sont également interdits [73]. Pour celui auquel une maladie enlève la voix et l'ouie, s'il s'agit d'une personne instruite, autorisation lui est donnée d'écrire de sa propre main son testament [74]. Celui qui est sourd, mais peut parler, a toute latitude pour faire un testament ; celui qui est muet mais possède la capacité d'entendre, peut écrire ses volontés [75]. L'empereur prend donc en compte les multiples difficultés qui sont rencontrées par ces infirmes dans les actes importants de la vie juridique.

L'acceptation du testament posait aussi des problèmes car il fallait le faire dans des formes précises, en prononçant des paroles précises ; mais les formes de l'acceptation se sont assouplies sous le principat [76]. Plus largement, on notera dans ces différents actes juridiques l'importance attachée aux substituts de la parole comme l'écriture d'un acte ; même un geste, un signe de tête peut suffire dans certains cas pour exprimer sa volonté à un proche [77]. Les juristes romains ont ainsi recherché

---

72. *Ibid.* : *...ut (...) exprimat nomina specialiter heredum et dignitates singulorum et indicia, ne sola nominum commemoratio quicquam ambiguitatis pariat, et ex quanta parte uel ex quotis unciis in successionem admitti debeant et quod unumquemque legatarium seu fidei commissarium adsequi uelit...*

73. *Codex Iustinianus*, VI, 22, 10 *procemium* (Justinien) : *Discretis surdo et muto, quia non semper huiusmodi uitia sibi concurrunt, sancimus, si quis utroque morbo simul laborat, id est ut neque audire neque loqui possit, et hoc ex ipsa natura habeat, neque testamentum facere neque codicillos neque fideicommissum relinquere neque mortis causa donationem celebrare concedatur nec libertatem siue uindicta siue alio modo imponere...*

74. *Codex Iustinianus*, VI, 22, 10, 1 : *Ubi autem et in huiusmodi uitiis non naturalis siue masculo siue feminae accedit calamitas, sed morbus postea superueniens et uocem abstulit et aures conclusit, si ponamus huiusmodi personam litteras scientem, omnia, quae priori interdiximus, haec ei sua manu scribenti permittimus.*

75. *Ibid.* 10, 3 : *Si enim uox articulata ei a natura concessa est, nihil prohibet eum omnia quae voluit facer...* ; 10, 4 : *In eo autem, cui morbus superueniens auditum tantummodo abstulit, nec dubitari potest quin possit omnia sine aliquo obstaculo facere* ; 10, 5 : *Sin uero aures quidem apertae sint et uocem recipientes, lingua autem penitus praepedita, licet a ueteribus auctoribus saepius de hoc uariatum est, attamen si et hunc peritum litterarum esse proponamus, nihil prohibet et eum scribentem omnia facere.*

76. J. Gardner (1993), cité *supra* note 53, p. 164.

77. *Digeste*, XXIX, 2, 93, 1 (Paul) : *Mutus pater uel dominus filio uel seruo heredibus institutis magis est, ut, si intellectu non careat, nutu iubere possit adire hereditatem ut ei iure eius commodum quaeri possit: quod facile explicari possit scientia litterarum ; Digeste*, I, 7, 29 (Callistrate) : *Si pater naturalis loqui non potest, alio tamen modo quam sermone manifestum facere possit uelle se filium suum in adoptionem : perinde confirmatur adoptio quam si iure facta est.*

des solutions pratiques pour permettre l'expression d'une volonté, qui ne pouvait pas s'énoncer dans les formes habituelles.

Les procès ne sont pas moins source de difficultés pour ces infirmes : ni le sourd ni le muet ne peuvent exercer les fonctions de juge mais l'aveugle est accepté [78] : il peut en effet entendre plaidoiries et témoignages ; de plus, l'usage romain impose la présence d'un *consilium* ou d'assesseurs aux côtés du juge ; outre leurs avis ou leurs conseils, ils pouvaient, dans ce cas précis, apporter une assistance matérielle.

La présence devant la justice comme plaideur pose beaucoup plus de problèmes. L'édit du préteur urbain, qui avait fixé en détail les conditions d'accès à la justice, semble avoir prévu ce cas, comme le montre le long commentaire d'Ulpien. Certains citoyens ne peuvent déposer une requête en justice (*postulare*) pour eux-mêmes ou pour autrui, les uns à cause de leur âge ou de leur infirmité (*casus*), comme les sourds : « Il ne fallait pas permettre de déposer une requête à celui qui ne peut entendre la décision du préteur, ce qui peut le mettre dans une situation périlleuse, s'il ne peut exécuter la décision du préteur ; en effet n'ayant pas entendu la décision du préteur, comme s'il n'avait pas obéi, il serait frappé d'une peine comme contumace » [79]. Mais il peut recevoir un avocat. L'aveugle ne peut introduire une requête pour autrui. Ulpien en explique la raison de façon curieuse, en s'appuyant sur un exemple d'interprétation obscure : « Le préteur repousse celui qui est aveugle des deux yeux, assurément parce qu'il ne peut pas voir les insignes des magistrats et leur témoigner du respect. Labeo rapporte même qu'un aveugle, Publilius, le père de Nonius Asprenas fut laissé là par Brutus, son siège étant placé du côté opposé, alors qu'il voulait déposer une requête » [80]. L'attention a souvent été attirée sur les incohérences du passage [81] : l'argument utilisé pour fonder le rejet de l'aveugle surprend : pourquoi mentionner uniquement son incapacité à respecter les insignes des magistrats ? Elle relève de l'évidence puisqu'un aveugle ne peut voir le tribunal du préteur, mais c'est en contradiction avec la possibilité de formuler une requête pour son propre compte qui lui est reconnue. C'est ce que tend à éclairer l'anecdote attribuée à Labeo. Le personnage auquel il est fait référence, est difficile à identifier ; Valère-Maxime mentionne un Publilius, présenté comme un orateur de renom que sa cécité n'empêchait pas de plaider [82]. L'anecdote est citée de manière très succincte, et peut-être inexacte, par

78. *Digeste,* V, 1, 12, 2 (Paul) : *quidam lege impediuntur ne iudices sint, quidam natura, quidam moribus. Natura, ut surdus mutusque... ; Digeste,* V, 1, 6 : *Caecus iudicandi officio fungitur.*

79. *Digeste,* III, 1, 1, 3 : *nec enim erat permittendum ei postulare, qui decretum praetoris exaudire non poterat, quod etiam ipsi erat periculosum futurum: nam non exaudito decreto praetoris, quasi non obtemperasset, poena ut contumax plecteretur.*

80. *Digeste,* III, 1, 1, 5 : *...caecum utrisque luminibus orbatum praetor repellit, uidelicet quod insignia magistratus uidere et reuereri non possit. Refert etiam Labeo Publilium caecum Asprenatis Noni patrem auersa sella a Bruto destitutum, cum uellet postulare.*

81. J. Gardner, cité *supra* note 53, p. 159.

82. Valère Maxime VIII, 7, 5 : *Publilius uero senator et Lupus Pontius eques Romanus, suis*

Ulpien : elle indique, sans autre précision, que Brutus refusa d'accéder à la demande de Publilius, et l'abandonna sur place : ou bien il se détourna sur son siège, geste que l'aveugle ne pouvait remarquer, ou bien l'aveugle présenta sa demande, en se tenant du côté opposé au tribunal, sans s'en apercevoir : les deux interprétations sont possibles, selon J. Gardner[83]. L'anecdote montre l'importance attachée à la *dignitas* des magistrats, mais n'explique pas vraiment pourquoi les aveugles ne peuvent déposer une requête pour autrui. Assurément, le citoyen atteint de cécité, qui pouvait se défendre lui-même ou trouver un avocat, n'était sans doute pas le plus apte à défendre les intérêts d'autrui ; d'où cette exclusion.

Ainsi, en matière de justice, les infirmités constituent un obstacle manifeste, qui aboutit à poser certaines limites à l'action. Il ne s'agit plus de trouver des solutions qui permettent aux citoyens d'affirmer leurs volontés. Dans cet ensemble, une distinction très nette est établie entre la cécité et l'état du sourd-muet. Avec un système juridique où la part de l'oralité reste encore importante, l'aveugle peut participer largement à des actes juridiques, alors que le sourd et le muet se trouvent exclus. Mais le même système juridique permet de leur porter assistance : curatelle, systèmes de représentation par l'intermédiaire d'un *procurator* ou d'un *cognitor*, ou même un esclave qui, dans certaines conditions, peut s'engager pour son maître. Aucune de ces facultés n'est spécifiquement réservée aux infirmes, mais elles trouvent une application dans leur situation.

Le handicap est envisagé sous des formes extrêmement variées dans les écrits des juristes : naissance d'enfants atteints de malformations, infirmités des esclaves qui peuvent se révéler invalidantes et affecter leur capacité de travail, ou encore citoyens qui gèrent leur patrimoine. En effet, il ne s'agit pas d'une catégorie clairement définie, qui demande un traitement spécifique. Les juristes n'établissent ni une définition ni une théorie générale à son sujet, mais le rencontrent dans leur activité propre, lorsqu'il s'agit de proposer des réponses dans des cas problématiques : valeur d'un testament, existence du *ius trium liberorum*, achat d'esclaves source d'éventuels litiges ou, plus simplement, actes juridiques dont les formes strictes ne peuvent être respectées. Dans tous ces cas, les infirmités deviennent un état dont il faut tenir compte en mesurant les conséquences juridiques qu'il entraîne. Rares sont les exclusions ; le plus souvent des solutions sont trouvées permettant d'apporter une forme d'assistance. Enfin, ces situations si diverses suscitent des questions variées ; elles impliquent une représentation de l'être humain et de la « forme humaine », elles font mesurer la place de l'oralité dans les actes de droit où l'expression de la volonté se fait à haute voix ainsi que les substituts qui sont recherchés par l'écrit ou par le geste. Si les juristes n'ont pas proposé de règles générales concernant les infirmités, ils ont trouvé des solutions pour les surmonter.

---

temporibus celebres causarum actores, luminibus capti, eadem industria forensia stipendia executi sunt.

83. J. Gardner, cité *supra* note 53, p. 113 et p. 159.

Réussites et échecs de la chirurgie à Argos (Grèce). Étude paléopathologique

Philippe CHARLIER
Service de Médecine Légale,
CHU R. Poincaré, Garches (AP-HP, UVSQ)
HALMA-IPEL, UMR 8164 du CNRS,
Université de Lille 3, Villeneuve d'Ascq

Primitivement étudiée par l'anthropologue français Robert-P. Charles, puis ponctuellement par l'Américain J.L. Angel [1], la nécropole principale d'Argos, dont l'occupation s'échelonne de l'Helladique ancien à l'époque byzantine, a récemment fait l'objet d'un réexamen complet, tant anthropologique que paléopathologique [2]. À cette occasion, de nombreuses lésions ostéo-articulaires (souvent inédites, l'attention de R.P. Charles étant principalement centrée sur la prise de mensurations crâniennes dans un but de « classification raciale ») ont été mises en évidence, souvent caractérisées par une correction orthopédique correcte, témoignant de pratiques médico-chirurgicales adaptées. Décrivons d'abord ces anomalies squelettiques, puis voyons les conséquences sociales qu'impliquent ces soins adaptés, même s'ils intéressent des sujets disparates et souvent très éloignés dans le temps.

Description des cas

Tombe 168 (proto-géométrique : Xe siècle av. J.-C.) [3]

Il s'agit des restes fragmentés d'un sujet de sexe indéterminable, âgé de 16 à 25 ans, mesurant environ 158 cm, dont seuls persistent des fragments d'os longs et de crâne. Sur ce dernier est mis en évidence un enfoncement frontal gauche de

1. Charles, 1958, 1963 ; Charlier, 2006a.
2. Charlier, 2004, 2005, 2006b, 2007, 2008a.
3. Charles, 1963, p. 35-36.

4,5 x 3,5 cm, de coloration brunâtre, avec enfoncement de la table interne sans véritable fracture ni embarrure. Il n'existe pas par ailleurs de déviation des sutures crâniennes. Le diagnostic porté est un traumatisme crânien à l'âge adulte, avec survie prolongée compte tenu de l'observation d'irrégularités osseuses au contact de cette lésion (aspect de périostite). Aucune autre lésion, notamment traumatique, n'est identifiée.

Tombe 184 (proto-géométrique : Xe siècle av. J.-C.) [4]

Seuls quelques fragments épars du squelette d'une femme adulte, remarquablement robuste, sont préservés. Au sein de cet ensemble osseux, une fracture claviculaire ancienne avec cal de consolidation et angulation est identifiée.

Tombe 16 (géométrique ancien : 900-850 av. J.-C.) [5]

Sont conservés les restes d'un homme adulte, droitier, remarquablement robuste, dont la stature a été estimée à près de 169 cm. Son crâne présente un petit enfoncement au niveau du frontal gauche de 0,4 x 1 cm, cerné par une réaction inflammatoire (Figure 1) [6]. Devant une telle lésion aspécifique, le diagnostic demeure incertain : kyste épidermoïde surinfecté ou traumatisme crânien lui aussi surinfecté ? On note également l'existence d'une fracture ancienne des os propres du nez (non compliquée), peut-être contemporaine du même hypothétique événement traumatique.

Mais la lésion probablement la plus significative est une volumineuse déformation de la tête fémorale gauche (mesurant 8,5 x 7,5 cm, la tête controlatérale se limitant à 4,5 x 4,5 cm). Son aspect est boursouflé et irrégulier ; l'os apparaît dense avec un aplatissement d'ensemble (Figures 2 et 3) [7]. La cavité acétabulaire en regard présentant une morphologie comparable, le diagnostic retenu est celui d'une coxarthrose sévère mutilante (probablement ankylosante) compliquant une ostéonécrose aseptique de la hanche gauche. Aucune lésion traumatique loco-régionale n'est observée, en particulier, aucune fracture ni du fémur, ni du bassin. L'aspect n'est pas évocateur d'un processus infectieux, et il n'est pas noté d'ostéomyélite au contact. Nous ne sommes donc pas d'accord avec le diagnostic posé par R.P. Charles d'une luxation congénitale de la hanche :

> « La cavité cotyloïde de l'os iliaque gauche comporte une malformation, probablement une luxation congénitale de la hanche ; la tête du fémur se trouvant déboîtée, il en a résulté un étirement excessif des ligaments articulaires dont la première conséquence fut une périostite, qui elle même engendra la production

---

4. Charles, 1963, p. 40.
5. *Id.*, 1958, p. 278-281.
6. Fig. 1 : vue tangentielle de la lésion ostéolytique de la table externe. Toutes les photos qui figurent dans ce volume (fig. 1 à 15) sont des clichés Ph. Charlier.
7. Fig. 2 et 3 : vues postérieures de l'extrémité proximale du fémur gauche.

de tissus osseux anormaux, dont le volume ici est tel que la possibilité d'une ankylose totale de la hanche n'est pas exclue »[8].

En effet, l'inclinaison du toit de l'*acetabulum* (= cotyle) apparaît correcte, de même que les autres angles coxo-fémoraux (notamment CC'D, angle cervico-diaphysaire). Sont associées des enthésopathies au niveau de la fossette digitale et du petit trochanter, témoignant vraisemblablement d'une imposante musculature compensatrice du handicap physique.

Tombe 43 (géométrique récent : 750-700 av. J.-C.)[9]

Cet immature de 2-3 mois, de sexe indéterminable est porteur de lésions osseuses caractéristiques de rachitisme, notamment une très forte courbure des tibias (concavité excessive postérieure : Figure 4)[10]. La présence de telles lésions est rarissime chez le nourrisson, classiquement couvert pour ses besoins en vitamine D par le lait maternel... sauf lorsque la mère est elle-même carencée ou lorsque l'enfant est atteint d'une malnutrition ou sujet à une dénutrition[11]. Sans rapport avec ce rachitisme, une fracture ancienne de la clavicule droite à mi-longueur était visible (Figure 5)[12], consolidée en position anatomique. Compte tenu du très jeune âge de cet immature et de l'ancienneté de la lésion, deux origines apparaissent possibles pour ce type de lésion traumatique : principalement un accident obstétrical (manœuvre d'extraction peu délicate) ; secondairement une chute (d'une table à langer, par exemple).

Tombe 106-2 (géométrique récent : 750-700 av. J.-C.)[13]

Le squelette de cet individu adulte de sexe indéterminable âgé de 25-45 ans, a été très mal conservé. On note cependant l'existence d'une fracture ancienne de l'extrémité distale radiale droite, consolidée avec un cal en baïonnette (bien visible sur la face interne de l'os, mise à nu en raison d'altérations taphonomiques : Figures 6 et 7)[14]. Ce type de fracture est dite « de Pouteau-Colles » et caractéristique d'une chute en avant, main en hyper-flexion prête à amortir le choc.

Tombe 189 (fin du VIIIe - début du VIIe siècle av. J.-C.)[15]

Il s'agit du squelette très mal conservé d'un sujet adulte de sexe indéterminable. L'examen paléopathologique a mis en évidence une arthrose sévère du coude gauche,

---

8. Charles, 1958, p. 280.
9. Charles, 1958, p. 283.
10. Fig. 4 : vue latérale d'un tibia avec importante courbure sagittale.
11. Charlier, 2008b.
12. Fig. 5 : vue supérieure de la clavicule fracturée et consolidée.
13. Charles, 1958, p. 283.
14. Fig. 6 et 7 : vues externe et interne de l'extrémité distale radiale avec les altérations taphonomiques permettant une observation de la trame osseuse.
15. Charles, 1963, p. 50.

séquellaire d'une fracture du coude au niveau de la surface articulaire supérieure (trait de fracture encore visible sous la forme d'une large entaille dans la surface articulaire). Il n'existe pas d'anomalie sur l'ulna controlatéral. L'importance des ostéophytes sur le pourtour de la surface articulaire ulnaire est clairement indicatrice de la poursuite d'une activité motrice intense au décours du traumatisme.

Tombe 138 (VIe siècle av. J.-C.) [16]

Le squelette de ce sujet immature de sexe indéterminable, de 6 à 11 ans d'âge dentaire, a été très mal conservé et partiel. Au niveau du crâne, particulièrement gracile, une lésion post-traumatique (os d'aspect boursouflé) est identifiée sur le pariétal gauche, mesurant 3 x 4,5 cm (surface incomplète en raison d'une cassure *post-mortem*). L'os présente une épaisseur de 0,9 cm, pour une normale de 0,3 cm dans cette région anatomique pour l'âge (valeur constatée en topographie controlatérale). La table interne apparaît mamelonnée, la table externe discrètement concave et percée de plusieurs pertuis mesurant de 1 à 5 mm de diamètre. Sur la table interne, également, on note une arête osseuse correspondant à la séquelle ossifiée d'un enfoncement de 2,7 cm de long sur une hauteur de 0,7 cm (Figure 8) [17]. Au total, l'ensemble de ces lésions osseuses s'accorde avec le diagnostic d'un traumatisme crânien avec fracture de la voûte et enfoncement partiel ; la cicatrisation complète du tissu osseux indique une survie prolongée d'au moins plusieurs mois. Les petits pertuis observés peuvent correspondre soit au drainage d'un éventuel hématome intra-crânien (hématome extra-dural), soit à une ostéomyélite aiguë ou chronique, secondaire à la brèche cutanée. Dans tous les cas, s'il y a eu une infection, celle-ci était guérie à la mort du sujet puisque aucun signe d'inflammation n'était plus visible sur l'os.

Tombe 182 (époque hellénistique : IIIe - Ier siècles av. J.-C.) [18]

Cette sépulture conserve les restes de deux squelettes adultes en excellent état de conservation, dont celui d'une femme de 25 à 45 ans, mesurant 157 cm de haut, porteuse d'une fracture ancienne de la clavicule droite avec cal de consolidation à la jonction du tiers moyen et du tiers externe. Aucune autre lésion traumatique n'est visible.

Tombe 183 (époque hellénistique : IIIe - Ier siècles av. J.-C.) [19]

Ce tombeau conserve les restes d'une femme adulte de plus de 35 ans, dont la stature est estimée à 159 cm. L'étude palépathologique note l'existence d'un

---

16. Charles, 1958, p. 285.
17. Fig. 8 : vue interne des modifications osseuses intra-crâniennes (cliché Ph. Charlier).
18. Charles, 1963, p. 50-53.
19. *Ibid.*, p. 53-54.

aplatissement modéré de la tête fémorale droite consécutive à une ostéonécrose aseptique ; la tête fémorale gauche est sans anomalie structurale hormis une importante coxarthrose (liée à l'asymétrie positionnelle donc au déséquilibre articulaire ?)

De très importantes empreintes digitiformes sont visibles sur la face externe des deux ailes iliaques, toutes verticales, orientées en bas et en dehors ; la face interne des os coxaux est exempte de toute anomalie (Figure 9)[20]. La surface de lésions osseuse est lisse, d'aspect non inflammatoire. Cet ensemble lésionnel permet de poser le diagnostic d'hématome calcifié ancien consécutif à une fracture du bassin. Peut-être contemporains du même événement traumatique, de nombreux tassements vertébraux inférieurs à 5 mm de hauteur sont visibles, certains avec fusion osseuse (bloc vertébral post-traumatique : Figure 10)[21]. On note également une fracture costale ancienne isolée (de latéralité indéterminable), avec cal de consolidation et angulation séquellaire (Figure 11)[22]. À signaler, enfin, une fracture de jambe gauche ancienne caractérisée par une perte de substance tibiale gauche à mi-diaphyse, avec cal de consolidation, sans angulation, mais avec réduction de longueur de 1 cm (Figure 12)[23], et par une fracture fibulaire en regard située à un niveau légèrement supérieur.

Tombe 185a (époque hellénistique : seconde moitié du IIe siècle av. J.-C.)[24]

Les ossements de deux individus féminins sont mêlés dans la sépulture (une adulte jeune et une adulte mature de plus de 45 ans), sans être systématiquement attribuables à l'un ou l'autre de ces sujets. Des lésions traumatiques sont identifiées sur un 5e métatarsien (dont la base porte les séquelles d'une fracture ancienne avec cal de consolidation et légère angulation séquellaire) et sur la face pleurale d'une côte gauche haute (caractérisée par un petit hématome calcifié).

Tombe 188 (époque hellénistique : IIIe - Ier siècles av. J.-C.)[25]

Dans cette tombe également, les restes de deux individus sont mélangés, l'un robuste, l'autre gracile. La présence concomitante de caractères discrets chez les deux sujets pourrait indiquer un relatif degré de parenté. Au sein de cet ensemble squelettique, diverses lésions traumatiques sont observées, qui, malheureusement, n'ont pas pu être attribués à un individu plutôt qu'à un autre. Il existe ainsi une fracture du talus gauche avec enfoncement de la partie postérieure de la surface articulaire postérieure (Figure 13)[26], associée à plusieurs appositions périostées

20. Fig. 9 : fragments d'os coxaux porteurs de lésions traumatiques anciennes sur la face externe.
21. Fig. 10 : vue latérale gauche du bloc vertébral post-traumatique.
22. Fig. 11 : vue tangentielle de la côte fracturée avec le cal angulaire de consolidation.
23. Fig. 12 : vue tangentielle du tibia gauche avec le renflement médian.
24. Charles, 1963, p. 54-57.
25. *Ibid.*, p. 57.
26. Fig. 13 : vue inférieure du talus avec la fracture ancienne postérieure.

en « taches de bougies » sur la face inférieure de métatarsiens correspondant à des suffusions hémorragiques anciennes calcifiées. Par ailleurs, d'importantes exostoses sont présentes sur l'extrémité distale d'une fibula droite, lésions typiques de séquelles d'entorse grave de la cheville (Figure 14) [27].

Tombe 94 (époque romaine : Ier - IIIe siècles ap. J.-C.) [28]

Il s'agit d'un adulte masculin de plus de 45 ans, totalement édenté, dont la stature est estimée à 173 cm, porteur de déformations ostéo-articulaires fémorales et coxales caractéristiques du syndrome dit « du cavalier ». Conséquence ou non d'une chute ou d'un traumatisme en rapport avec une éventuelle pratique de l'équitation, son crâne porte encore l'empreinte d'un petit enfoncement ancien au niveau du frontal droit, de 1 cm de grand axe, mais également d'une fracture des os propres du nez avec déformation axiale séquellaire (Figure 15) [29].

Synthèse

La présentation de cas paléopathologiques disparates ne présente qu'un intérêt anecdotique. Le principal intérêt de cette juxtaposition est de poser le problème de l'accessibilité aux soins : qui avait droit à une prise en charge orthopédique ? Sous quelle forme celle-ci était-elle disponible ? Faut-il alors parler de *médecin* ? de *sapiteur* ? de *rebouteux* ? La quasi-totalité de ces cas a en effet montré des fractures très rarement infectées, non inflammatoires et guéries sans grave séquelle mécanique ou systémique (septique en particulier). Autrement dit, une détersion correcte a été la règle, c'est-à-dire un nettoyage soigneux des berges (moment essentiel pour assurer une parfaite guérison). Au décours de la réduction, la contention (ou l'immobilisation), c'est-à-dire l'un des principes mêmes de l'orthopédie, s'est bien souvent révélée excellente : bien peu d'angulations séquellaires étaient visibles, la consolidation se faisant fréquemment en position anatomique ou juxta-anatomique. Une telle évolution ne fut pas spontanée et a nécessité une prise en charge médico-chirurgicale en bonne et due forme : spontanément, en effet, sous l'action de contractions musculaires et de lois physiques (pesanteur, déformation volumétrique, compression, etc.), une telle consolidation n'aurait jamais été le cas. Il n'est pas superfétatoire d'affirmer que des complications diverses seraient survenues sans intervention humaine, à type de chevauchement osseux (baïonnette), d'angulation, de pseudarthrose, etc. Autant d'arguments, donc, en faveur de soins adaptés.

Qui donc a soigné ? Si la réponse apparaît facile pour les époques « récentes » (archaïque, classique, hellénistique et romaine), vraisemblablement un individu du corps médical, aucune réponse fiable n'est possible pour les périodes antérieures

27. Fig. 14 : vue interne de l'extrémité distale de la *fibula* droite.
28. Charles, 1958, p. 290-291.
29. Fig. 15 : fracture ancienne des os propres du nez.

(proto-géométrique et géométrique ancien). Si le paléopathologiste peut mettre en évidence des traces d'actions anthropiques réalisées *intra-vitam* dans les suites de traumatismes ostéo-articulaires, déterminer la main agissante est hors de son domaine de compétence.

Bibliographie

Charles R.P., « Étude anthropologique des nécropoles d'Argos. Contribution à l'étude des populations de la Grèce Antique », *Bull. Correspondance Hellénique*, 82 (1958), p. 268-311.

Id., *Étude anthropologique des nécropoles d'Argos, Contribution à l'étude des populations de la Grèce Antique (École Française d'Athènes, Études Péloponnésiennes III)*, Paris : Librairie Philosophique Vrin, 1963.

Charlier Philippe, « Bilan d'une année de recherches paléopathologiques », *Lettre d'information du Centre Jean Palerne*, 3 (2004), (N.S.), p. 6-16.

Id., « Bilan d'une année de recherches paléopathologiques (2) », *Lettre d'information du Centre Jean Palerne*, 4 (2005), (N.S.), p. 53-63.

Id., « The Greek anthropology as a *cheval de bataille*. The fight of French and American Archaeological School for the anthropological study of Greek skeletons (1943-1985) », *European Review of History*, 13 (2006), p. 643-660. [2006a]

Id., « Bilan d'une année de recherches paléopathologiques (3) », *Lettre d'information du Centre Jean Palerne*, 5 (2006), (N.S.), p. 32-44. [2006b]

Id., « Aspects anthropologiques et paléopathologiques de la malnutrition à Argos (HA, HM) », dans Mee C., Renard J. (dir.), *Cooking up the past. Food and culinary practices in the Neolithic and Bronze Age Aegean*. Oxford : Oxbow Books, 2007, p. 297-312.

Id., « La chirurgie orthopédique à Argos (Grèce). Succès et échecs d'après les cas paléopathologiques », dans Charlier Ph. (dir.), *Ostéo-archéologie et techniques médico-légales : tendances et perspectives. Pour un 'Manuel pratique de paléopathologie humaine'*, Paris : De Boccard, 2008, p. 301-307. [2008a]

Id., « Les lésions de stress et carentielles. Analyse critique et réévaluation », dans Charlier Ph. (dir.), *op. cit. supra*, 2008 , p. 437-448. [2008b]

Grmek M., *Les maladies à l'aube de la civilisation occidentale*, Paris : Payot, 1983.

Figure 1

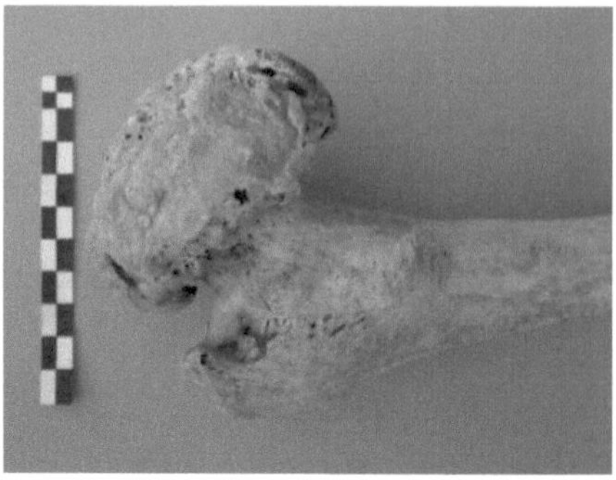

Figure 2

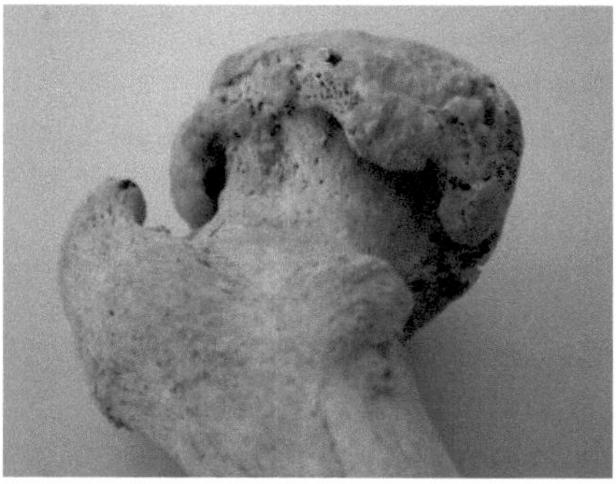

Figure 3

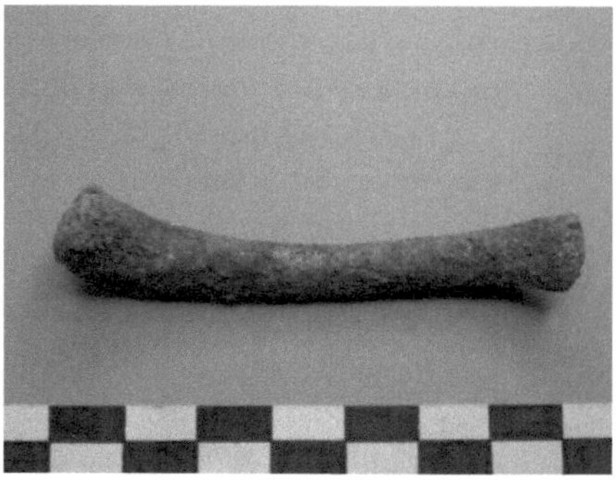

Figure 4

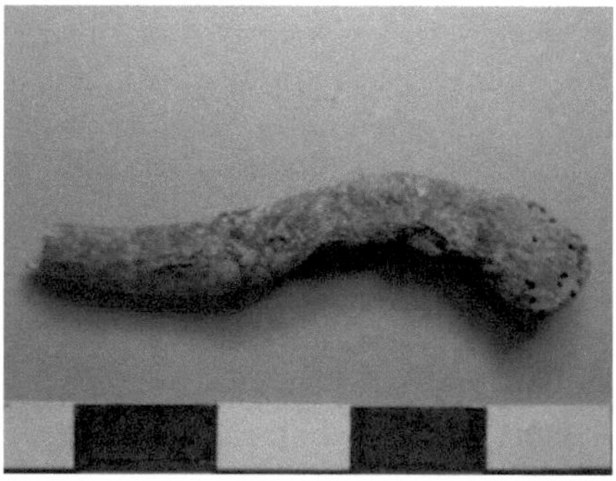

Figure 5

Figure 6

Figure 7

Figure 8

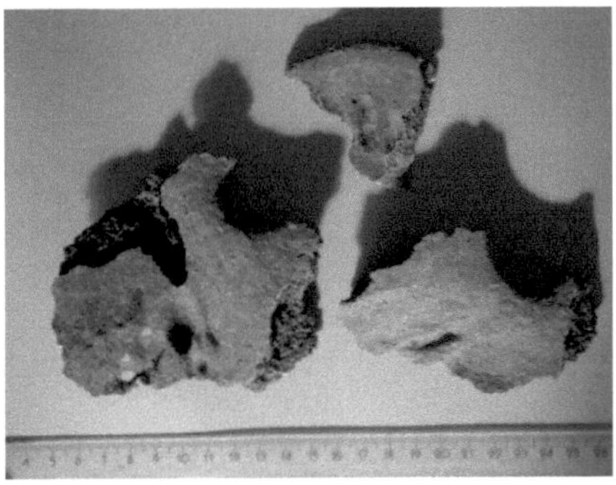

Figure 9

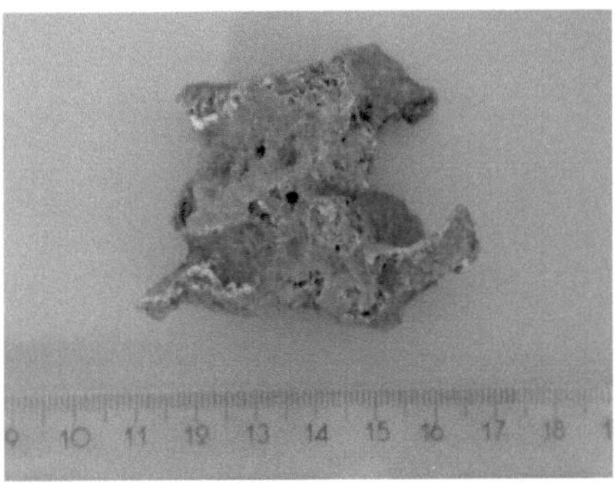

Figure 10

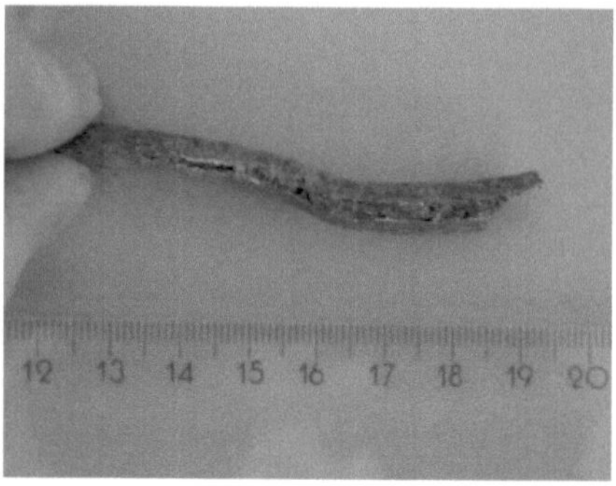

Figure 11

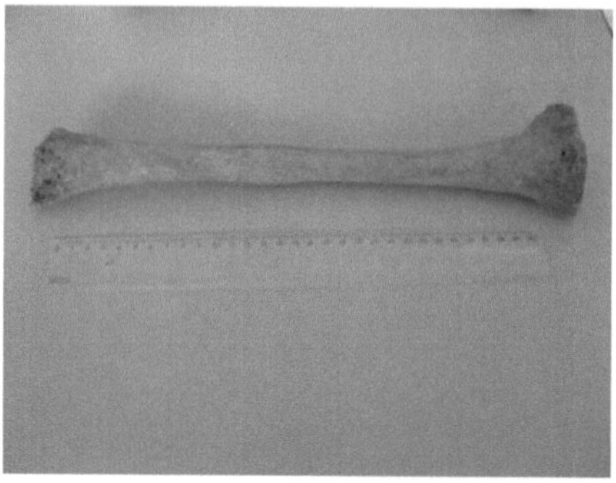

Figure 12

Figure 13

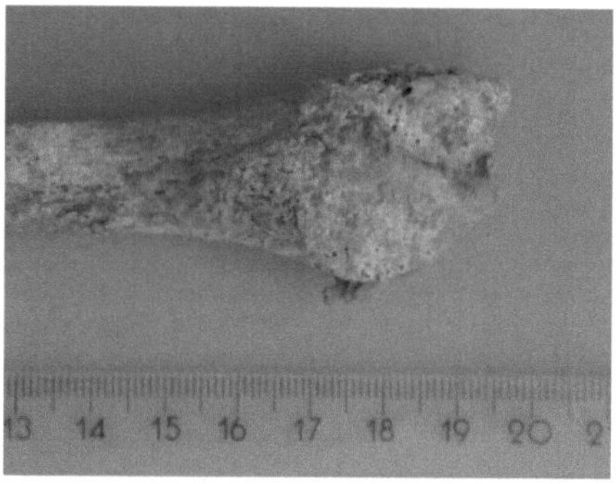

Figure 14

Figure 15

MONDES MÉDIÉVAUX

Pistes pour une étude sociologique des anomalies physiques acquises ou congénitales aux premiers siècles de l'Islam

Joëlle RICORDEL
(UMR 7062)

وكل أقرع أو أحدب أو أعور أو أعمى سواء بعين أو بعينين فلا تتخذه
صاحبا فقد نهت العلماء عن صحبتك ومعاشرت

« Tout individu teigneux, bossu, borgne, aveugle, d'un œil ou des deux yeux, n'en fais pas ton compagnon car les sages déconseillent sa fréquentation et son commerce ».

Ce conseil peu engageant se trouve sous la plume de Masîḥ al-Dimashqî (IXe siècle), médecin du calife Harûn al-Rashîd. Il figure dans le recueil intitulé *Al-risâla al-harûniyya*[1], qualifié de *kâfîya* c'est-à-dire de suffisant, dans lequel tout ce qui touche à la santé est abordé et qui s'achève par des considérations sur la physiognomonie en établissant une classification des hommes selon leurs caractères physiques.

Cette considération suffirait-elle à nous laisser penser que, dans le monde islamique des premiers siècles, le sort des infirmes était fort peu enviable et que les médecins eux-mêmes refusaient leurs soins à cette classe de la population ?

Certaines pages de la littérature des Belles Lettres, *adab*, nous invitent à penser différemment. Les « malins » qui s'y trouvent jouer le rôle principal, n'hésitent pas à revêtir l'habit de mendiant et à faire valoir une fausse infirmité pour demander des subsides à un cercle d'auditeurs à l'image du simulateur qu'évoque Al-Ḥarîrî dans la « Séance de Taflis »[2] :

---

1. *La Risâla al-Hârûniyya de Masîḥ b. Ḥakam al-Dimašqî,* ed. et tr. S. Gigandet, Damas : Institut français d'Études Arabes de Damas, 2002, p. 430-431.

2. Al-Qâsim al-Harirî, *Le livre des malins : séances d'un vagabond de génie* (tr. R. Khawam), Paris : Phébus, 1992, p. 306.

« Or un jour, il m'advint de prier avec un groupe d'indigents. La prière terminée, nous prîmes nos dispositions afin d'aller vaquer à nos affaires, quand survint un vieillard atteint de paralysie qui lui avait tordu la bouche… » et, en peu de temps, faisant appel à l'aide publique, ce faux paralytique verra son sac se remplir d'espèces sonnantes et trébuchantes.

Il faut donc s'interroger. La société islamique soutenait-elle financièrement les indigents et les malheureux atteints d'une infirmité ou d'une maladie invalidante au point qu'il soit d'un intérêt certain d'en paraître atteint ?

Peu d'études spécifiques ont jusqu'alors été menées sur la façon dont cette société assumait ce que nous désignons de façon moderne par le terme « handicap »[3]. La difficulté à laquelle est confronté le chercheur réside essentiellement dans le fait que les informations recherchées sont à extraire d'un ensemble de sources diverses dans lesquelles elles sont éparpillées et ne constituent qu'un sujet mineur, parfois sans rapport avec le thème principal. Cette question n'étant abordée que succinctement dans le cadre de ce colloque, quelques pistes pour une étude de certains cas relatés dans des sources variées seront simplement proposées.

Parler des estropiés et des infirmes implique d'abord de connaître le vocabulaire servant à les désigner et, une fois cerné le champ lexical et s'agissant de traiter de la possibilité d'une prise en charge, d'examiner les moyens à disposition de la société pour y faire face. Il convient, enfin, de considérer certains groupes porteurs d'atteintes physiques et à travers des exemples pris dans diverses sources, de noter les réponses sociales apportées à leurs souffrances.

Lexique de l'infirmité

La langue arabe dispose très tôt d'un vocabulaire précis pour définir différentes atteintes physiques. Dans le Coran, l'aveugle (*al-a`mâ*) et le boiteux (*al-a`ra<u>dj</u>*), associés au malade et faible (*marîḍ*), sont dispensés de certaines obligations et pardonnés lors de certains manquements[4]. Mot également coranique, *`a<u>dj</u>ûz* désigne les faibles et les vieillards. Parmi les différents sens de la racine *`.<u>dj</u>.z.* (عجز) se trouve celui d'être faible, débile, infirme, impuissant à faire quelque chose. La deuxième forme verbale *`a<u>djdj</u>aza* (عجّز) peut signifier estropier, paralyser. La notion d'invalidité est exprimée par la combinaison du substantif *`â<u>dj</u>iz* (invalide) avec des mots désignant la partie du corps atteinte, ainsi pour le manchot amputé soit d'une main soit d'un bras on

3. On peut consulter : *Monstre et imaginaire social ; approches historiques*, A. Caiozzo, A. E. Demartini (dir.), Paris : CREAPHIS, 2008 ; A. Sabra, *Poverty and charity in medieval Islam. Mamluk Egypt, 1250-1517*, Cambridge : Cambridge University Press, 2000.

4. *Coran* : Sourate XLVIII La victoire, 17 ; Sourate XXIV La lumière, 61.

emploiera l'expression *`âdjiz bi-yad* ou *`âdjiz bi-dhirâ`* (عاجز بيد، عاجز بذراع)[5].

Le vocabulaire est enrichi : *al-muḳ`ad* (المقعد) est celui qui est affligé de la maladie *iḳ`âd* (إقعاد), affection ou infirmité qui force à être toujours assis ; le malade est boiteux mais aussi perclus, impotent de tout ou d'une partie du corps[6].

Une autre maladie chronique des mains et des pieds est *al-kusâḥ* ; celui qui en est atteint, *al-kasîḥ*, est perclus des membres, paralytique, boiteux. L'emploi du verbe *kasiḥa* et de ses dérivés est attesté par le dictionnaire de la langue, *Lisân al-`arab*[7] et a été conservé dans la tradition populaire[8].

Cette recherche lexicale dans le Coran et les dictionnaires médiévaux pourrait encore être prolongée, mais les exemples précédents montrent qu'à l'évidence un vocabulaire spécifiquement relié à l'infirmité a existé de façon précoce en arabe. Cependant, celui-ci n'apparaît que rarement dans les sources permettant de juger des conditions de vie des infirmes sauf dans des cas précis exposés ci-après. Il faut dès lors penser à une formulation plus générale englobant tous types d'infirmes et d'estropiés. L'infirmité et la maladie invalidante conduisent à la pauvreté pour peu qu'elles empêchent l'exercice d'un métier procurant les revenus nécessaires à la vie. La population atteinte rejoint alors la masse des malheureux et des nécessiteux dits en arabe principalement : *faḳîr* (pl. *fuḳarâ'*) et *miskîn* (pl. *masâkîn*, *miskînûn*).

Étymologiquement, *faḳîr* (*fuḳarâ'*) signifie, dans l'un de ses premiers sens, « celui dont l'épine dorsale est cassée »[9]. Il provient de la racine *f.ḳ.r.* qui peut signifier « briser les vertèbres du dos à quelqu'un », de là : « accabler et briser quelqu'un »[10] en parlant d'un malheur. *Faḳîr* est mentionné douze fois dans le Coran, au singulier ou au pluriel et parfois avec *miskîn*, encore plus fréquent puisqu'on l'y rencontre vingt-trois fois.

Miskîn[11] vient du émitique ancien et désigne une classe intermédiaire entre citoyen à part entière et esclave. Il passe à l'arabe à partir de l'araméen avec le sens de « pauvre, indigent ». Il figure dans la liste des classes d'individus que les musulmans ont le devoir d'assister.

---

5. *Supplément aux dictionnaires arabes* (ed. originale de R. Dozy, Leyde : E. J. Brill, 1881), Beyrouth : Librairie du Liban, 1991, tome II, p. 97.

6. *Ibid.*, II, 389 : Dozy cite le pharmacologue Ibn al-Baytâr expliquant Al-Idrîsî : *muḳ`ad* prend le sens d'atteinte chronique.

7. Ibn Manẓûr, *Lisân al-'arab*, 15 volumes, Beyrouth, 1955-1956.

8. Un proverbe peut attester de cet emploi : لا تعرج عند المكسحين (lâ ta`aradju a`ind al-mukasiḥîn) : il ne faut pas claudiquer en présence de ceux qui sont atteints de *kusâḥ*, autrement dit : « ne pas chercher à finasser avec plus fin que soi ».

9. *Encyclopédie de l'Islam* [*EI*], Comité de rédaction : H. A. R. Gibb, J. H. Kramers, E. Levi-Povençal, J. Schacht, Nouvelle Édition Leyde : E. J. Brill, Paris : Maisonneuve, 1960, II, p. 776.

10. *Dictionnaire Kazirmiski*, Beyrouth : Librairie du Liban, Paris : Maisonneuve et Cie, 1860, II, p. 619.

11. *EI*, VII, p. 146-47.

Faḳîr et *miskîn* (*fuḳarâ 'wa masâkîn*) sont souvent associés dans une même expression ce qui sous-entend une différence de sens entre les deux mots. Cette simultanéité d'emploi peut en effet impliquer que les besoins des nécessiteux désignés par ces termes ont des causes diverses, mais lesquelles ?

Les juristes ont donné leurs interprétations, dont le dictionnaire de la langue, *Lisân al-`arab*, a gardé la trace. Selon al-Shâfi`î (767-820), *faḳîr* désigne celui qui ne possède rien en propre et n'exerce aucune profession tandis que *miskîn* est celui qui possède quelque chose en propre bien que cela ne suffise pas à assurer sa subsistance. Abû Ḥanîfa (699-767) soutient une opinion opposée. Enfin, Ibn `arabî (mort en 845) renvoie dos à dos les deux thèses en indiquant que les deux termes sont interchangeables. Ces débats n'apportent pas l'éclaircissement souhaité quant aux personnes concernées par ces qualifications. On ne pourra donc qu'émettre l'hypothèse qu'une grande partie des infirmes et malades incurables ne se distinguent pas de la masse des pauvres et des nécessiteux, *al-fuḳarâ 'wa al-masâkîn,* qui ont droit à l'aide commune, tandis qu'une minorité d'entre eux en sera distinguée, constituant des groupes à propos desquels il convient de légiférer pour des raisons religieuses, des questions de pureté ou d'impureté ou si les malformations présentées posent un problème particulier à la société.

L'aveugle, le boiteux, le manchot, le paralytique entrent dans des catégories bien reconnues d'infirmes et d'estropiés, mais que dire, par exemple, des individus souffrant de malformations congénitales ou de maladies invalidantes et déformantes ? Comment ces individus sont-ils perçus par leur entourage, quelles questions soulèvent leur « handicap » et quelles solutions y apporte-t-on ? Les siamois, les lépreux et les hermaphrodites serviront d'exemples à cette étude, sachant que la notion d'infirmité ou d'invalidité d'alors ne peut se confondre avec celle d'aujourd'hui.

Les siamois

Ils font partie non pas des monstres comme on les désigne volontiers en Occident chrétien, mais des hommes ou des races étranges : *Insân al-`adjiba* ou *Nâs al-`adjiba.* Ils apparaissent dans des récits anecdotiques ou dans la littérature des Merveilles. Celle-ci atteint des sommets, au XIIIe siècle, sous le règne d'Hulagu, petit-fils de Gengis Khân. Le grand cadi de Bagdad et cosmographe, Al-Ḳazwînî, écrit *Les Merveilles des choses créées et les curiosités des choses existantes* (*`adjâ'ib al-makhlûḳât wa ghrâ'ib al-mawdjûdât*) dont le succès à travers diverses traductions est patent. Dans les chapitres consacrés aux terres habitées, l'auteur décrit un grand nombre d'êtres ou d'animaux plus ou moins fantastiques et irréels. La description des difformités a sans doute un but éducatif : ceux qui en sont atteints valorisent l'univers islamique, *dâr al-islâm,* puisqu'ils vivent sous des climats extérieurs au sien, à sa périphérie. Ressentis comme le fruit de la punition divine, ils sont aussi un avertissement pour ceux qui voudraient vivre dans le péché.

Parmi les géants, les nains, les personnages hybrides moitié homme-moitié animal, ou autres cas étranges, on rencontre des êtres doubles ou multiples. Divers récits parlent de certains êtres doubles présentés à la cour des princes comme curiosités et d'autres qui semblent vivre dans la cité. Ainsi, un récit du Xe siècle rapporte que deux frères siamois avaient été conduits à la cour du prince de Mossoul en 912 [12], tandis qu'une anecdote est attribuée à al-Shâfi`î qui aurait dit avoir rencontré au Yémen « une femme qui des pieds au bassin avait un corps normal de femme mais qui au lieu d'avoir un seul tronc en avait deux distincts avec quatre mains, deux têtes et deux visages ». Et al-Shâfi`î d'ajouter : « J'ai eu connaissance que les deux moitiés se disputaient, se donnaient des coups et se réconciliaient » ; et lorsque l'un des deux corps mourut, « j'ai eu vent que le corps resté vivant a continué d'aller et venir dans les souks ». Dans une version plus tardive de cette même anecdote, sans doute forgée de toutes pièces, il est dit qu'al-Shâfi`î aurait contracté mariage avec les deux siamoises [13]. Pour imaginaires et merveilleux qu'ils soient, ces récits ont pour intérêt de montrer que ces êtres atteints de malformation peuvent vivre dans la cité sans en être rejetés.

Les lépreux : *marḍâ, madjdhûm*

Selon certains *ḥadith*,, le Prophète refusait l'idée de contagion, la maladie venant de Dieu, selon d'autres, il recommandait au musulman de fuir le lépreux. Les traditions juridico-religieuses divergent et servent de base à des interprétations sociales différentes de la maladie. C'est pourquoi les attitudes envers les lépreux changent selon les rites, les époques et les régions. Ces malades jouissent parfois d'une totale liberté d'action ou sont parfois contraints de vivre dans des léproseries. À un stade avancé de la maladie, les lésions qui atteignent le lépreux permettent de l'intégrer à cette étude. Mais dès avant cet état final, son statut est particulier car sa maladie incurable se révèle être une source de problèmes pour la communauté musulmane. Il est considéré comme un malade impur. Il transmet une impureté aux personnes, objets et aliments avec lesquels il est en contact. L'espace pur de la mosquée, le hammam et le commerce des liquides, des aliments et des fromages lui sont interdits [14]. On applique aux lépreux le terme de *marḍâ*, employé aussi pour des personnes atteintes de maladies déformantes ou de certaines dermatoses

---

12. H. Touati, *Islam et voyage au Moyen Âge. Histoire et anthropologie d'une pratique lettrée*, Paris : Le Seuil, 2000, Collection L'univers historique, p. 271.
13. *Ibid.*, p. 270.
14. E. Lévi-Provençal, *Séville musulmane au début du XIIe siècle. Le traité d'Ibn `abdûn sur la vie urbaine et les corps de métier*, Paris : Maisonneuve et Larose, 2001, p. 112, art. 164 : « On ne doit pas vendre de manteau ayant appartenu à un lépreux (*mard_â*), à un juif ou à un chrétien, à moins qu'on en fasse connaître l'origine... On ne doit pas prendre de pâte comme salaire de cuisson du pain d'un lépreux. On n'achètera ni œufs, ni poulets, ni lait, ni toute autre denrée à des lépreux, qui en feront le commerce entre eux seulement ».

lourdes (*vitiligo*). Ces affections également déclarées impures privent le malade de la possibilité d'exercer un travail donc de subvenir à ses besoins. Des documents attestent de la création de structures destinées à l'hébergement des lépreux, de leur statut social et de leur prise en charge par la communauté valide.

L'hermaphrodite : *al-khunthâ*

La religion oblige à légiférer à propos des catégories de la population qui s'écartent du modèle. Si on statue sur les lépreux « contaminants », on légifère aussi sur la place de l'hermaphrodite dans la société. En effet, l'ordre divin présuppose une stricte séparation des sexes. L'hermaphrodite est considéré comme une aberration temporaire de la nature, sa sexualité étant cachée. Les juristes musulmans s'appliquent à établir le sexe caché car l'appartenance à un sexe défini est centrale dans des questions de pureté rituelle, de pèlerinage, de droit successoral et de droit pénal. Selon les juristes, deux cas se présentent. Dans le premier, on pourra, dès la naissance et en attendant la manifestation d'autres signes probants, par exemple à la puberté, distinguer les deux sexes grâce à l'appareil urinaire. Les juristes considèrent que l'appareil urinaire par lequel s'est faite la première miction détermine le sexe prédominant de l'hermaphrodite.

Le second cas est celui des situations ambiguës qui empêchent l'attribution d'un sexe. L'hermaphrodite est alors soumis à des règles strictes parmi lesquelles celles qui ont trait :

– à sa place lors de la prière : l'hermaphrodite se situera derrière le rang des hommes mais devant le rang des femmes ;

– à la circoncision : la reconnaissance du sexe restant hésitante, la circoncision ne peut être faite ni par un homme, ni par une femme car un homme ne peut porter le regard sur les parties génitales d'une femme qui n'est pas la sienne. Dans ce cas, la circoncision sera pratiquée par l'intermédiaire d'une esclave. Celle-ci, en tant que concubine, pourra poser les yeux sur les parties génitales de l'hermaphrodite supposé de sexe masculin, de même que sur celles d'un hermaphrodite supposé de sexe féminin puisqu'il n'y a pas de problème entre femmes ;

– au choix des vêtements lors du pèlerinage : ceux-ci doivent être sans couture pour les hommes et cousus pour la femme. La solution en cas de doute est que la décence exige que l'hermaphrodite porte les vêtements cousus des femmes ;

– au droit successoral : si le sexe de l'hermaphrodite est incertain celui-ci reçoit la part d'héritage que recevrait une fille, si avec le temps la masculinité s'affirme, l'hermaphrodite recevra alors le complément de sa part d'héritage [15].

---

15. M. H. Benkheira, « Homme ou femme ? Les juristes musulmans face à l'hermaphrodisme » in *Monstre et imaginaire social, approches historiques*, A. Caiozzo, A. E. Demartini (dir.), Paris : CREAPHIS, 2008, p. 163-185.

Les formes de la prise en charge

Que nous soyons dans le cas des individus infirmes ou estropiés inclus dans la masse des *fuḳarâ' wa al-masâkîn* ou dans les cas différenciés comme ceux qui viennent d'être pris pour exemple, la société musulmane des premiers siècles de l'Islam va s'attacher à apporter un soutien et une aide visant à améliorer les conditions de vie des catégories sociales concernées. L'attitude de cette société face à ses nécessiteux est dans le respect de la loi coranique. Dans de nombreux versets, le Coran impose le respect et le soutien des déshérités, invite le croyant à distribuer une partie de ses biens [16] et codifie la répartition de l'aumône à sept catégories d'ayants droit parmi lesquels les *fuḳarâ' wa* et les *masâkîn* occupent la première place [17]. Découle du Coran l'exécution de la loi qu'il édicte, le pouvoir politique étant chargé de la faire appliquer.

C'est ainsi que la charité s'organise autour de deux catégories de pratiques institutionnelles : l'aumône, elle-même différenciée en aumône légale (*zaqât*) et aumône volontaire (*ṣadaḳa*), et les fondations pieuses (*waḳf*, plur. *awḳâf* également nommées *ḥabs, ḥubus* ou *ḥubs* plur. a*ḥbâs*).

Zaqât [18] est l'obligation imposée aux musulmans de verser une certaine proportion de leurs biens légaux au bénéfice des pauvres et d'autres groupes sociaux prédéterminés. Selon les sources musulmanes, le recouvrement de cette contribution était déjà en vigueur du vivant du Prophète. Les pauvres ne sont théoriquement pas tenus de confirmer leur statut social par un serment ou par des témoins mais étant donné la nature de la *zaqât*, la loi impose qu'un minimum de preuve soit apporté. À certaines époques et selon les lieux, les ayants droit ont dû justifier leur état par des certificats. On peut ainsi déduire de la lecture du manuel du magistrat (*al-muḥtasib*) chargé de la surveillance des corps de métiers et de la répression des fraudes principalement sur les marchés, Ibn `abdûn, qu'à Séville, au XIIe siècle, s'établissaient des certificats d'indigence. L'article dix-sept sur les actes notariés (*wathîḳa* plur. *wathâ'iḳ*) précise : « il est nécessaire d'interdire désormais la rédaction des certificats d'indigence, car cette pratique donne lieu à nombre d'erreurs de toutes sortes et occasionne aux gens des dépenses en pure perte : on ne les tolèrera que s'ils concernent des gens dont l'incapacité physique, l'indigence, le dénuement et la détresse matérielle auront été reconnus… » [19].

Ṣadaḳa [20] désigne l'aumône volontaire ou de spontanéité. Elle est souvent destinée aux pauvres. La mendicité est prohibée par la loi sauf dans le cas de nécessité criante. Les pauvres sont invités à accepter leur sort et cette contribution

16. *Coran* XCIII, 10 ; LI,19 ; LXX, 24-25.
17. *Coran* IX, 60.
18. *EI*, t. XI, p. 441-457.
19. E. Lévi-Provençal, *Séville musulmane…*, p. 28.
20. *EI*, t. IX, p. 729-736.

volontaire trouve en cela sa justification. Le donateur, quant à lui, se voit promettre une récompense céleste qui est « largement multiple de ce qu'il a donné, de dix fois pour la *ṣadaḳa* donnée à une personne en bonne santé, quatre-vingt-dix fois pour une personne aveugle ou handicapée… »[21].

Waḳf[22]

En dehors de l'aumône légale, les revenus rapportés par les fondations pieuses assurent la prise en charge des nécessiteux. On désigne par *waḳf* d'abord, l'acte de fondation d'une institution charitable puis, l'institution elle-même. Les conditions de fondation du *waḳf* touchant au donateur, aux bénéficiaires, à son objet, à son administration… varient selon les écoles juridiques, les régions et les époques. Généralement, lors de la donation de ces biens de mainmorte, le propriétaire se dessaisit de son vivant de l'usufruit des biens immobiliers ou mobiliers au profit immédiat ou lointain des pauvres et des œuvres pies qui sont souvent les bénéficiaires privilégiés. Les actes rédigés permettent d'apprécier avec justesse l'objet du legs, les destinataires et le mode d'administration du bien. En Égypte, le document le plus ancien date de 919. Il authentifie la fondation d'un *waḳf* caritatif constitué par un étang et des vergers dont une partie des revenus est destinée à l'achat de nourriture pour les pauvres[23]. Dans Al-Andalus, où l'on emploie de préférence le terme de *ḥubs*, la fondation charitable d'un quartier des lépreux situé de l'autre côté du fleuve à Cordoue, dès le début du IXe siècle, est ainsi attestée[24].

La majorité des fondations pieuses de caractère public ont pour objet des biens immeubles. Certains sont affectés à la construction et à l'entretien des hôpitaux ou de maisons destinées à recevoir des catégories sociales déterminées. L'hôpital musulman répond à plusieurs objectifs, entre autres à celui d'être une « maison de retraite » administrant les soins nécessaires à la vie des personnes âgées et des infirmes n'ayant pas de famille pour s'occuper d'eux. S'agissant d'une institution hospitalière, l'acte de fondation du bien de mainmorte (*ḥubs*) stipule qu'elle a vocation à soutenir les aveugles, les lépreux, les mutilés et les manchots[25].

Les califes, émirs et gouverneurs s'attachent à fonder de tels établissements, leur soutien aux malades et nécessiteux est souvent relaté dans leurs biographies, comme

---

21. *Ibid.*, p. 735.
22. *Ibid.*, t. XI, p. 65-95.
23. *Ibid.*, p. 70.
24. *Ibid.*, p. 84. A. Arjona Castro, *Historia de Córdoba durante el emirato omeya. Desarrollo urbano de Córdoba desde la conquista hasta el califato.* Vol I : *De la conquista al final del emirato omeya (711-929)*, Córdoba : Real Academia de Ciencias, Bellas Letras y Nobles Artes de Córdoba, 2001, p. 110-114.
25. F. Franco Sánchez, « La asistencia al enfermo en Al-Andalus. Los hospitales hispano-musulmanes », in *La medicina en Al-Andalus*, Granada : Fundación El legado andalusí, Junta de Andalucia, 1999, p. 135-171.

on peut le lire dans un ouvrage retraçant l'histoire du Maghreb, *Rawd al-ḳirṭas*, à propos du calife almohade Abû Yûsuf Ya`ḳûb (1184-1199) : « il aimait à soulager les pauvres et les nécessiteux...il fit construire des hôpitaux pour les malades et les fous... le tout aux frais de *bayt al-mâl*. Il en fit autant pour les lépreux, pour les aveugles... »[26].

L'acte de constitution du *waḳf* (1281) pour la fondation de l'Hôpital al-Manṣûrî du Caire par le sultan Kalaoun (1279-1290) est extrêmement détaillé. Quelques-unes des injonctions qui y figurent concernent les pauvres, les nécessiteux et certains infirmes comme le montrent les extraits ci-après :

> l. 47-48 : « Bienheureux celui qui aide le musulman pauvre à guérir ses maux et à soigner sa faiblesse. »
>
> l. 301...302 : « Les remèdes affectés aux soins des malades seront distribués ... aux aveugles et à ceux qui voient, aux inconnus et aux distingués, aux réputés et aux obscurs, aux élevés et aux méprisés, aux luxueux et aux miséreux... »
>
> l. 350 : « La priorité sera accordée aux plus nécessiteux parmi les malades, les malheureux, les faibles, les gens sans soutien, les pauvres et les miséreux. »
>
> l. 406 : « Et s'il est un jour impossible d'affecter les revenus de ce *waḳf* aux buts précités ou à une partie de ces buts, ils seront distribués aux pauvres et aux indigents musulmans dans n'importe quel lieu où ils se trouvent. »[27].

Dans la cité musulmane des premiers siècles, la gestion des impôts et des biens dont les revenus sont destinés « à l'aide sociale » est dévolue aux magistrats.

Le cadi[28] joue en la matière un rôle prépondérant. Outre ses fonctions judiciaires[29], il gère les dépenses des œuvres d'utilité publique parmi lesquelles figurent les secours distribués aux indigents. Son rôle social (protection des faibles, autorité morale, enseignement), politique et diplomatique font de lui un personnage de premier plan dans la société. *Al-muḥtasib* Ibn `abdûn indique dans son manuel[30] que « de la compétence de ce magistrat relèvent la tutelle des incapables, l'exécution des dispositions testamentaires, la gestion des biens de mainmorte ». Selon le vœu du

---

26. Ibn Abî Zar', *Kitāb al-ānīs al-muṭrib bi-rawḍ al-ḳirṭās fī ākhbār mulūk al-maghrib wa tārīkh madīna Fās*, tr. A. Beaumier, in *Roudh al-kartas ; Histoire des souverains du Maghreb et Annales de la ville de Fès,* Paris : Imprimerie impériale, 1860, p. 426.
27. A. Issa Bey, *Histoire des* bimâristân *(Hôpitaux) à l'époque islamique*, Le Caire : Imprimerie Paul Barbey, 1928, p. 62-69.
28. E. Levi-Provençal, *Histoire de l'Espagne musulmane ; Le siècle du califat de Cordoue*, T. III, Paris : Maisonneuve & Larose, 1950-1953, p. 132-134 ; J.P. Van Staëvel, « Institution judiciaire et production de la norme en al-Andalus aux IXe et Xe siècles », in Geal F. (ed.), *Regards sur Al-Andalus (VIIIe-XVe siècles)*, Madrid : Collection de la Casa de Velàsquez (94), 2006, p. 47-80.
29. Il est le juge ordinaire du droit commun mais son domaine de compétence dépasse la simple question du règlement de litige entre justiciables pour s'exercer dans d'autres domaines.
30. Le rôle du cadi dans Al-Andalus constitue la base du manuel du *muhṭasib* qui se considère comme « le porte-parole du cadi, son chambellan et son lieutenant », cf. E. Lévi-Provençal, *Séville musulmane...*

donateur, les revenus des fondations pieuses, terres, propriétés, moulins, boutiques sont administrés par le trésor de la communauté, *bayt al-mâl*[31] et sont exclusivement régis par le cadi. « Le trésor des fondations pieuses doit se trouver dans la mosquée-cathédrale, bien surveillé et bien clos ; ses clefs seront chez le cadi »[32].

Après avoir identifié certaines catégories d'infirmes ou de malades incurables dans l'incapacité physique de subvenir à leurs besoins ou empêchés d'y pourvoir par respect des règles sociales et religieuses qui pèsent sur eux et, après avoir décrit les différentes formes d'aide matérielle destinée à les soutenir, il semble nécessaire de chercher à savoir, par des exemples pris dans diverses sources, si la législation a été suivie d'effets.

Les sources explorées

De prime abord, cette question de l'infirmité, et la façon dont on la pensait dans le monde islamique des premiers siècles, paraît concerner le monde médical.

La maladie est d'abord considérée comme un état passager de durée plus ou moins longue. Lorsqu'elle devient chronique et atteint les facultés physiques d'un individu le contraignant à supporter sa vie durant une incapacité, elle change de statut et doit alors être prise en compte non seulement sur le plan médical mais également sur le plan social. Qu'en disent les médecins de l'époque ? Sont-ils concernés par les infirmités de leurs patients ? Les atteintes corporelles, paralysies, cécité, fractures, lésions lépromateuses ne sont pas délaissées sur le plan des soins, bien au contraire, mais n'entraînent pas de réflexion sur le handicap lui-même. Du Xe au XIIe siècle, de grands médecins, comme Ibn Sînâ (Avicenne), Al-Zahrâwî (Albucasis), ou Ibn Zuhr (Avenzoar), ont décrit nombre d'affections portant atteinte à l'intégrité des malades. Pour ne prendre qu'un seul exemple, Al-Zahrâwî, dans son célèbre ouvrage de chirurgie[33], décrit maintes opérations et parmi elles des amputations. Il n'omet pas de mentionner les cas où il faut s'abstenir d'opérer, les instruments à utiliser, le mode opératoire lui-même et les soins à apporter jusqu'à la guérison du moignon. Il décrit également des cas d'hermaphrodisme et, lorsque c'est possible, la manière d'exciser les chairs « exubérantes ». À l'hôpital, un secteur particulier est associé à la salle de chirurgie et le chirurgien en chef a la charge d'encadrer les rebouteux (*mudjabirûn*)[34]. Les blessés sont assurés d'une

31. E. Levi-Provençal, *Histoire de l'Espagne musulmane*..., T. III, p. 132-133.
32. *Ibid.*, p. 48, article 37.
33. Le livre de chirurgie d'Al-Zahrâwî constitue le livre 30 de son ouvrage général sur la médecine *kitâb al-tasrîf li man `adjiza `an al-ta'âlif.*
34. Ibn Abî Uṣaybi`a, *Kitâb `uyûn al-anbâ' fî ṭabaḳât al-aṭibbâ',* Le Caire : Ed. A. Muller, 1882, 2 vol. (nouvelle éd. corrigée 1884, repr. Beyrouth : Dâr al-fikr, 1955-56, I, p. 310.

prise en charge s'ils ont la chance de pouvoir y être transportés. L'orthopédie est pratiquée en fabriquant des prothèses en os de bœuf, mais aussi pour appareiller les infirmes, comme certaines représentations dans le monde chrétien le laissent penser[35]. Cependant, y compris dans les livres d'éthique, le devenir des estropiés n'est pas évoqué dans les ouvrages de médecine, ce qui n'implique pas que les malades pauvres ou indigents ne préoccupent pas les médecins. Ceux-ci rédigent pour eux des pharmacopées, mais les recettes proposées visent simplement à réduire le coût du traitement, les préparations n'étant faites que de médicaments bon marché et à la portée de tous.

Pour envisager le sort de l'estropié, il importe donc de se tourner vers d'autres sources. Les récits historiques, les biographies du Prophète et de ses compagnons (*sîra*), les monographies consacrées à un pays, une ville, une dynastie ou à un grand personnage, apportent des témoignages précieux sur la vie quotidienne. La prudence est cependant de mise lorsqu'on les consulte, car leurs auteurs ne sont pas toujours exempts de parti pris ou fiables dans la transmission de leurs propres sources.

Déjà au temps du Prophète Muḥammad et après lui, à l'époque des premiers califes, des témoignages attestent de l'attention portée aux faibles et nécessiteux. Dans son livre *Futuḥ al-Buldân*, l'écrivain al-Balâdhurî († vers 892) rapporte l'histoire des conquêtes arabes. Il fixe les épisodes militaires principaux mais rappelle également les conditions juridiques qu'il pouvait être nécessaire de connaître pour la pratique administrative de ce temps. Il mentionne qu'en arrivant près de Damas, le second calife de l'Islam, `Umar (vers 581-644), croisa des lépreux chrétiens sur sa route et ordonna qu'une part de l'aumône légale leur fût versée pour assurer leur subsistance. Abû Yûsuf Yaḳûb rédige à l'intention du calife Hârûn al-Rashîd (786-809) un recueil communément appelé *Livre de l'impôt*. Il s'agit de mémoires d'ordre politico-administratif s'appuyant sur les traditions, et portant sur les devoirs réciproques du souverain et de ses sujets à une époque où dans le droit en formation des solutions fermes n'étaient pas encore arrêtées. On y relève à plusieurs reprises une volonté des législateurs de soutenir les indigents. Plus particulièrement, à propos de l'impôt de capitation dû par les tributaires chrétiens ou juifs, l'auteur indique « qu'on ne l'exige pas de l'indigent qui reçoit des aumônes ni de l'aveugle sans métier ni profession, ni du malade chronique, ni du paralytique... »[36].

Cette tradition d'assistance se perpétue chez les califes, les émirs et les chefs politiques. En voici quelques exemples.

L'historien Ibn Khaldûn[37], reprenant les écrits d'al-Ṭabarî, reproduit le texte de recommandations faites aux personnalités politiques en charge de l'administration.

---

35. Un chasseur maure amputé d'une jambe et appareillé est représenté sur une mosaïque exécutée sur l'ordre de l'évêque Guy de Lons, au XIe siècle, à Lescar dans les Pyrénées atlantiques.

36. Abou Yousof Ya'akoub, *Livre de l'Impôt foncier (Kitâb al-Kharâdj)*, t. I, traduit et annoté par E. Fagnan, Haut commissariat de la République française en Syrie et au Liban, Service des antiquités et des beaux-arts, Paris : Librairie orientaliste P. Geuthner, 1921, p. 188, 189, 194.

37. Ibn Khaldûn, *Discours sur l'histoire universelle. Al-muqâddima* (tr. Vincent Monteil),

Il s'agit de celles adressées par le général du calife Al-Ma`mûn (calife de 813-833), Ṭâhir b. al-Ḥusayn, à son fils `abd Allâh nommé gouverneur d'al-Raqqa, d'Egypte et des provinces intermédiaires… :

> « Pense encore aux victimes des accidents, à leurs veuves, à leurs orphelins. Donne-leur des pensions sur le Trésor... Pensionne également les aveugles et surtout ceux d'entre eux qui savent le *Coran* par cœur, fonde des hôpitaux pour les musulmans… ».

Dans Al-Andalus, la prise en charge des lépreux semble avoir été effective à Cordoue au temps du règne d'Al-Ḥakam I (796-822). L'une des épouses de l'émir fonde une propriété agricole dont les revenus sont affectés à la création de ce qui a d'abord été appelé une léproserie. L'espace urbain dont il est question, situé hors de la ville, est destiné à recevoir les *marḍâ* ou *mudjadhdham*, c'est-à-dire les malades incurables en général et les lépreux, malades impurs, en particulier[38].

Selon l'auteur anonyme de *Dhikr bilâd Al-Andalus* qui reprend les informations transmises par le cordouan Ibn Ḥayyân (987/88-1076) dans son livre *al-Muḳtabis* et qui décrit le règne de l'émir Al-Ḥakam I, une grande famine s'étendit sur le pays de 812 à 813, et l'émir distribua « des aumônes en abondance et de l'argent aux malades incurables, aux pauvres, aux voyageurs ou vagabonds qui ne pouvaient pas poursuivre leur route en raison de leur extrême dénuement »[39].

À une époque plus tardive, à propos d'Abû Yûsuf Ya`qûb (1184-1199) et des conséquences de la bataille d'Alarcos (1195) dans Al-Andalus, la même attention du calife almohade envers la population déshéritée est constatée par ces mots : il « … institua des rentes pour les malades des hôpitaux, pour les infirmes et les aveugles dans toutes les provinces »[40].

Mais au quotidien et de façon pratique, qui assurait la surveillance du bon usage des aumônes légales et des biens de mainmorte ?

Pour apporter des éléments de réponse à cette question, il convient de se tourner vers de nouvelles sources plus en rapport avec la vie sociale et économique. L'une d'elles est constituée des manuels de *ḥisba* rédigés par le *muḥtasib*, inspecteur des marchés, gardien de l'ordre public, dont la charge consiste à surveiller les corporations et à réprimer les fraudes et les abus. Ce magistrat n'hésite pas à faire des recommandations explicites et fermes aux émirs et aux membres de leurs

---

Beyrouth : Thesaurus Sinbad, 1967-1968 (3e édition revue), p. 480.

38. Ce pouvait être un hôpital au sens de l'époque, accueillant ceux que le latin nomme *infirmi*.

39. *Dhikr bilâd al-Andalus : Una descripcion anonima de Al-Andalus* (ed. et tr. L. Molina), Madrid : Consejo de investigaciones científicas Instituto Miguel Asin, 1983, t. I, p. 131 (ed.) et t. II, p. 139 (trad.).

40. Ibn Abî Zar' al-Fâsî, *Al-Anîs al-mutrib bi-rawd al-k_irtâs fî akhbâr al-Maghrib wa târîkh madîna Fâs*, Rabat, 1972, p. 217-218 ; A. Beaumier (tr.), *Roudh al-kartas ; Histoire des souverains du Maghreb et Annales de la ville de Fès,* Paris : Imprimerie impériale, 1860, p. 426.

gouvernements sur la conduite qui doit être la leur. Nous avons déjà évoqué ses définitions du rôle du cadi, et les conseils émis sur la gestion des biens de mainmorte afin que celle-ci soit rigoureuse et juste. Certains biens publics ou des denrées diverses, même de peu de valeurs, doivent également être distribués aux pauvres. Le *muḥtasib* Ibn `abdûn indique que « Les nattes vieilles et usées qui sont dans la mosquée doivent servir à recouvrir le parquet des chambres de la prison et les bancs [de maçonnerie] de la salle d'ablutions... Le surplus des vieilles nattes sera distribué aux pauvres »[41] ; et, s'agissant des rapines dans les propriétés privées, il dit : « Quand on saisit des fruits ou autres produits de larcin, trouvés entre les mains d'un voleur, il faut en faire la distribution dans la prison ou les donner aux pauvres »[42] et « Si l'on trouve quelque individu[43] tenant quelque produit de récolte, on le lui confisquera et on le distribuera aux pauvres »[44].

S'ajoutant à cet ensemble de témoignages, les sources juridiques apportent un éclairage complémentaire. Il s'agit du recueil des sentences (*fatwâ* pl. *fatâwâ*) délivrées par des juristes ayant exercé leurs fonctions en des lieux et à des époques différents. Ces sentences, qui concernent des cas litigieux précis, sont rassemblées dans des compilations extrêmement vastes et difficiles à exploiter. Les thèmes abordés touchant à tous les domaines de la vie sociale et religieuse, elles n'apportent que quelques informations sur le sujet présent. Cependant, les bribes extraites sont d'un grand intérêt.

La compilation utilisée dans le cadre de cette étude est celle d'Ah_mad Ibn Yahyâ al-Wanṣharîsî[45]. L'œuvre en elle-même comprend douze volumes. Deux mille sentences qui en sont extraites ont été consultées ici[46]. Chaque *fatwâ* comprend deux parties, l'exposé du litige et la réponse qui lui est apportée. Du petit nombre de sentences concernant les pauvres (*fuḳarâ'*) et les lépreux (*marḍâ*), quelques aspects juridiques ont été dégagés :

1) *fuḳarâ'* et *marḍâ* ne sont pas écartés de la société mais ont des obligations. Ainsi, les lépreux ne peuvent être expulsés de la ville mais, en tant que malades impurs, ils doivent rester hors de la mosquée, ne pas se livrer au commerce des aliments, ni prélever l'eau de leurs mains. Leur incapacité à travailler justifie qu'ils reçoivent des subsides et un médecin attestera de leur maladie. Lorsque les bénéficiaires du legs sont spoliés des biens leur étant réservés, ils sont en droit d'en réclamer la jouissance.

---

41. E. Lévi-Provençal, *Séville musulmane...*, p. 48, art. 37.
42. *Ibid.*, p. 114, art. 171.
43. Ces individus sont qualifiés de « nègre ou de domestique berbère connus pour leur rapines », *ibid.*, p. 126, art. 204.
44. *Ibid.*
45. Cet auteur (1430-1431/1508) a réuni les sentences rendues dans l'Occident musulman dans un ouvrage intitulé *Kitâb al-Miyâr al-mughrib wa al-djâmi` al-mu`rib `an fatâwâ ahl Ifriqiya wa al-Andalus*.
46. Sur les sentences recueillies à propos des legs pieux (834-914/1430-1508) al-Mi`yâr al-mughrib, cf. V. Lagardère, *Histoire et société en Occident musulman au Moyen Âge. Analyse du Mi`yâr d'Al-Wanshârîsî*, Madrid, 1995.

C'est le cas des terres qui leur ont été léguées mais que des bien portants se sont octroyées. Outre qu'ils reprendront possession de leur propriété, ils auront le droit, pour en tirer bénéfice, de faire exploiter ces terres par des personnes saines.

C'est ce qui se dégage des sentences ci-après prononcées au Maghreb et dans Al-Andalus :

> – « Un lépreux isolé doit-il être expulsé d'une localité grande ou petite, si son mal est apparent ?
>
> Réponse : Non, mais on lui interdira l'accès des mosquées et de prélever de l'eau de ses propres mains »[47].
>
> – « Pour bénéficier des subsides (*sahm*) provenant d'un habous fondé au profit des lépreux (*marḍâ*), il suffit de l'attestation d'un médecin (*shahadât al-aṭibbâ'*) affirmant que l'intéressé est atteint d'une maladie appelée lèpre (*djudhâm*)... Les ulcères empêchent le lépreux de travailler et c'est à cette incapacité à travailler que le constituant a l'intention de remédier... »[48].
>
> – « Quelque part en Ifriqiya une léproserie (*dimna*) est habitée par des personnes saines qui s'en transmettent les biens par héritage ou par vente. Il s'y trouve un endroit appelé *al-aḥbâs* (bien de mainmorte) occupé par des gens bien portants. Cet endroit doit-il être considéré comme un *habous* en raison de sa dénomination...
>
> Réponse : L'endroit portant ce nom est destiné aux lépreux et doit leur être réservé. Pour obtenir des bénéfices ils ont la faculté d'autoriser des gens sains à s'y installer... Les droits des lépreux priment les autres... »[49].

2) *fuḳarâ'* et *marḍâ* ont des droits à la subsistance et au logement. La lecture d'al-Wansharîsî permet d'apprécier les modalités pratiques d'accès aux subsides des nécessiteux et de leur droit au logement. On déduit des exemples ci-après que la cité de Cordoue subvenait aux besoins non seulement de ses propres lépreux mais aussi de ceux qui, étrangers à la ville, souhaitaient s'y installer. Certains juristes attendent que le délai réglementaire de quatre jours concrétise l'installation effective dans la ville des nouveaux venus, d'autres leur accordent immédiatement l'aide réclamée. Le soutien aux indigents prime sur toute autre considération. Comme on peut le noter dans la sentence rendue à Fès, à propos de l'agrandissement de la mosquée dite des Andalous, les constructions abritant les pauvres ou leur procurant des revenus ne sauraient être détruites sans un juste dédommagement.

> – « Si l'hospice (*maristân*) en question ne dispose pas de fonds suffisants pour l'entretien des bâtiments et la nourriture des pauvres, on satisfera d'abord les besoins de ceux-ci... »[50].

---

47. N° 1, p. 463 : Kairouan (Xe siècle).
48. N° 214, p. 272 : Cordoue (XIe-XIIe siècles), Ibn al-Ḥâdjdj.
49. N° 15, p. 214 : Kairouan (Xe siècle), Al-Qâbisî.
50. N° 122, p. 247 : Fès (XVe siècle), Al-`abdûsî.

– « Les juristes de Cordoue sont consultés au sujet de la démolition des galeries couvertes et des maisons situées à proximité de la grande mosquée et haboussées pour servir d'habitations aux indigents (*ḍu`afâ'*)... »[51].

– « Peut-on célébrer la prière du vendredi dans la Grande Mosquée dite *djâmi` al-qarawiyyîn* ?

...La Grande Mosquée des Andalous est trop étroite pour contenir tous les fidèles et il est impossible de l'agrandir en lui annexant les constructions contiguës : maisons, boutiques, bassins à ablutions et réservoirs, la plupart d'entre elles appartenant aux pauvres et aux orphelins. Le trésor public ne saurait suffire à couvrir les frais d'expropriation »[52].

– « Des lépreux (*marḍâ*) arrivent à Cordoue et demandent au bout de quatre jours à bénéficier des *habous* constitués au profit des lépreux de la capitale déclarant vouloir s'y fixer »[53].

Le juriste leur donne gain de cause.

– « Des lépreux venus d'ailleurs arrivent à Cordoue et demandent à faire partie des lépreux de cette ville de façon à profiter des *habous* constitués au profit des lépreux de Cordoue ».

La réponse qui leur est donnée est « qu'ils y auront droit au bout d'un séjour de quatre jours s'ils déclarent vouloir résider à Cordoue » et même selon un autre juriste (Ibn Salama) « du jour de leur installation dûment constatée, ils auront droit à ces subsides »[54].

3) *fuḳarâ'* et *marḍâ* ont le droit légitime de plaider leur cause, de discuter du bien-fondé du legs et éventuellement de le refuser si celui-ci leur occasionne plus de charges qu'il ne leur apporte d'avantages.

– « Un *quidam* lègue aux pauvres (*fuḳarâ'*) de la grande mosquée *al-Zaytûna* le tiers de ses biens constitués par une terre grevée de l'impôt foncier (*djazâ'*) et ne rapportant rien. Les donataires n'acceptent pas cette donation »[55].

– « Une terre connue pour appartenir aux pauvres sous forme de *habous*, et entourée de jardins est accaparée par un individu qui se prétend pauvre mais remet aux pauvres le montant de la location ».

Réponse : « le produit de cette terre revient aux pauvres »[56].

– « À Kairouan la maison du *habous* des pauvres *dâr al-ḥubus al-fuḳarâ'*) s'effondra et l'on ne put la réparer. On la louera comme on pourra et aussi longtemps que possible mais on ne la vendra pas»[57].

Une consultation plus large des ouvrages juridiques apporterait encore davantage d'informations sur le statut et la vie quotidienne des classes déshéritées

51. N° 153, p. 255 : Cordoue (Xe siècle).
52. N° 183, p. 48 : Fès (XVe siècle), Al-Wansharîsî.
53. N° 200, p. 268 : Cordoue (XIe siècle), Ibn Sahl.
54. N° 203, p. 269 : Cordoue (XIe siècle), Ibn Sahl.
55. N° 80, p. 442 : Tunis (XIVe siècle), Ibn al-Barrâ'.
56. N° 24, p. 216 : Kairouan (XIe siècle), Al-Suyûrî.
57. N° 45, p. 221 : Tunis (XIVe siècle), Ibn `Arafa.

de la population, le pourcentage des cas relatés permettant d'apprécier la fréquence du recours des plaignants à la justice. Les emprunts que nous avons faits sont extraits de textes soit historiques soit techniques rédigés parfois à plusieurs siècles d'intervalle. Il est donc évident que la prise en charge des miséreux et des déshérités physiques n'a pu être uniforme sur une aussi longue période mais a varié en fonction de divers paramètres. Parmi ceux-ci les lieux de vie (villes ou campagnes), les régimes et gouvernements, les temps de guerre, de paix ou de disette, en ont sans doute modifié le niveau.

Si l'on se rapporte au sous-titre donné à ce colloque, « Penser et surmonter le handicap », quelles réponses peuvent apporter les éléments divers et hétérogènes recueillis pour évaluer la position du monde musulman des premiers siècles sur ce sujet ?

La question n'a été qu'effleurée, et il faut avant tout admettre que la recherche doit être approfondie car les sources extrêmement diversifiées sont loin d'être dépouillées et d'avoir fourni toutes les informations souhaitées. Au cœur même de ces sources, les éléments de réponse sont peu nombreux et obligent à des suppositions. Celles-ci portent d'abord sur le lexique et conduisent à inclure dans le lot des pauvres et nécessiteux (*fuḳarâ'* et *masâkîn*), figures de la misère ordinaire, une majorité d'infirmes et d'estropiés dont les défauts physiques sont ignorés. Cet amalgame n'est ni singulier ni original et d'autres sociétés l'ont pratiqué. Seuls échappent à l'anonymat ceux dont les lésions perturbent l'ordre social ou religieux, retenant l'attention des magistrats et des juristes et les obligeant à légiférer. Il ressort de cette étude que la société islamique s'attache à protéger ses membres les plus fragiles et nécessiteux. Le Coran impose à chacun cette obligation réglementée par des institutions officielles, soit par le versement volontaire ou obligatoire de l'aumône, soit par la possibilité d'effectuer un legs pieux, le tout étant rigoureusement surveillé par le cadi, le *muḥtasib*, les collecteurs d'impôts, les juristes… ce qui, cependant, n'empêche pas les abus et les malversations. Les extraits étudiés nous ont montré que le pouvoir civil tentait de remédier au dénuement des individus privés de la possibilité de subvenir à leur besoins, d'éviter leur exclusion, de leur assurer logement et subsistance et même de leur permettre de plaider leur cause en justice et de faire entendre leur voix.

D'autres questions se posent, notamment celle de savoir si, malgré le fondement charitable donné par l'Islam, les exemples cités ci-dessus illustrent bien la vie en société de l'époque ou s'ils ne témoignent que de situations exceptionnelles ou litigieuses qui ne donneraient qu'une image partielle de la réalité de l'assistance dont bénéficiaient alors les « handicapés ».

Miracles de la Vierge et handicap au XIIIe siècle

Anna RUSSAKOFF
American University of Paris

Les histoires fameuses des miracles de la Vierge, originaires d'abord de l'Orient méditerranéen, s'étaient amplement développées à partir des références à Marie éparpillées dans le *Nouveau Testament*[1]. *La Gloire des Martyrs* (*De Gloria Martyrum*) de Grégoire de Tours (environ 538-594 ap. J.-C.), le premier de son *Livre des Miracles* (*Liber Miraculorum*), semble bien être l'exemple le plus ancien en Occident qui contienne une collection des miracles de la Vierge[2]. Ces derniers devinrent un thème littéraire très répandu au cours du XIIIe siècle : Jacques de Voragine, Rutebeuf, Césaire d'Heisterbach, Jean de Garland, et Vincent de Beauvais, tous les intègrent dans leurs écrits[3]. Cependant, avec trente six mille vers, l'œuvre de Gautier de Coinci est d'une tout autre ampleur. Son recueil a également inspiré le roi d'Espagne Alphonse X le Sage (1221-84), qui a parrainé la composition des *Cantigas de Santa Maria* qui, avec trois cent cinquante-trois légendes mariales, est encore plus vaste[4].

---

1. Cf. Miri Rubin, *Mother of God : a History of the Virgin Mary,* New Haven, 2009, p. 3-16 et Brigitte Cazelles & Phyllis Johnson, *Le Vain Siècle Guerpir : A Literary Approach to Sainthood through Old French Hagiography of the 12th Century,* Chapel Hill, 1979, p. 13.
2. Beverly Boyd, *The Middle English Miracles of the Virgin,* San Marino, California, 1964, p. 3. Voir aussi Grégoire de Tours, *Glory of the Martyrs*, traduit en anglais avec une introduction de Raymond van Dam, Liverpool, 1988.
3. Voir la « Naissance de la Vierge » pour beaucoup de ces miracles. Jacques de Voragine, *La Légende Dorée,* traduction du latin et introduction par Teodor de Wyzewa, Paris, 2000. Autre traduction sd. A. Boureau, Paris, La Pléiade, 2004.
4. David Flory, *Marian Representations in the Miracle Tales of Thirteenth-Century Spain and France,* Washington, D.C., 2000, p. 19. D. Flory a considéré les *Cantigas* comme un type de « musical didacticism ». Cf. aussi Evelyn Faye Wilson, *The Stella Maris of John of Garland, Edited Together with a Study of Certain Collections of Mary Legends Made in Northern France in the Twelfth and Thirteenth Centuries,* Cambridge, Massachusetts, 1946, p. 68, et *Songs of*

Gautier de Coinci est principalement connu pour ses deux livres des Miracles de la Vierge, *Les Miracles de Nostre Dame* (ci-après abrégé en *MND*), écrits sous la forme d'un récit lyrique français en vers rimés octosyllabiques [5]. La première mention que nous ayons de Gautier remonte à 1193 lorsqu'il intégra l'abbaye Saint-Médard de Soissons comme moine bénédictin. Son successeur immédiat, comme prieur de Vic-sur-Aisne, était aussi un membre de sa famille, Gobert de Coinci, qui par la suite rédigea la *Chronique de Saint-Médard* [6]. Cette chronique en latin et les témoignages de Gautier dans ses propres écrits nous donnent de nombreuses informations quant à sa biographie. Tant les chroniques que sa poésie semblent indiquer que Gautier était issu d'une famille puissante qui exerçait une grande influence sur l'abbaye de Saint-Médard [7]. Il est probable qu'il poursuivit sa formation à l'Université de Paris pour parachever ses études de théologie. À son retour dans la région de Soissons en 1214, il fut nommé prieur du monastère voisin de Vic-sur-Aisne. Il commença la rédaction de son premier livre des *Miracles de la Vierge* vers 1218. Il fut nommé en 1233 Grand Prieur de l'abbaye de Saint-Médard de Soissons, où il continua à composer ses Chants dédiés à la Vierge jusqu'à sa mort en 1236 [8].

Holy Mary of Alfonso X, the Wise, a Translation of the Cantigas de Santa Maria, traduction en anglais de Kathleen Kulp-Hill, Tempe, Arizona, 2000.

5. Pour une étude des origines du couplet octosyllabique en rime en littérature française et ses racines dans la culture orale, voir Evelyn Birge Vitz, *Orality and Performance in Early French Romance,* Cambridge, 1999, p. 4-25. Gautier de Coinci a également versifié la vie de Sainte-Christine avant 1223. Cf. l'introduction de V. F. Koenig dans *Les Miracles de Nostre Dame par Gautier de Coinci*, (ci-après abrégé en *MND*), dir. V. Frederic Koenig, Genève, 1955-70, I, p. xxix. Sur les attributions, voir aussi Olivier Collet, « Gautier de Coinci : les œuvres d'attribution incertaine » *Romania,* 121, 1-2 (2003), p. 43-98 et Masami Okubo, « Autour de la 'Nativité Nostre Dame' et son attribution à Gautier de Coinci », *Romania,* 121, 3-4 (2003), p. 348-381. Un n° de *Médiévales* porte sur « Gautier de Coinci, le texte du miracle » (2, 1982). Pour l'information la plus récente sur Gautier de Coinci, cf. *Gautier de Coinci : Miracles, Music, and Manuscripts*, dir. Kathy M. Krause & Alison Stones, Turnhout, 2006.
6. Paris, BnF, lat. 4998, *Chronicon Sancti Medardi Suessionensis*. Il n'existe pas d'édition critique de ce texte.
7. V. F. Koenig, introduction des *MND*, t. I, p. xviii-xx. Sur la biographie de G. de Coinci, cf. aussi *Saint-Médard : Trésors d'une abbaye royale*, textes et iconographie réunis par Denis Defente, Paris, 1996, p. 157-167.
8. V. F. Koenig, *op. cit.*, t. I, p. xxii-xxiii, xxix, xxx. Cf. aussi Arlette P. Ducrot-Granderey, « Études sur les Miracles Nostre Dame de Gautier de Coinci : description et classement sommaire des manuscrits, notice biographique édition des miracles », *D'un chevalier a cui sa volenté fu contée por fait après sa mort* et *Coment Nostre Dame desfendi la cité de Costentinnoble*, d'après tous les manuscrits connus, » *Annales Academiae Scientiarum Fennicae*, B, 25, Helsinki, 1932, p. 160. Le suivant est transcrit dans l'introduction de V. F. Koenig aux *MND : Chronique de Saint-Médard : MCCXXXIII : Galterus de Coinssiaco, prior de Vico, magnus prior Ecclesie beati Medardi efficitur mense junio in die sanctorum Gervasii et Prothasii. Chronique de Saint-Médard : MCCXXXVI : Galterus de Coinssiaco, magnus prior beati Medardi, obiit mense Septembri in die festivitatis sancti Principii, episcopi et confessoris*. (p. xxx, notes 53 et 54).

Les *MND* commencèrent à être largement diffusés peu après la mort de Gautier en 1236 : cent quatorze manuscrits nous sont parvenus contenant au moins un fragment de ce texte, la plupart d'entre eux datant de la fin du XIIIe et du début du XIVe siècle [9]. Aucun des manuscrits qui nous soit parvenu n'a été produit du vivant de Gautier. Deux des manuscrits complets contiennent des colophons : l'un des plus anciens conservés (Paris, BnF, fr. 2163), indique 1266 comme date, et l'autre, le dernier exemplaire en date, mentionne l'année 1465 [10]. Le plus ancien manuscrit où le texte complet est illustré date de la fin du XIIIe siècle. Douze des dix-sept volumes complets des *MND* sont illustrés, la majorité d'entre eux avec des images insérées au début de chaque section relatant un miracle. L'abondance du matériau visuel n'est pas une surprise [11], étant donné que les images de la Vierge Marie, peintures ou sculptures, apparaissent fréquemment dans les récits et y tiennent une place de premier plan : les images mariales jouent un rôle clef dans neuf des miracles, et elles sont implorées (ou au moins admirées) dans vingt-six autres [12].

Dans le prologue du premier livre des miracles, Gautier explique qu'il a traduit puis mis en pieds et rimes les *Miracles de la Vierge*, un manuscrit latin qu'il avait trouvé à la bibliothèque de Saint-Médard (*Miracles que truis en latin/ Translater voel en rime et metre*) [13], bien qu'aucune source manuscrite de ce genre n'ait à ce jour été identifiée. Il ajouta également plusieurs sections relatives aux miracles qui avaient eu lieu à Soissons ou dans les environs, avant ou durant le

9. Pour la liste la plus complète des manuscrits de G. de Coinci, cf. Kathryn A. Duys, Kathy M. Krause et Alison Stones, « Gautier de Coinci's *Miracles de Nostre Dame :* Manuscript List, » in *Gautier de Coinci : Miracles, Music, and Manuscripts*, Turnhout : Brepols, 2006, p. 345-366. Des 114 manuscrits cités ici, cinq datent du XVIIe siècle ou plus tard.

10. Voir A. P. Ducrot-Granderey, *art. cit.*, p. 18, 139, et pour ses transcriptions des colophons, p. 37, 49. Le colophon au folio 226r de BnF, fr. 2163 indique que le manuscrit fut copié par un moine de l'abbaye de Morigny : *Explicit liber domni Galteri, prioris de Vi, scriptus per manus Guillelmi monachi Maurigniacensis, anno Domini MCCLX sexto*. Le colophon de BnF, fr. 817 est sur le folio 190r, et nous indique que le manuscrit a été copié par un scribe féminin : *Ici finissent les miracles de Nostre Dame et la vie Sainte Leocade e Sainte Christine; et fu achavé le dit livre le XIXe jour de descembre, l'an mil .CCCC. soissante et .V. Marguerite de Chauvigny.*

11. Sur le rapport entre la traduction d'un texte du latin au vernaculaire et les illustrations nouvelles qui suivent, cf. Jeffrey F. Hamburger, « Rewriting History : The Visual and the Vernacular in Late Medieval History Bibles » in *Retextualisierung in der mittelalterlichen Literatur (Sonderheft der Zeitschrift fur deutsche Philologie)*, dir. Ursula Peters & Joachim Bumke, Berlin, 2005.

12. Les images de la Vierge jouent un rôle central dans les miracles suivants : I Mir 13, I Mir 21, I Mir 32, I Mir 34, I Mir 43, II Mir 18, II Mir 21, II Mir 30, et II Mir 32. Elles sont aussi mentionnées dans d'autres : I Mir 10, I Mir 12, I Mir 15, I Mir 17, I Mir 20, I Mir 23, I Mir 25, I Mir 28, I Mir 29, I Mir 31, I Mir 33, I Mir 37, I Mir 38, I Mir 39, I Mir 40, I Mir 41, I Mir 42, I Mir 44, II Mir 9, II Chast 10, II Mir 11, II Mir 12, II Mir 13, II Mir 20, II Mir 26, II Mir 29, et II Mir 31. Voir Anna Russakoff, « The Role of the Image in an Illustrated Manuscript of *Les Miracles de Notre-Dame* by Gautier de Coinci: Besançon, Bibliothèque municipale 551 » *Manuscripta* 47/48 (2003/2004), p. 135-144.

13. *MND*, t. I, p. 1.

temps qu'il y vécut. Ce sont d'ailleurs ces derniers qui seront les plus utiles pour une étude sur les handicapés.

Les *disability studies* nous ont apporté certains paradigmes qui peuvent nous être utiles pour un examen approfondi des miracles de Gautier de Coinci. Cela provient du *disability movement* des années 70 et 80 en Europe et aux États-Unis, dans la même lignée que les *gender studies*, *African American studies* etc. Il s'agit d'une approche interdisciplinaire sur un sujet donné. Intégrant des concepts d'ethnologie et d'anthropologie, une chercheuse comme Irina Metzler a considéré que la notion de *disability* est à la charnière de plusieurs catégories, et est très mouvante [14].

De même, l'idée du « corps idéal » est une construction sociale. C'est pour cela que plusieurs chercheurs ont fait une distinction entre les infirmes (*impairment*), qui relèvent d'un problème physiologique, et les handicapés (*disabilitiy*), catégorie sociale et culturelle [15]. Aussi est-il important de faire une distinction entre les handicapés et les malades. À quel moment les malades sont-ils considérés comme handicapés ? Normalement, c'est quand les personnes sont dans un état qui est regardé comme incurable et permanent [16]. C'est pour cela que la catégorie des handicapés est très changeante : à n'importe quel moment, au Moyen Âge comme aujourd'hui, une personne en pleine santé peut devenir handicapée [17].

Les *disability studies* se sont un peu moins intéressées au Moyen Âge ; quelques exceptions cependant avec les travaux de Sharon Farmer qui a étudié les handicapés avec les pauvres et les liens avec le genre [18]. La Bible elle-même a attiré l'intérêt des chercheurs (comme récemment Saul Olyan [19]). Souvent ils notent les différences entre l'Ancien et le Nouveau Testament. Ce dernier concerne surtout les guérisons miraculeuses du Christ. Après, avec l'*imitatio Christi*, beaucoup de saints sont en quelque sorte spécialisés en guérisons, comme l'a montré André Vauchez, qui a trouvé que 90 % des saints canonisés au XIIIe siècle l'étaient pour des miracles de guérisons, principalement pour des problèmes de handicap

---

14. Irina Metzler, *Disability in Medieval Europe: Thinking About Physical Impairment During the High Middle Ages ca. 1100-1400,* London, 2006, p. 28. Voir aussi Simi Linton, *Claiming Disability,* New York, 1998, p. 132, et Lennard J. Davis, *Bending over Backwards: Disability, Dismodernism and Other Difficult Positions,* New York, 2002.
15. Cf. surtout I. Metzler, *op. cit.*, p. 20, et Mitchell Snyder, *Cultural Locations of Disability,* Chicago, 2006. Voir aussi l'étude fondamentale de Henri-Jacques Stiker, *Corps infirmes et sociétés,* Paris, 1997, pour l'idée que les infirmes sont liés aux pauvres et aux monstres, p. 77.
16. I. Metzler, *op. cit.*, p. 157.
17. Cf. Rosemarie Garland Thomson, *Extraordinary Bodies : Figuring Physical Disability in American Culture and Literature,* New York, 1997, p. 14.
18. Cf. Sharon Farmer, « The Beggar's Body : Intersections of Gender and Social Status in High Medieval Paris, » in *Monks, Nuns, Saints and Outcasts : Religion in Medieval Society. Essays in honor of Lester K. Little*, dir. Sharon Farmer & Barbara H. Rosenwein, Ithaca, 2000, et *Surviving Poverty in Medieval Paris: Gender, Ideology, and the Daily Lives of the Poor,* Ithaca, 2002.
19. Saul Olyan, *Disability in the Hebrew Bible,* Cambridge, 2008.

moteur et secondairement pour des handicaps visuels[20]. Au Moyen Âge comme aujourd'hui, les gens consultent d'abord un médecin, puis quand la médecine laïque n'obtient pas de résultat, ils essayent la médicine divine avec un saint. Ainsi, les pèlerins ont essayé parfois plusieurs voyages et plusieurs lieux de pèlerinage. Irina Metzler a étudié les guérisons de la Vierge à Rocamadour au Moyen Âge, qui sont nombreuses[21]. Même aujourd'hui à Lourdes un grand nombre de handicapés viennent en dernier recours.

Par contraste, les miracles dans le recueil de Gautier de Coinci sont plutôt portés vers les images de la Vierge[22]. D'autres sujets concernent assez fréquemment les noyés, la résurrection des morts, l'amour, l'inceste, la jalousie, des pécheurs, et surtout toutes les personnes complètement vouées à la Vierge Marie. Des cinquante-huit miracles racontés par Gautier de Coinci, il n'y en a que neuf qui sont directement liés aux guérisons (soit une plus faible proportion que celle qu'I. Metzler a trouvée dans son étude)[23]. Un concerne un reliquaire de Laon : un orfèvre aveugle recouvra la vue quand il reconnut que c'était lui qui l'avait construit (II Mir 14). Il est intéressant de noter que c'est le seul miracle concernant la cécité, non-congénitale (ce qui est très différent des cas recensés par Irina Metzler, ou par Sharon Farmer qui a étudié les malades guéris à Saint-Denis)[24]. On trouve quatre cas, assez similaires, de guérison par une action liée à un lieu particulier, à Soissons : l'un fut guéri après avoir édifié une église pour la Vierge (II Mir 22), et les trois autres après s'y être rendus et avoir prié devant son image et son autel (II

20. Voir I. Metzler, *op. cit.*, p. 130 et André Vauchez, *La sainteté en Occident aux derniers siècles du Moyen Âge, d'après les procès de canonisation et les documents hagiographiques* (Rome, 1988), tableau XXXI : Évolution de la typologie des miracles enregistrés dans les procès de canonisation (1201-1417), p. 547. Voir aussi *Miracles, miroirs des corps*, dir. O. Redon, J. Gelis, Saint-Denis, 2003 et P.-A. Sigal, *L'homme et le miracle dans la France médiévale*, Paris, Cerf, 1985.

21. Voir I. Metzler, *op. cit.*, p. 215-224 et Marcus Bull, *The Miracles of Our Lady of Rocamadour : analysis and translation,* Woodbridge, 1999, p. 95-201.

22. Cf. note 12.

23. Cf. I. Metzler, *op. cit.*, note 20. Voir l'annexe *infra* pour les neuf miracles et leurs illustrations dans les manuscrits des *MND*.

24. Voir I. Metzler, *op. cit.*, p. 193-224 et Farmer, *Surviving Poverty in Medieval Paris*, p. 166. Cf. aussi la thèse de Mark O'Tool, *Caring for the Blind in Medieval Paris : Life at the Quinze-Vingts, 1250-1430,* Santa Barbara : University of California, 2007, et Edward Wheatley, « Blind Jews and Blind Christians : Metaphorics of Marginalization in Medieval Europe » *Exemplaria,* 14, 2 (2002), p. 351-382, et *id.*, « Blindness, Discipline, and Reward : Louis IX and the Foundation of the Hospice des Quinze-Vingts », *Disability Studies Quarterly* 22, 4 (2002), p. 194-212. Il y a aussi beaucoup de littérature sur la connexion entre les Juifs et la cécité au Moyen Âge, par exemple Michael Camille, *The Gothic Idol : Ideology and Image-Making in Medieval Art,* Cambridge, 1989, p. 189 ; Sara Lipton, « The Temple is my Body : Gender, Carnality, and Synagoga in the *Bible Moralisée* », in *Imaging the Self, Imagining the Other : Visual Representation and Jewish-Christian Dynamics in the Middle Ages and Early Modern Period*, dir. Eva Frojmovic, Leiden, 2002, p. 130 ; et Nina Rowe, « Synagoga Tumbles, a Rider Triumphs : Clerical Viewers and the Fürstenportal of Bamberg Cathedral » *Gesta,* 45 (2006), p. 15-42.

Mir 23, II Mir 24, II Mir 25). Souvent l'origine des malformations était la maladie du « mal-des-ardents »[25], comme pour cette jeune femme d'Arras (II Mir 27) ; deux autres concernent des moines malades qui furent guéris par le lait maternel de la Vierge (I Mir 17, I Mir 40) ; et le dernier évoque un pèlerin qui s'est mutilé et fut « réparé » d'une façon intéressante (I Mir 25) que nous relaterons après.

Les quatre miracles « locaux » qui ont eu lieu à Soissons sont des miracles de guérison. Le premier[26], « Garçon guéri par la Vierge de Soissons » (II Mir 22), concerne un jeune garçon qui fut guéri, du « mal-des-ardents » qui avait atteint son pied, grâce aux prières de sa mère à l'église Notre-Dame de Soissons. Mais son mal empira, et pendant son sommeil il eut une vision de la Vierge Marie qui lui raconta que l'église Notre-Dame de Soissons était en piteux état. Le garçon raconta son rêve à tout le monde et les fidèles de la ville firent des offrandes au profit de la restauration de l'édifice.

Le deuxième miracle, « un garçon vacher puni puis sauvé » (II Mir 23), raconte qu'un jour un garçon vacher entendit ses compagnons parler du Saint Soulier (le soulier de la Vierge), la principale relique de l'abbaye, et il se moqua de leur crédulité. Mais soudain, il fut pris de tourments et de maladie, sa bouche se tordit jusqu'aux oreilles et sa nuque[27]. Il se jeta aux pieds de l'autel et implora la Mère de Miséricorde. Son mal ne cessa que lorsqu'entendant ces bruits, l'Abbesse exhiba la relique du Saint Soulier, fit le signe de croix, et le soigna. Cet homme consacra ensuite toute sa vie à la Vierge.

Nous allons présenter les trois miracles suivants, deux de ces miracles ayant eu lieu à Soissons, et la façon dont ils traitent des handicapés. Nous nous attacherons aux miniatures pour savoir si elles ajoutent des éléments à la compréhension du texte.

Le troisième miracle concerne une femme nommée « Gondrée » (l'autre titre de ce miracle étant « la femme au nez réparé », II Mir 24). Dans le manuscrit BnF fr. 22928, fol. 229r, l'affaire est exposée en quatre parties. Dans le village

25. Le « mal-des-ardents », connu aussi comme le « feu de Saint-Antoine » ou l'*ignis sacer* en latin, se présente principalement sous deux formes : convulsive ou gangrenée. Dans la France médiévale, la forme gangrenée était dominante. L'ergotisme gangrené peut occasionner chez les victimes la perte de leurs doigts, orteils, ou membres ; l'ergotisme convulsif est caractérisé par des trémulations, spasmes et hallucinations. La cause en est l'ergot de seigle, qui contient la même molécule que le LSD, qui arrivait plus fréquemment après un hiver froid. Sur les « mal-des-ardents », voir Mary Kilbourne Matossian, *Poisons of the Past : Molds, Epidemics and History,* New Haven, 1989, p. 8-9, 13, 55-58, 76 et 94. Cf. aussi V. H. Bauer, *Das Antonius-feuer in Kunst und Medezin,* Basel, 1973 ; Jacques Devalette *et al.*, *La peste de feu : le miracle des ardents et l'ergotisme en Limousin au Moyen Âge,* Limoges : ARCHEA, 1994, p. 26 ; et *Chroniques d'une abbaye au Moyen Âge : guérir l'âme et le corps*, Musée départemental de Saint-Antoine l'Abbaye, Isère, 2002, p. 130-131.

26. Ces miracles furent traduits en français moderne dans *Miracles et mystères : la littérature religieuse au nord de la France*. Textes présentés et traduits par F.-J. Beaussart, M. de Combarieu du Grès et J. Subrenat, Troesnes, 1989.

27. Pour le rapport peut-être problématique entre le « mal-des-ardents » et les visages, voir note 38.

d'Audignicort (actuel Audignicourt à quelques lieues de Soissons), cette femme avait le visage complètement ravagé par la terrible maladie du « mal-des-ardents », ou « feu d'enfer »[28], qui lui avait rongé son nez jusqu'à l'os et ses lèvres jusqu'aux dents[29], et était qualifiée de « si très hideuse creature »[30]. Elle entreprit un pèlerinage à Soissons et pria le chausson de la Vierge[31]. Elle était si incroyablement laide que même les gardes la refoulaient[32] ; elle était en fait totalement rejetée par tous:

Et assez souvent li disoyent :
Or fors! A cent mausfez d'enfer,
Vielle dyable, denz de fer
As vis dyables, a cent mile!
Que faites vos en ceste vile[33].

Elle tenta de se rendre dans de nombreuses églises, avant d'aller trouver la Vierge :

A saint Gervais, a Nostre Dame,
A saint Crespin, a saint Maart ;
L'endemain reva d'autre part
A grant painne et a grant ahan
A saint Ligier, a saint Jehan
Et puis a saint Crespin en Chaie[34].

Mais elle en était rejetée à cause de sa puanteur : *Mais ne la püent endurer : Par la cité si leur anuie/Chascuns la fiert, chascuns la huie*[35]. Revenue chez elle, elle fut refoulée par tous, y compris par sa propre famille qui la traita comme s'ils ne la connaissaient pas :

Mout est Gondrée mal venue
En vielté est par tout tenue.
Chascuns la fuit, chascuns l'estrange
Et li privé et li estrange.
Nes si parent sont encore cil
D'assez qui plus la tienent vil[36].

---

28. *MND*, t. IV, p. 217, ligne 36.
29. *Ibid.*, ligne 15 : *Ne se n'avoit ne nez ne bouche.*
30. *Ibid.*, p. 217, ligne 19.
31. *Au saint soller va jor et nuit/ Tan n'i a nul cui il n'anuit*, *MND*, t. IV, p. 219, lignes 67-68.
32. *Quar nes les gardes fors 'en chacent*, *ibid.*, p. 219, ligne 71.
33. *Ibid.*, p. 220-221, lignes 114-118.
34. *Ibid.*, p. 222, lignes 160-165.
35. *Ibid.*, p. 223, lignes 170-172.
36. *Ibid.*, p. 224, lignes 209-214.

Enfin, après qu'elle eût prié Notre-Dame de Soissons, la Vierge la soigna si parfaitement qu'elle n'eût plus aucune trace de sa maladie, son visage étant même plus blanc qu'il ne l'avait jamais été :

Si li refait novele bouche
Et a ses dois blanz et souez
Li fait et forme un si biau nez
Et tout le vis si li ra faite
Qu'assez plus bele est et mielz faite
Qu'onques devant n'avoit esté
Qunt tou c'eut fait la flors d'esté[37].

Chacun voulait voir ce que la Vierge avait accompli :

Chascuns se saigne et esmerveille
Et esbahi sont tuit affait
De ce que Nostre Dame a fait.
Por un petit que ne l'afolent
Tant la baisent et tant l'acolent[38].

En dehors du manuscrit cité, une miniature avec deux scènes particulières se trouve à Bruxelles, à la Bibliothèque royale de Belgique, ms 10747 fol. 175v, où Gondrée est représentée en prière — tout comme dans le manuscrit BnF fr. 1533, fol. 204v, avec un linge couvrant sa bouche —, et en dessous guérie par la Vierge. Les deux autres illustrations montrent le miracle de la Vierge : BnF, fr. 25532, fol. 172v (fig. 1), où le visage de Gondrée est complètement couvert, comme par un masque, pendant que la Vierge la guérit, et le manuscrit BnF n. acq. fr., 24541 fol. 181r avec la Vierge en train de réparer son visage. La figure 1 illustre parfaitement la honte éprouvée par Gondrée de sa condition difforme (voir la couverture complète de son visage), ainsi que la puissance de la Vierge Marie : debout, grande, couronnée, avec une robe dorée et une auréole verte, devant le lit de la malade. Même sans le texte, il est évident que la Vierge est en train de métamorphoser Gondrée en la rendant à la normalité.

Le quatrième et dernier miracle à Soissons est celui de *Robert de Jouy* (ou l'« homme au pied guéri ») (II Mir 25). Les deux manuscrits enluminés avec les récits en quatre parties sont presque identiques : BnF, fr. 22928 fol. 233r et Saint-Pétersbourg, Bibliothèque nationale de Russie, fr. F.v. XIV. 9, fol. 206v[39].

---

37. *Ibid.*, p. 228, lignes 296-301.

38. *Ibid.*, p. 234, lignes 444-448. Il assez rare pour l'ergotisme de s'attaquer au visage. Je remercie Joël Coste de me l'avoir rappelé. Néanmoins, les symptômes de l'ergotisme peuvent varier selon les endroits et les époques. Par exemple, M. K. Matossian a trouvé dans les *Essex court records* au XVIe siècle une victime du « mal-des-ardents » qui a témoigné que sa *mouth drawne awrye, well neere uppe to the upper part of his cheke* (M. K. Matossian, *op. cit.*, p. 76).

39. Pour les images du manuscrit de Saint-Pétersbourg, voir I. P. Mokretsova & V. L. Romanova, *Les manuscrits enluminés français du XIIIe siècle dans les collections soviétiques, 1270-1300*, Moscou : Iskusstvo, 1984.

Cet homme fut aussi victime du « mal-des-ardents », avec une plaie purulente au pied, et il ne pouvait plus s'en servir pour marcher[40]. Comme dans certains des miracles relatés auparavant, il eut d'abord recours à la médecine séculière :

De la soutil phisicïenne,
De la sage cyrurgïenne
De Soissonz une bele cure.
Nostre Dame plus d'enfers cure
Que tuit li haut phisicïen
Ne tuit le bon cyrurgïen
De Montpellier ne de Salerne[41].

Il puait tant que Robert fut chassé non seulement de l'église, mais aussi de la maison de ses parents : *Quant me boutez fors com un chien*[42]. Il ne perdit jamais la foi et implora la Vierge de lui accorder une mort paisible :

Que jambe et pié ai tout pourri.
Je n'ai enfant, je n'ai nourri
Qui mais i daint tendre la main.
Miex aim la mort hui que demain[43].

Une nuit alors qu'il priait, il s'endormit en pleurant. La Vierge, *tres douce phisicïenne*[44], descendit et vint au pied de son lit le guérir :

Mout doucement par grant delit
Le malade assiet en son lit.
Dune main le chief li soustient
Et a l'autre le piet li tient.

---

40. La meilleure description contemporaine du « mal-des-ardents » reste Hugonis Farsiti dans son *Libellus de miraculis B. Mariae Virginis*, dans J.-P. Migne, *Patrologiae Cursus Completus, Series Latina* (Paris, 1878-89), t. 179, col. 1777-1778 : *Est autem morbus hic tobificus sub extenta liventi cute carnem ab ossibus separans et consumens, et mora temporis augmenta dolorum et ardoris capiens per singula momenta, cogit miseros mori, et tamen desiderantibus mortem tantum remedium denegatur : donec prioribus depastis artubus, celer ignis invadat membra vitalia et, quod mirum est, ignis hic sine calore validus ad consumendum, tanto frigore velut glaciali perfundit miserabiles, ut nullis remediis possint calefieri. Item quod non minus est mirabile, ex quo divina gratia restinctus fuerit, fugato mortali frigore tantus calor in eisdem partibus aegros pervadit, ut morbus cancri eidem fervori persaepe se societ, nisi medicamentis occurratur. Horror est et infirmantes et recens sanatos intueri, et vestigia mortis evasae in corporibus eorum et faciebus exterminatis oculis pererrare.* Voir Gabriela Signori, « La bienheureuse polysémie : miracles et pèlerinages à la Vierge et pouvoir thaumaturgique et modèles pastoraux (X^e^-XIIe siècles) » in *Marie : le culte de la Vierge dans la société médiévale*, études réunies par Dominique Iogna-Prat, Éric Palazzo et Daniel Russo, Paris, 1996, p. 616 *sqq*.
41. *MND*, t. IV, p. 244, lignes 3-9.
42. *Ibid.*, p. 248, ligne 95.
43. *Ibid.*, p. 254, lignes 257-260.
44. *Ibid.*, p. 255, ligne 280.

Luez que sa main polie et sade
Touchié li a au piet malade.
Toz est sanez, ce li est vis[45].

Gautier raconte que le Pape Innocent II vint en personne, en 1131, visiter Saint-Médard de Soissons pour célébrer ce miracle :

Trente et un an et cent et mil.
Cel an meïsme, ce dit cil
Qui cest escrite apropria
Pappe Innocens si dedia
Saint Maard le viel de Soyssonz[46].

Hormis le récit en quatre parties du manuscrit BnF, fr. 22928 et le codex de Saint-Pétersbourg, les autres miniatures comportent une scène unique. Dans le manuscrit BnF, fr. 1533 fol. 208v (presque complètement effacé), Robert rend visite à un moine. Dans les manuscrits de Bruxelles 10747 (fol. 180r) et BnF, fr. 25532 (fol. 176v), la Vierge est en train de soigner le pied de Robert, et également dans le BnF n. acq. fr. 24541 fol. 185v (fig. 2), le pied de Robert qu'elle guérit est surdimensionné. Cette dernière miniature souligne sa mauvaise condition physique : poitrine nue, maigre, avec son pied gonflé, mais en même temps la puissance et la tendresse de la Vierge Marie. Ceinte d'une couronne et d'une auréole dorée, elle s'incline, sans peur ni dégoût, touche, et miraculeusement guérit le pied infecté et puant.

Mon dernier exemple concerne un pèlerin nommé Girard (I Mir 25) devenu handicapé de son propre fait, à cause de la ruse du diable. Les images-récits contiennent quatre compartiments : BnF, fr. 22928 fol. 101v et Saint-Pétersbourg fol. 93v. Avant de partir en pèlerinage, et à l'instigation du diable, Girard abusa du vin et commit, avec une femme, un péché qu'il n'eut pas le courage de confesser par la suite. Peu après, quand Girard décida de partir pour son saint voyage, le Diable se présenta à lui déguisé en saint Jacques et convainquit le pauvre homme de se castrer et de se décapiter afin d'être sauvé de l'Enfer :

Saiches por voir, biaus doz amis
Qu'en paradys en venras droit
Se tu viez coper orendroit
Tes genestailles et ton menbre
Por le pechié, dont bien me menbre
Que tu fesis, ce sai de voir
La nuit que tu deüs movoir[47].

45. *Ibid.*, p. 259, lignes 365-375.

46. *Ibid.*, p. 263, lignes 467-471. D'après ce que relate l'abbé Suger, après le Concile de Liège en 1131, le Pape Innocent II est allé effectivement à Saint-Denis, puis le troisième jour après Pâques, lui et son entourage ont visité un grand nombre d'églises de France. Cf. Mary Stroll, *The Jewish Pope : Ideology and Politics in the Papal Schism of 1130,* Leiden, 1987, p. 121-122.

47. *MND,* t. II, p. 239, lignes 58-64.

Croyant le Diable et sur son ordre, Girard se coupa les parties génitales et se trancha la gorge d'un coup d'épée :

Quar bien cuide que voir le die
Et que sauz soit mais qu'il s'ocie.
S'espee saiche toute nue
Son menbre colpe et si se tue[48].

Les saints Pierre et Jacques luttèrent contre le Diable et firent appel à la Vierge. Elle redonna la vie au pauvre pèlerin d'une manière intéressante :

Li pelerins mout s'esmerveille
De sa gorge, qu'il trueve sainne
Ne ne li diut ne ne li sainne ;
Mais, la tout droit ou l'eut colpee,
Parut toz jors li colz d'espee,
Qui au miracle fu garanz.
L'autre plaie fu si paranz,
Si com la letre le ramenbre,
Qu'il onques puis n'ot point de menbre.
Merveille fu de ceste chose :
La plaie fu si bien reclose
N'i ot c'un petitet pertruis
Par ou pissa tout adés puis[49].

Puis, Girard passa le reste de ses jours comme moine de l'abbaye de Cluny : *Li pelerinz a cui ç'avin t/ Isnelement a Clugni vint*[50], où il se consacra à la Vierge Marie : *Et ma dame sainte Marie / Qui rendue li eut la vie.*[51]

Outre le manuscrit BnF fr. 22928 et le codex de Saint-Pétersbourg, le manuscrit de Bruxelles 10747 fol. 57r contient également quatre scènes dans une lettrine historiée : le pèlerin avec le faux saint Jacques (deux fois), au lit avec les diables, et puis la Vierge Marie à son secours à droite. Le codex de Besançon, Bibliothèque municipale, ms 551 contient sur le fol. 48r une représentation du pèlerin avec le faux saint Jacques, puis le diable avec le pèlerin (avec deux démons de chaque côté), et au fol. 49r le récit continue avec la Vierge qui prend son âme à un ange qui retourne l'âme au pèlerin[52]. Le manuscrit Bruxelles 9229-30 fol. 26v contient trois scènes : le pèlerin, une femme et le diable, le pèlerin se coupant

48. *Ibid.*, p. 240, lignes 71-74.
49. *Ibid.*, p. 243-244, lignes 172-184.
50. *Ibid.*, p. 244, lignes 189-190.
51. *Ibid.*, lignes 195-196.
52. Aucun ange n'est indiqué dans le texte qui raconte que c'étaient en fait les deux apôtres qui ont replacé l'âme du pèlerin dans son corps : *Li dui apostre la ront prise/Si l'ont reportee et remise/ Ou cors dont ele estoit issue* (*MND*, t. II, p. 243, lignes 167-169). Les enlumineurs ont peut-être confondu avec I Mir 20, « La grossesse de l'abbesse », où la Vierge a ordonné à deux anges de délivrer l'abbesse qui était enceinte, puis de donner son bébé à un ermite.

la tête avec deux autres pèlerins, et les saints Pierre et Jacques. En deux scènes, le manuscrit BnF fr. 25532 fol. 58r montre le pèlerin en train de se castrer, puis le diable et deux saints ; le manuscrit BnF n. acq. fr. 24541 fol. 57v montre la décapitation, le faux saint Jacques, puis le pèlerin et deux autres témoins. L'autre manuscrit avec deux scènes, de la Bibliothèque royale de La Haye, 71 A 24 fol. 24v (fig. 3), montre le pèlerin en train de pécher avec une femme ; le second tableau en montre les effets : le diable et la castration. Finalement, il y a trois manuscrits qui ne contiennent qu'une seule scène, les deux montrant l'automutilation : dans le manuscrit de la Bibliothèque de l'Arsenal 5204 fol. 53v, la castration et le Diable, dans le manuscrit BnF fr. 19166 fol. 136r la décapitation de Girard, et le manuscrit BnF fr. 1533 fol. 91r où le pèlerin est en train de se couper la tête accompagné du faux saint Jacques. Ces manuscrits contiennent peu de scènes qui mettent en exergue la mutilation du corps du pèlerin, à la différence du miracle qui suit (cf. fig. 3).

Nous voyons que les miracles obéissent souvent au même schéma : la médecine se révèle incapable de guérir le malade ou le blessé, et celui-ci est rejeté par tous, de sa propre communauté ou même ailleurs. Même les autres saints invoqués ne peuvent le guérir (comme II Mir 25), seule la Vierge y parvient, ce qui la place au-dessus des saints. Après le miracle, le malade ou le blessé guéri, et même en meilleure santé ou meilleur aspect qu'il n'avait jamais été, témoigne de la puissance de la Vierge (voir II Mir 24 et II Mir 25). Cependant, les exemples montrent que si la Vierge opère à peu près toujours sur le même mode — comme dans une collection qui la loue en racontant ses miracles — les catégories des handicapés restent complexes, mouvantes, et procèdent d'une construction par la société et le contexte. Les malades devenus handicapés, ou encore Girard (I Mir 25) qui a péché puis s'est mutilé, profitent de la grâce de la Vierge. Pour montrer à quel point dans l'idéal la charité fonctionne dans l'Église et surtout la générosité, la gentillesse et le pouvoir de la Vierge Marie (modèle par excellence), les handicapés jouent un rôle indispensable.

Figure 1 : Gondrée
Paris, BnF fr. 25532, fol. 172v

Figure 2 : Robert de Jouy
Paris, BnF naf 24541, fol. 185v

Figure 3 : Girard le pèlerin
La Haye, Bibliothèque royale, ms 71 A 24, fol. 24v

Annexe

Les neuf miracles de guérison et leurs illustrations dans les manuscrits MND

I Mir 17 : Moine malade qui fut guéri par le lait de la Vierge (I)

MANUSCRIT	FOLIOS AVEC ILLUSTRATIONS
Paris, BnF, n. acq. fr. 24541	Fol. 39v
Paris, BnF, fr. 25532	Fol. 40r
Paris, BnF, fr. 1533	Fol. 73r
Bruxelles, Bibliothèque royale de Belgique, ms 10747	Fol. 38v
Saint-Pétersbourg, Bibliothèque nationale de Russie, ms Fr. F.v.XIV.9	Fol. 75v
Paris, BnF, fr. 22928	Fol. 80r
Paris, BnF, fr. 1613	Fol. 24v
Besançon, Bibliothèque municipale, ms 558	Fol. 34r
Paris, Bibliothèque de l'Arsenal, ms 5204	Fol. 43v
Paris, BnF, fr. 19166	Fol. 147v
Bruxelles, Bibliothèque royale de Belgique, ms 9229-30	Fol. 15v
La Haye, Bibliothèque royale, ms 71 A 24	Fol. 13v

I Mir 25 : Girard le pèlerin

MANUSCRIT	FOLIOS AVEC ILLUSTRATIONS
Paris, BnF, n. acq. fr. 24541	Fol. 57v
Paris, BnF, fr. 25532	Fol. 58r
Paris, BnF, fr. 1533	Fol. 91r
Bruxelles, Bibliothèque royale de Belgique, ms 10747	Fol. 57r
Besançon, Bibliothèque municipale, ms 558	Fols. 48r et 49r
Paris, Bibliothèque de l'Arsenal, ms 5204	Fol. 53v
Paris, BnF, fr. 19166	Fol. 136r
Bruxelles, Bibliothèque royale de Belgique, ms 9229-30	Fol. 26v
La Haye, Bibliothèque royale, ms 71 A 24	Fol. 24v

I Mir 40 : Moine malade qui fut guéri par le lait de la Vierge (II)

MANUSCRIT	FOLIOS AVEC ILLUSTRATIONS
Paris, BnF, n.acq.fr. 24541	Fol. 84v
Paris, BnF, fr. 25532	Fol. 85v
Paris, BnF, fr. 1533	Fol. 118r
Bruxelles, Bibliothèque royale de Belgique, ms 10747	Fol. 84v
Saint-Pétersbourg, Bibliothèque nationale de Russie, ms Fr. F.v.XIV.9	Fol. 119v
Paris, BnF, fr. 22928	Fol. 133v
Besançon, Bibliothèque municipale, ms 558	Fols. 71r, 71v et 72r
Paris, Bibliothèque de l'Arsenal, ms 5204	Fol. 68r
Paris, BnF, fr. 19166	Fol. 176r
Bruxelles, Bibliothèque royale de Belgique, ms 9229-30	Fol. 43r
La Haye, Bibliothèque royale ms 71 A 24	Fol. 42v

II Mir 14 : Reliquaire de Laon qui rendit la vue à un aveugle

MANUSCRIT	FOLIOS AVEC ILLUSTRATIONS
Paris, BnF, n. acq. fr. 24541	Fol. 160v
Paris, BnF, fr. 25532	Fol. 151r
Paris, BnF, fr. 1533	Fol. 184r
Bruxelles, Bibliothèque royale de Belgique, ms 10747	Fol. 154v
Saint-Pétersbourg, Bibliothèque nationale de Russie, ms Fr. F.v.XIV.9	Fol. 183v
Paris, BnF, fr. 22928	Fol. 207r

II Mir 22 : Garçon guéri par Notre Dame de Soissons (Miracle de Soissons, I)

MANUSCRIT	FOLIOS AVEC ILLUSTRATIONS
Paris, BnF, n. acq. fr. 24541	Fol. 177v
Paris, BnF, fr. 25532	Fol. 170v
Paris, BnF, fr. 1533	Fol. 200v
Bruxelles, Bibliothèque royale de Belgique, ms 10747	Fol. 171v
Saint-Pétersbourg, Bibliothèque nationale de Russie, ms Fr. F.v.XIV.9	Fol. 199v
Paris, BnF, fr. 22928	Fol. 225r

II Mir 23 : Garçon vacher puni puis sauvé (Miracle de Soissons, II)

MANUSCRIT	FOLIOS AVEC ILLUSTRATIONS
Paris, BnF, n. acq. fr. 24541	Fol. 179r
Paris, BnF, fr. 25532	Fol. 168v
Paris, BnF, fr. 1533	Fol. 202r
Bruxelles, Bibliothèque royale de Belgique, ms 10747	Fol. 173v
Saint-Pétersbourg, Bibliothèque nationale de Russie, ms Fr. F.v.XIV.9	Fol. 201r

II Mir 24 : Gondrée (Miracle de Soissons, III)

MANUSCRIT	FOLIOS AVEC ILLUSTRATIONS
Paris, BnF, n. acq. fr. 24541	Fol. 181r
Paris, BnF, fr. 25532	Fol. 172v
Paris, BnF, fr. 1533	Fol. 204v
Bruxelles, Bibliothèque royale de Belgique, ms 10747	Fol. 175v
Paris, BnF, fr. 22928	Fol. 229r

II Mir 25 : Robert de Jouy (Miracle de Soissons, IV)

MANUSCRIT	FOLIOS AVEC ILLUSTRATIONS
Paris, BnF, n. acq. fr. 24541	Fol. 185v
Paris, BnF, fr. 25532	Fol. 176v
Paris, BnF, fr. 1533	Fol. 208v
Bruxelles, Bibliothèque royale de Belgique, ms 10747	Fol. 180r
Saint-Pétersbourg, Bibliothèque nationale de Russie, ms Fr. F.v.XIV.9	Fol. 206v
Paris, BnF, fr. 22928	Fol. 233r

II Mir 27 : Jeune fille d'Arras

MANUSCRIT	FOLIOS AVEC ILLUSTRATIONS
Paris, BnF, n. acq. fr. 24541	Fol. 193v
Paris, BnF, fr. 25532	Fol. 185r
Paris, BnF, fr. 1533	Fol. 217r
Bruxelles, Bibliothèque royale de Belgique, ms 10747	Fol. 188r
Paris, BnF, fr. 22928	Fol. 242r

Infirmes et infirmités dans la société médiévale, d'après les sources méridionales

Daniel LE BLÉVEC
Université de Montpellier

Les corpus documentaires dont on dispose pour appréhender la réalité sociale, économique, religieuse, médicale et culturelle du handicap sont par nature très divers comme pour tout ce qui touche à l'histoire de la maladie et de son encadrement à l'époque médiévale. Le Midi n'échappe pas à cette règle heuristique. Dès lors, pour le chercheur toute mention est bonne à prendre, compte tenu de l'absence d'un type de source qui concernerait spécifiquement les infirmes et l'affection dont ils sont victimes.

Si l'on essaye de regrouper les informations ainsi relevées, un certain nombre de questions surgissent en effet : quelle est l'origine du handicap ? Comment est-il vécu ? Est-il accepté avec résignation, essaye-t-on de le surmonter et de quelle manière ? Peut-on espérer en être délivré et comment ? Quel regard la société ambiante porte-t-elle sur les malheureuses victimes, compatissant ou méfiant, voire hostile ? Sans qu'il soit possible d'apporter des réponses à chacune de ces questions, leur formulation même ouvre des pistes intéressantes pour la réflexion proposée ici.

L'origine du handicap est assez rarement indiquée dans les sources, surtout lorsqu'il s'agit d'une infirmité de naissance. Combien de bébés malformés figuraient parmi ceux qui étaient déposés nuitamment devant la porte des hôpitaux, comme par exemple l'hôpital Saint-Bénézet d'Avignon ou celui du Pont Saint-Esprit, deux établissements qui s'étaient fait une spécialité dans l'accueil des enfants abandonnés ?[1] Nul doute que la malformation, à côté de la pauvreté extrême des

1. Daniel Le Blévec, « Sans famille. Orphelins et enfants abandonnés », in *Famille et parenté dans le vie religieuse du Midi (XIIe-XVe siècle)*, Toulouse, 2008 (*Cahiers de Fanjeaux* 43), p. 333 *sqq*.

parents ou de l'illégitimité de la naissance, n'ait été une cause importante de rejet, et donc d'abandon, des nouveau-nés, mais la confirmation documentaire manque. En revanche, le handicap acquis, que ce soit par accident ou par maladie, apparaît davantage dans les sources méridionales.

Les comptes des chantiers de construction fournissent ainsi des mentions d'accidents du travail, générateurs de blessures et d'infirmités, soit temporaires, soit définitives. Les registres de l'aumône des papes d'Avignon en signalent un certain nombre, survenues lors de la construction du palais de Benoît XII dans les années 1338-1340[2]. Des ouvriers transportant des pierres au sommet des échafaudages sont déséquilibrés et tombent par terre. La chute peut parfois être mortelle. Elle occasionne toujours des traumatismes et des fractures des membres : main, bras, jambe. Les chirurgiens savent certes réduire les fractures, mais elles laissent la plupart du temps les victimes, temporairement ou définitivement estropiées. La source est muette sur les guérisons éventuelles, comme sur les conséquences physiques et sur les handicaps plus ou moins lourds que les victimes avaient à assumer pendant le reste de leur vie. Ces personnes, brutalement sorties de l'anonymat le temps d'une inscription sur le registre que tient le notaire de la chambre apostolique, disparaissent ensuite dans la nuit de l'histoire. L'on peut raisonnablement supposer que plusieurs d'entre elles gardaient des séquelles dans leur corps meurtri, l'aumône du pape envers ceux qui avaient travaillé pour lui à leurs risques et périls venant compenser la perte d'intégrité physique, partielle ou totale, celle de la mobilité, sans parler des conséquences économiques et sociales pour la survie de la famille de l'accidenté, privée désormais de revenus.

L'acquisition d'un handicap à la suite d'une maladie invalidante est un phénomène mieux représenté. On passera rapidement sur le cas des lépreux, qui sont les *infirmi* par excellence, l'expression *domus infirmorum* désignant en général dans les sources méridionales une léproserie. Ces infirmes en sursis ont été assez largement étudiés ces dernières années pour ne pas avoir à y revenir ici. Moins connus, quoique faisant l'objet de recherches en cours, les victimes du « mal des ardents » ou « feu Saint-Antoine » (ou encore feu sacré) ont sans doute constitué entre le XIe et le XIIIe siècle un pourcentage notable de la population handicapée en Occident. On rappellera que l'affection ainsi désignée correspond à l'ergotisme, intoxication d'origine alimentaire provoquée par la présence dans le seigle consommé d'un cryptogame toxique, l'ergot. Sous sa double forme, gangreneuse ou convulsive, l'ergotisme provoque un dessèchement des membres accompagné d'atroces douleurs, d'un délire hallucinatoire et d'épouvantables sensations de brûlure. Il évolue vers l'amputation plus ou moins spontanée des extrémités nécrosées. Au dernier stade, c'est la mort par empoisonnement général du sang. Parfois cependant, le malade survit, mais il demeure estropié, « démembré » ou « estioméné ». Quelques miracles de guérison ayant été accomplis au bénéfice

2. Cf. annexe 1.

de pèlerins atteints d'ergotisme venus prier auprès des reliques de saint Antoine ermite, en Dauphiné, la réputation thaumaturgique du saint se répandit, amplifiée par la réputation de guérisseurs des religieux chargés de l'accueil et du soin des pèlerins, les frères de saint Antoine, ou Antonins. Devenu un ordre international, avec des maisons implantées en de nombreux endroits, cet institut hospitalier a laissé des archives qui fournissent quelques informations intéressantes, comme on le verra, sur l'attitude à l'égard des démembrés [3].

Le sous-titre du colloque nous invitait à réfléchir plus particulièrement sur deux attitudes face au handicap : le penser et le surmonter. Le premier terme est certainement le plus difficile à illustrer. Car le regard des contemporains et leurs réflexions sur l'existence, parmi eux, d'êtres malformés ou diminués, ne peuvent guère être appréhendés, en l'absence de discours théorique, qu'à travers les diverses réactions, de rejet ou d'acceptation, face au handicap. Le second terme conduit davantage à s'interroger sur la perception qu'a d'elle-même la victime d'une infirmité, son éventuelle résignation à son triste sort ou au contraire sa volonté d'en être sinon délivrée, au moins soulagée, tant moralement que physiquement.

L'on peut d'emblée affirmer que les handicapés sont en général perçus en tant que tels. En effet, s'ils partagent avec les malades, mais aussi les pauvres passants et les pèlerins, le sort commun des *pauperes*, des laissés pour compte, des miséreux, bénéficiaires de la charité publique, et ceci en dépit de la conviction, profondément ancrée dans les mentalités, que l'infortune qui les accable ne peut avoir qu'une origine surnaturelle, liée à la volonté castigatrice de la divinité à l'encontre du pécheur — conviction particulièrement sensible lorsqu'elle a pour objet les lépreux — l'attitude commune à leur égard ne les en distingue pas moins des autres catégories. C'est ainsi, par exemple, qu'ils ne bénéficient généralement pas d'un accueil dans les hôpitaux. Le caractère permanent, perçu comme définitif, de leur affection rend les administrateurs des établissements charitables méfiants, ou simplement prudents. Le souci de bonne gestion de leur maison ne leur permet pas d'y recevoir des personnes dont l'état d'invalidité permanente aurait constitué une source de dépenses excessives. Dans la plupart des hôpitaux les pauvres valides eux-mêmes ne pouvaient demeurer plus de deux ou trois jours. Conscient de ce problème, un pape comme Urbain V, attentif à toutes les misères, tenta d'y remédier. En mai 1367, il octroie ainsi *amore Dei* une pension de cinq florins par mois pendant six mois à un pauvre, paralysé des membres, recueilli dans l'hôpital de la Trinité d'Avignon [4].

L'exception est représentée par les hôpitaux des Antonins, des lieux où s'est élaborée au Moyen Âge une étonnante synthèse entre la médecine des hommes et la médecine de Dieu. Ces religieux, à la fois gardiens des reliques, organisateurs

---

3. Daniel Le Blévec, *La part du pauvre. L'assistance dans les pays du Bas-Rhône du XIIe siècle au milieu du XVe siècle*, Rome, 2000 (Coll. de l'École française de Rome, 265), vol. 1, p. 136 *sqq.*
4. *Archivio segreto vaticano*, IE 321, fol. 132.

de pèlerinages et thérapeutes efficaces, étaient en effet réputés pour les soins qu'ils dispensaient aux ardents. Ils avaient maîtrisé des techniques de traitement, tant médical et pharmaceutique que chirurgical, notamment l'art de l'amputation, qui leur assuraient une solide réputation. Ces compétences étaient mises au service des ardents non seulement dans la maison mère dauphinoise mais également dans les divers hôpitaux implantés dans les provinces. Un inventaire de la maison d'Avignon datant du milieu du XVe siècle, et dont le texte est conservé dans un registre de notaire, mentionne, entre autres, cinquante objets de cire, en forme de corps, de tête, de jambe, de main, de sein, de côte, de buste, qui sont autant d'ex-voto donnés en remerciement par des infirmes guéris grâce aux soins et / ou aux prières des frères de saint Antoine. Est également signalée la présence d'une boîte à onguents et de deux vinaigriers, témoignage des soins dispensés aux démembrés. Les Antonins avaient en effet mis au point une pharmacopée spécifique à base d'onctions et de lavages des blessures occasionnées par les amputations avec un liquide acidulé appelé le Saint Vinage.

Pour ces religieux, il va de soi que l'accueil et les traitements qu'ils prodiguaient s'insèrent dans la perspective de la miséricorde évangélique. Ils participent du grand élan de charité qui a submergé l'Occident à partir du XIIe siècle, assignant aux chrétiens, tant clercs que laïcs, de venir en aide à tout prochain dans la détresse, la souffrance ou le malheur. L'on peut remarquer à cet égard que les œuvres de miséricorde, qui connaissent alors une résonance remarquable dans le discours théologique et pastoral comme dans l'iconographie, ne s'adressent pas spécifiquement aux handicapés. Aucune des sept oeuvres corporelles — nourrir, abreuver, vêtir, héberger, libérer, visiter, ensevelir — ne les mentionne, même si l'on peut évidemment considérer qu'ils sont inclus, à l'instar des autres *pauperes Christi,* parmi les bénéficiaires potentiels des quatre premières. Ainsi, « penser le handicap » n'est peut-être pas alors, finalement, une attitude consciente dans les mentalités chrétiennes.

Le second terme « surmonter le handicap » invite à rechercher dans la documentation les expressions, paroles, gestes, attitudes, témoignant de la manière dont les victimes d'infirmités vivent leur état, affrontent le regard des autres et assument la situation sociale qui leur est faite. L'acceptation du handicap n'implique pas forcément résignation. En effet, à côté d'une attitude qu'ils partagent avec d'autres *pauperes* et qui pousse certains handicapés tombés dans la misère, victimes donc d'un déclassement social, à mendier leur nourriture quotidienne en sollicitant la charité d'autrui, l'on peut relever des témoignages qui montrent la volonté de beaucoup d'entre eux de trouver des remèdes à leur état, voire à tout tenter pour être soulagés et même délivrés de leur infirmité.

À partir du XIVe siècle, période où la documentation devient plus abondante, les handicapés ont de plus en plus tendance à aller consulter les spécialistes de l'art de guérir, chirurgiens et médecins. En cela, ils ne se distinguent pas des malades. Même si l'on peut discuter de la validité de l'expression, la « médicalisation » de la société est à cette époque une réalité avérée. Elle est particulièrement forte dans le Midi où l'essor des études de médecine au sein de l'université de Montpellier, la présence de la cour pontificale à Avignon et l'existence d'une tradition ancienne de la pratique médicale au sein des communautés juives des villes, sont autant de facteurs explicatifs du phénomène. Les victimes du mal des ardents viennent demander aux frères de saint Antoine de les soulager, notamment en procédant à l'amputation qui certes va faire d'eux des estropiés mais qui au moins les aura sauvés de la mort. Paralytiques, boiteux, éclopés en tous genres viennent consulter les disciples d'Hippocrate, avec l'espoir de trouver auprès d'eux un remède ou un traitement capable d'alléger leurs souffrances, comme le montre une miniature extraite du traité du chirurgien arabe Albucasis (Al Zahrawi) traduit en latin, l'un des manuels de base de l'apprentissage de la chirurgie en Occident, dans le manuscrit conservé à Montpellier, à la bibliothèque de la Faculté de médecine[5].

Parmi bien d'autres, voici le cas d'un paralysé adepte des médecins[6]. Nous sommes en 1389 à Montélimar. Un jeune tailleur, il n'a qu'une vingtaine d'années, dénommé Jean de Namayo, est atteint d'une paralysie des membres particulièrement invalidante puisqu'il ne peut plus s'habiller seul, ni accomplir les gestes indispensables pour manger, comme rompre son pain, ni surtout continuer à exercer son activité professionnelle. Il consulte d'abord un médecin juif de la ville, qui le soigne avec des médicaments et des onguents, à base de petit-lait. Le traitement est sans résultat. Le tailleur part alors suivre une cure thermale à Saint-Laurent-les-Bains, petite station de la montagne cévenole. Rien n'y fait. Il va même jusqu'à suivre les conseils d'une sorte de médecin ambulant, en fait un barbier qui lui recommande simplement de tenir de la sauge dans sa main. Ne constatant

5. Montpellier, Bibliothèque interuniversitaire, section médecine, H 89ter, fol. 1.
6. Cf. annexe 2. Daniel Le Blévec, « Miracle et médecine à Montélimar au Moyen Âge », *Revue drômoise*, n° 428, 1983, p. 344-352.

aucune amélioration à son état, il retourne chez lui, continuant à recevoir des soins médicaux, tout aussi inefficaces.

Le recours à la médecine dans l'espoir de soulager ses souffrances physiques, de quelque nature qu'elles soient, est devenu à la fin du Moyen Âge dans les pays méridionaux une attitude normale pour un individu touché par le mal physique. Des rapports nouveaux entre patients et médecins se sont mis en place. Dans une société fortement modelée par la pratique du droit, ces rapports prennent souvent la forme de contrats passés devant notaire, et c'est donc dans les minutes notariales, conservées en grand nombre pour les communautés d'habitants du Midi, que l'historien peut en prendre connaissance. Ces actes authentiques officialisent la relation entre le malade et son médecin en les liant par des engagements réciproques : le médecin promet de mettre toutes les ressources de son art et de faire tout ce qui lui est humainement possible pour traiter son patient. De son côté, celui-ci s'oblige à suivre scrupuleusement les prescriptions ordonnées et de régler les honoraires selon les dispositions définies dans le *pactum*. Deux exemples de contrats de soin permettent d'illustrer ces pratiques.

Dans un acte de 1419, Maître Béranger Cambon, chirurgien de Valréas, promet à Jean Ponset de faire tout son possible pour le soigner du mal dont il souffre à la jambe, contre le paiement d'une somme de quatorze florins et six gros. Jean Ponset promet à maître Bérenger de lui payer deux florins et six gros et pour les douze florins restants il lui donne en gage sa maison située à Orange [7].

Le 20 mars 1467, contrat est passé entre le médecin maître Martin de Calera et maître Mossé Meyr, médecin juif de Tarascon. Martin de Calera soignera les yeux de maître Salves Avigdor, juif de Tarascon, avec l'espoir que, par la médiation divine, il pourra voir clairement de ses yeux dans le délai d'un mois à compter de ce jour. Maître Mossé Meyr promet de verser à maître Martin de Calera pour ses soins et ses médicaments la somme de cinq écus d'or, à savoir un écu immédiatement et les quatre autres à la fin du dit mois. Au cas où maître Martin de Calera ne guérirait pas les yeux de maître Salves Avigdor et où celui-ci ne récupérerait pas la vue, maître Martin ne devrait rien avoir et serait tenu de rendre à maître Mossé l'écu qu'il a reçu de lui [8].

Les rapports privilégiés que les sociétés méridionales entretiennent avec la médecine, bien illustrés par le cas du paralysé montilien, de l'éclopé de Valréas et du juif aveugle de Tarascon – les exemples pourraient être multipliés — montrent qu'à la fin du Moyen Âge, le mal physique, tant la maladie que le handicap, n'est plus foncièrement perçu comme une manifestation de la justice immanente, devant par conséquent être acceptée avec fatalisme et résignation. Il n'en reste pas moins que confrontés à l'impuissance de l'art médical de cette époque à traiter un grand nombre d'affections, à l'incompétence ou l'ignorance de bien des thérapeutes, qu'ils

---

7. Cf. annexe 3.
8. Cf. annexe 4.

soient formés à l'université, dans le cadre de l'apprentissage ou auto-proclamés, dans le cas des charlatans et des empiriques, bien des victimes d'un mal qui les crucifie, en désespoir de cause, ne trouvent de recours que dans l'intercession des saints, en faisant un vœu et en partant prier sur leurs tombeaux. Et c'est alors un autre champ documentaire, immense celui-ci, qui s'ouvre aux investigations de l'historien, celui des sources hagiographiques. Dans son ouvrage, *L'homme et le miracle dans la France médiévale*, Pierre-André Sigal a exploité avec précision les recueils de miracles des XIe et XIIe siècles [9]. Il en a même tiré quelques statistiques intéressantes pour notre sujet, en montrant que certaines infirmités occupaient une place particulièrement élevée parmi les bénéficiaires de guérisons obtenues : 17,5 % concernent des guérisons de cécité, 11 % la surdité et la mutité, 8,8 % les maladies mentales, 36,3 % les paralysies et incapacités motrices. Les handicapés représentent donc presque les trois-quarts des bénéficiaires de guérisons miraculeuses (le quart restant étant composé des victimes de maladies diverses : fièvres, maladies infectieuses, tumeurs, lèpre, etc.) Ces données globales ne concernent que faiblement le Midi, qui n'a guère produit ce type de sources en dehors de quelques exceptions notables comme les Miracles de Saint-Gilles et ceux de Saint-Guilhem-le-Désert. Il faut attendre ici le XIVe siècle pour disposer d'une documentation de premier ordre avec les procès de canonisation. Dans les derniers siècles du Moyen Âge en effet, comme l'ont remarquablement montré les travaux d'André Vauchez, l'accès à la sainteté n'est officiellement accordé par l'Église qu'à la suite d'une procédure complexe au cours de laquelle l'existence, les mœurs, la personnalité et les miracles du candidat à la canonisation sont soigneusement examinés. De nombreux témoins sont donc interrogés, selon un questionnaire mis au point à l'avance, et les interrogatoires sont consignés par des notaires dans des procès-verbaux copiés en plusieurs exemplaires. La Provence et le Languedoc ont fourni aux instructeurs des causes nombre de témoignages de personnages ayant bénéficié d'une guérison miraculeuse après avoir prononcé un vœu et accompli un pèlerinage d'action de grâce sur le tombeau du saint ou de la sainte, qu'il s'agisse de Delphine de Puimichel, la sainte comtesse de Sabran, de Louis d'Anjou, évêque franciscain de Toulouse, de Douceline de Digne, la béguine amie des spirituels, du pape Urbain V ou de Pierre de Luxembourg, le jeune cardinal de Clément VII mort à 18 ans et enterré dans le cimetière des pauvres d'Avignon, un lieu devenu rapidement le cadre d'une dévotion fervente et le théâtre de multiples guérisons miraculeuses. Gérard Veyssière, reprenant pour cette documentation la méthode de Pierre-André Sigal, s'est livré à quelques statistiques à partir de six cent quatre-vingt-trois témoignages. Les handicaps intéressent 28 % des cas, dont 18 % de paralysies et impotences diverses, 7 % concernent la cécité et autres troubles oculaires, 3 % la surdité [10].

9. Pierre-André Sigal, *L'homme et le miracle dans la France médiévale (XIe-XIIe siècle)*, Paris, 1985.
10. Gérard Veyssière, *Vivre en Provence au XIVe siècle*, Paris, 1998.

Au-delà de la sécheresse des chiffres, il convient d'entrer dans le concret en retrouvant le tailleur paralysé de Montélimar. La présentation qu'il fait de son cas est tout à fait classique : constat de l'inefficacité des méthodes curatives naturelles, prononciation d'un vœu, accomplissement du miracle, pèlerinage avec dépôt d'ex-voto sur la tombe du saint, ici sous la forme classique d'une représentation en cire, une « image » de la partie du corps guérie... La quantité d'objets accumulés sur la sépulture de Pierre de Luxembourg et l'affluence de ses dévots étaient si considérables qu'elles frappaient l'imagination des visiteurs, comme par exemple le représentant à Avignon du marchand italien de Prato, Francesco di Marco Datini qui écrit dans une lettre : « Du dehors, des villages fortifiés des environs sont venus boiteux, estropiés, manchots et paralytiques qui sont guéris par la vertu de Dieu et de ce saint cardinal. Il fait chaque fois de très grands miracles et c'est une grande curiosité de voir les images de cire qui y sont portées journellement ».

Le témoignage du tailleur, on le voit, est riche d'une grande quantité de données qui intéressent l'histoire religieuse, celle de la société et des mentalités en général. Concernant notre sujet, on retiendra deux série d'informations.

La première concerne l'approche médicale de l'infirmité physique. Elle participe de la volonté, chez le patient, de surmonter le handicap. Ce recours à des médecins entraîne la mise au point de méthodes curatives qui n'ont rien de spécifique. Trois sont mentionnées ici : l'usage de médicaments (sans précisions sur leur nature), l'usage d'onguents, prescrits pour soulager les douleurs ou en cas de troubles moteurs, et la balnéothérapie [11].

La seconde série de données autorise à définir une nouvelle attitude devant la maladie. Elle n'est pas propre au handicap, elle concerne les victimes de toutes les pathologies et la manière dont chacune vit son mal au quotidien, dans son rapport avec la société, avec Dieu et avec elle-même.

À la fin du Moyen Âge, sous l'effet des « malheurs du temps » et en particulier des épidémies de peste, le mal qui atteint le corps, et surtout la perception que l'on en a, perdent quelque peu leur dimension religieuse. La maladie, l'infirmité ne sont imputables qu'à la seule faiblesse humaine. Dès lors, il apparaît légitime d'essayer de s'en prémunir, de se soigner, de lutter, de mettre en œuvre tous les moyens possibles susceptibles d'apporter un soulagement à ses souffrances. Aucun domaine du savoir ou de l'expérience n'est écarté : consultation de médecins, de guérisseurs, utilisation des ressources de la pharmacopée. C'est seulement après le constat d'échec des thérapeutiques auxquelles ils ont eu recours, après que les médecins ont déclaré leur pathologie incurable, que malades et infirmes font appel au saint thaumaturge. Ces témoignages attestent sans doute la permanence des vieilles croyances en la capacité d'intervention des forces surnaturelles, mais celle-ci n'est sollicitée qu'en dernier recours. Les prélats enquêteurs qui instruisent

11. La balnéothérapie procède d'une longue tradition thérapeutique et hygiénique dont le Moyen Âge a constamment fait usage.

les procès, hommes de savoir comme le sont les médecins, intègrent ces évolutions et en tirent profit. Le renoncement de la science médicale, son aveu d'impuissance, que l'on met bien en évidence, prouvent à leurs yeux le pouvoir miraculeux et donc la sainteté de celui qui, contre toute espérance de guérison naturelle, a redonné la santé et soulagé de ses souffrances le fidèle qui a fait appel à lui.

Annexes

— 1 —

Accident du travail et handicap (Archivio segreto Vaticano, Introitus et exitus).

[IE 171, fol. 108v] *Die VI mensis octobris [1338] de mandato domini nostri, Petro Raymundi de Tholosa, causa helemosine pro fratre suo qui cecidit de turri cappelle versus viridarium, dedimus VI flor.*

[fol. 109] *Die XXIII octobris, de mandato domini nostri pape, B. Olerii recipienti pro Duranto Guilha qui cecidit de ruppe versus viridarium, dedimus causa helemosine IV flor.*

[IE 177, fol. 147] *Die XVIII mensis februarii [1339], dati sunt causa elemosine, Dominico Autrini, Ruthensis diocesis, qui casu fortuito de opere domini nostri pape, portando lapides supra edificium predictum, in terram cecidit et tibias se fregit X sol.*

Eodem die dati sunt amore Dei de mandato dicti domini camerarii Johanni Clerici lombardo de Florentia qui de predicto edificio in terram cecidit, portando lapides supra edificium predictum XVI sol.

Die XIX mensis februarii, traditi sunt amore Dei de mandato dicti domini camerarii Johanni Damiani de Pertusio qui de predicto edificio domini pape casu fortuito, portando lapides supra edificium predictum, in terram cecidit XVI sol.

[fol. 149] *Die XIII mensis maii dati sunt amore Dei de mandato domini nostri et domini camerarii Petro de Castilhione manobrerio qui casu fortuito diruendo quodam arcu de edificio antiquo palatii domini nostri pape unum digitum sue manus perdidit XX sol. in obolis albis cunii regis Francie.*

Eodem die dati sunt amore Dei de mandato domini nostri pape Bernardo Legerii manobrerio qui casu fortuito portando lapides supra edificium domini nostri pape Avinionis in terram cecidit et tibiam se fregit X sol in obolis obolis albis cunii regis Francie.

Eodem die dati sunt amore Dei de dicto mandato Stephano Borgesii lapiscide qui de edificio predicto cecidit et brachium se fregit X sol. in obolis albis cunii regis Francie.

[fol. 154] *Die III dicti mensis [augusti] dati sunt amore Dei Agnesie Alusse hospitalarie hospitalis Parvi de mandato domini nostri pape, pro expensis faciendis Guillermo de Clunhi et cuidam alteri qui ceciderunt de edificiis dicti domini nostri pape et in dicto hospitali graviter infirmabantur et etiam pro rebus medicinalibus eisdem necessariis XX sol. monete nigre currentis.*

Eodem die dati sunt amore Dei Agnete de Castro Chalen. matri Hugonis Brassii qui cecidit de edificio domini pape, qui post paucos dies decessit X sol.

Eodem die dati sunt amore Dei Sibeleni de Clunhi recipienti nomine Guillermi de Clunhi, viri sui, qui de edificio gippi facti in aula ubi dominus noster solebat tenere consistorium cecidit V sol.

Die IV mensis augusti tradidi sunt de mandato domini nostri pape amore Dei Agnete Cabilonis pauperi mulieri, matri Hugonis Brasserii quondam qui de edificio domini nostri pape, portando gippum supra edificium quid fit in aula ubi dominus noster papa solebat tenere consistorium, cecidit et propter infirmitatem quam inde accepit, diem clausit extremum XL sol. monete nigre currentis.

[fol. 154v] *Die IV mensis augusti dati sunt amore Dei Johanni Laboratori qui de edificio gippi domini nosgtri pape casu fortuito cecidit et brachium se gregit X sol.*

Die IX dicti mensis dati sunt amore Dei Agnete Alusse hospitalarie hospitalis quod est in librata domini cardinalis de Ispania, pro rebus medicinalibus emendis pro Guillermo de Clunhi, qui de edificio gippe casu fortuito cecidit et pro expensis eidem faciendis X sol.

— 2 —

Déposition de Jean de Namayo, alias de Fontenay, tailleur, habitant de Montélimar, diocèse de Valence, âgé d'environ vingt ans. Jeudi 10 février 1390.

Acta Sanctorum, Iul. I, p. 589 (traduit du latin).

« ... Le témoin déclara qu'il souffrait depuis le milieu du Carême de l'année précédente, à tel point qu'il ne lui était plus possible de mettre son capuchon sur la tête, ni de se vêtir, ni de rompre son pain, ni de faire aucun autre travail, ni de pratiquer son métier de tailleur, et qu'il était affaibli dans tous ses membres, comme si ceux-ci étaient en train de se dessécher. Sur le conseil des médecins, il s'était rendu aux bains et aux étuves de Saint-Laurent-les-Bains, au diocèse de Viviers, mais il n'avait pu y trouver la guérison. En fin de compte, il était retourné chez lui et il avait reçu les soins des médecins jusqu'à la fête de la Pentecôte. Mais quand il avait constaté que, malgré cela, il ne pouvait être guéri d'aucune manière, il avait fait un vœu à Dieu et au saint cardinal, s'engageant, si le glorieux et saint corps du seigneur cardinal de Luxembourg lui faisait la grâce de lui rendre la santé, à se rendre en pèlerinage, dès qu'il serait guéri, sur son tombeau et à lui porter une image de cire du poids d'une livre. Peu de jours après avoir prononcé son vœu — combien de jours exactement, il ne s'en souvenait pas — il avait commencé à reprendre des forces et dans l'espace de seulement deux mois il avait été tout à fait guéri, à tel point qu'il avait pu de nouveau travailler pour gagner son pain. De fait, les médecins lui avaient dit, avant, qu'il ne pourrait en aucune façon obtenir la guérison par le recours à l'art de la médecine.

On demanda au témoin qui étaient ces médecins. Il répondit qu'il avait consulté un médecin aux eaux, en fait un barbier qui se déplaçait à travers le pays et dont il avait oublié le nom, qui lui avait dit de tenir dans la main une plante de sauge. L'autre médecin était un juif appelé Isaac, qui demeurait à Montélimar. Celui-ci lui avait prescrit plusieurs onguents et médicaments et l'avait oint de petit-lait près du feu.

On demanda au témoin s'il avait consulté d'autres médecins. Il répondit non.

On lui demanda si ce juif lui avait dit qu'il était atteint d'une maladie incurable. Il répondit oui.

On lui demanda quelles étaient les personnes qui avaient assisté à cela ou qui étaient au courant. Il répondit : son maître Jean Breton, de Montélimar, la femme de celui-ci Pétronille, ainsi que Michel Bonixier, Etienne Molier et plusieurs autres dans la rue où il demeurait.

On lui demanda pour quelle raison cette infirmité lui était advenue. Il répondit qu'il l'ignorait.

On lui demanda pourquoi il était venu dans cette ville [d'Avignon]. Il répondit que c'était pour accomplir son vœu et s'acquitter de la promesse qu'il avait faite d'une image de cire.

On lui demanda pourquoi il avait tant tardé à venir puisqu'il était guéri depuis un certain temps déjà. Il répondit qu'il n'avait pas jusqu'alors gagné assez d'argent pour pouvoir venir.

On lui demanda s'il croyait avoir été guéri par l'intervention du dit seigneur cardinal. Il répondit oui.

On lui demanda s'il était tout à fait guéri comme il était avant son infirmité. Il répondit oui. »

— 3 —

Contrat de soins pour un mal de jambe. Valréas, 1419.

1419, 7 mai. *Cum dudum magister Berengarius Cambonis, surgicus habitator Valriaci, promiserit Johanne Ponseti, olim habitatori Aurasice, nunc vero habitatori Valriaci, suo posse curare et prestare operam et diligentiam quam poterit de curando malum quod dictus Johannes diu est passus et adhuc patitur in tibia pro precio quatuordecim florenorum et sex grossorum. Hinc est quod dictus Johannes salvis premissis promisit et convenit dicto magistro Berengario solvere ex causa promisse [duos florenos et sex grossos] et pro resta dictorum quatuordecim florenorum et sex grossorum videlicet duodecim florenos et obligavit expresse quoddam ipsius Johannis hospicium situm in civitate Aurasicensi. Actum Valriaci.*

(A.D. Vaucluse, notaires Valréas, fonds Petit, n° 56).

— 4 —

Contrat de soins pour un cas de cécité. Tarascon, 20 mars 1467 (n.s.)

1466, 20 mars.

Pacta inhita inter magistrum Martinum de Calera, medico de Parvo Egito, ex una, et magistrum Mossé Meyr medicum judeum Tharasconis.

Fuit de pacto quod Martinus de Calera, Deo auxiliante, sanabit oculos magistri Salves Avigdor judei phisici Tharasconis, sic et taliter quod, Deo mediante, de dictis occulis clare videbit ad unum mensem a die presenti inanthea computandum etc.

Item plus fuit de pacto inter dictas partes quod dictus magister Mossé Meyr teneatur et debeat et quod faceret promisit eidem magistro Martino de Calera dare, solvere etc. pro suo labore et medicinis quinque scuta auri regis, videlicet incontinenti unum et alia quatuor scuta auri in fine dicti mensis.

Item plus fuit de pacto inter dictas partes videlicet quod casu quod dictus magister Martinus de Calera non sanaverit dictos occulos dicti magistri Salves Avigdor ita quod visum non recuperaverit, eo casu adveniente dictus magister Martinus nil habere debeat et dictum scutum reddere et restituere teneatur eidem magistro Mossé Meyr, quod dictus magister Mossé Meyr eidem magistro Martino realiter tradidit in presencia mei notarii.

Actum Tharascone.

(Éd. Pansier, B.M. Avignon, ms 5686, fol. 244).

Images littéraires des invalides et des estropiés au Moyen Âge

Danielle QUÉRUEL
Université de Reims (CRIMEL)

Dire la souffrance physique, décrire l'infirmité et le handicap, évoquer les maladies qui pouvaient atteindre les hommes au Moyen Âge ne correspond pas aux objectifs d'une littérature qui — à cette époque — ne connaît ni la description, ni la subjectivité et qui, de plus, n'oublie jamais que les hommes vivent dans une société et un ordre voulus par Dieu. Cet ordre certes n'échappe pas aux aléas de la Fortune, mais les situations personnelles qui pouvaient en découler ainsi que la place que les malades, les estropiés ou les invalides pouvaient avoir dans cette société ne provoquent de la part des auteurs médiévaux aucun commentaire. La quête des sources dans ce domaine est difficile car les œuvres médiévales littéraires qui s'inscrivent dans une optique réaliste sont rares : même les fabliaux ou les nouvelles dont le cadre se situe le plus souvent dans la ville et qui accordent une certaine place à des faits quotidiens s'intéressent peu aux réalités sociales. Peut-on penser que le fait d'évoquer des marginaux, des malades ou des exclus n'était pas compatible avec l'objectif de cette littérature qui était avant tout de plaire à un public noble appréciant surtout une littérature d'évasion et de distraction ? Quels sont les quelques témoignages qui nous permettent d'imaginer comment, pendant les siècles médiévaux, le handicap était pensé et représenté, comment les hommes l'acceptaient et tentaient de le surmonter ?

Le silence de la littérature médiévale sur les maladies et les handicaps est cependant surprenant. Une grande partie des textes — les épopées, les chroniques, les récits guerriers — évoque en effet des combats, des tournois ou des guerres que nous devinons meurtriers et qui devaient laisser sur les champs de bataille non seulement des morts, mais une quantité de blessés et de mutilés. Ainsi les chansons de geste, c'est-à-dire les récits épiques, sont composées pour chanter les exploits des combattants et les coups d'épée prodigieux qui sont assenés sur les adversaires. La mort devait être immédiate quand la lame de l'épée s'abattait sur le casque et fendait dans son élan la tête et le corps, l'armure et le chevalier, voire sa monture. L'exaltation épique de la prouesse est alors le seul objectif des auteurs qui décrivent ces coups héroïques et la formule laconique indiquant qu'il y eut « maints morts et maints blessés » n'est jamais suivie de réflexions sur le sort de ceux qui ne succombaient pas tout de suite à leurs blessures, mais devaient garder sur leur corps et dans leur chair les traces de plaies multiples et parfois de mutilations. Le même silence se retrouve dans les romans de chevalerie composés à partir du XIIe siècle où tout chevalier digne de ce nom doit s'illustrer aux armes ; la même discrétion caractérise les chroniques, genre situé entre la sphère littéraire et l'univers historique, qui se nourrit essentiellement du souvenir des guerres. Là encore l'évocation des conséquences humaines des batailles ne va jamais jusqu'à parler du sort de ceux qui ne meurent pas, mais restent blessés et mutilés.

Le premier auteur et le seul sans doute à dire la gravité des blessures et les souffrances qu'elles peuvent entraîner est le seigneur Jean de Joinville lorsque dans *La vie de Saint Louis*[1] il raconte ce qu'il a vu et vécu lors de la VIIIe croisade. De 1248 à 1254, il accompagna le roi de France Louis IX dans cette expédition outre-mer. Les récits de la bataille de Damiette, puis de celle de la Mansûra sont parsemés de réflexions personnelles, empreintes de pitié, montrant comment Jean de Joinville a vu et partagé la souffrance des croisés qui durent affronter l'assaut des troupes sarrasines :

> « La fut blessé messire Hugues d'Ecot de trois coups de lance au visage et messire Raoul et messire Ferri de Louppy d'un coup de lance entre les épaules et la plaie était si large que le sang lui sortait du corps comme par la bonde d'un tonneau. Messire Erart de Sivry fut touché d'un coup d'épée en plein visage si bien que le nez lui tombait sur la lèvre »[2].

Les combattants qui ont les jambes brisées dans l'affrontement sont ramenés vers le camp français par leurs compagnons qui les tirent par les bras. Messire Raoul de Vanault qui était dans l'entourage de Joinville avait été « esjareté », c'est-à-dire avait eu les jarrets coupés et ne pouvait plus tenir sur ses pieds. Un vieux chevalier sarrasin devait le porter « aus chambres privees » suspendu à son cou[3]. L'attention portée par Joinville à ces blessures de guerre et aux souffrances ressenties par ces croisés mutilés et estropiés est unique dans la littérature médiévale : c'est le fait d'un homme qui n'est pas un écrivain de profession, mais qui s'appuie sur ses propres souvenirs pour dire les souffrances qu'il a partagées avec ses compagnons[4].

---

1. Cf. *La Vie de saint Louis de Jean de Joinville*, éd. J. Monfrin, Paris : Classiques Garnier, 1995.
2. *La Vie de saint Louis*, § 225.
3. *Ibid.*, § 325.
4. Sur le témoignage de Jean de Joinville, cf. *Jean de Joinville : de la Champagne aux royaumes d'outre-mer*, études réunies par D. Quéruel, coll. Hommes et textes en Champagne, Langres : Guéniot, 1998 et en particulier l'étude de Sylvie Bazin-Tacchella, « Corps blessés et corps souffrants dans *La vie de saint Louis* de Joinville », p. 175-192.

Qu'il s'agisse de chroniques ou d'œuvres de fiction, le sort des chevaliers mutilés n'est jamais évoqué ailleurs. Sans doute récupérés par la société à laquelle ils appartenaient, ils devaient continuer à vivre avec leur handicap. Souvenons-nous de l'exemple admirable du doge de Venise, Dandolo, qui vieux et aveugle se croise avec les Vénitiens et les Français lors de la quatrième croisade. Geoffroy de Villehardouin dans *La Conquête de Constantinople* [5] commente ainsi sa décision :

> « Le prud'homme aurait eu de bonnes raisons pour rester car c'était un vieil homme et ses yeux étaient beaux en son visage, mais il ne voyait goutte car il avait perdu la vue à la suite d'une blessure qu'il avait eue à la tête » [6].

Les quelques images d'estropiés, d'aveugles et d'invalides se trouvent ailleurs [7], dans des œuvres qui à partir du XIIIe siècle et jusqu'au XVe siècle se situent toujours dans le cadre de la ville et dont les personnages appartiennent à la société urbaine. Il s'agit de pièces de théâtre [8] qui montrent ces estropiés avec une certaine cruauté et les placent dans des situations où ils sont souvent victimes de la ruse des autres qui profitent de leur handicap pour les gruger ou voler. Le motif récurrent autour duquel se structurent ces textes est celui de l'aveugle qui a besoin d'un guide pour se diriger dans les rues et qui est victime d'un valet qui profite de son infirmité pour le voler et le battre. Au-delà des détails farcesques affleurent cependant quelques détails réalistes. Ainsi dans le *Garçon et l'Aveugle* [9] le personnage est montré dans son activité quotidienne qui est de gagner sa vie en mendiant : il parcourt les rues, frappe aux portes, crie sous les fenêtres. Seul, sans guide, l'aveugle est confronté à bien des difficultés : incapable de savoir quelle heure il est ou de retourner chez lui, il engage à son service un jeune homme qui lui promet de l'aider à gagner davantage. Les rôles sont alors répartis : « Tu prieras » dit-il à l'aveugle, c'est-à-dire tu demanderas l'aumône et le jeune serviteur ajoute « Je chanterai » [v. 31], s'arrogeant ici un rôle qui fait penser à celui du jongleur. Cependant il trompe son maître infirme, le frappe en feignant de le défendre contre des adversaires fictifs et enfin se fait ouvrir la porte de son domicile, vole et emporte tout ce que l'aveugle possède : vêtements et argent. Aucun jeu de scène n'est indiqué

---

5. Cf. Geoffroy de Villehardouin, *La Conquête de Constantinople*, ed. et tr. E. Faral, Paris : les Belles Lettres, 1961.
6. *La Conquête de Constantinople*, p. 169, § 67.
7. L'exemple du *Traité de l'amour courtois* d'André Le Chapelain, composé vers 1174, reste unique. Ce texte contient des débats proposés à la sagacité des dames et l'une des questions débattues consiste à savoir ce qui se passe si un chevalier revient de la croisade avec un membre en moins : un bras, une jambe, un œil ... . La dame qui aimait le chevalier avant son départ a-t-elle tort de lui ôter son amour quand il est mutilé ? Elle est ici condamnée et critiquée de ne pas continuer à l'aimer alors qu'il est devenu infirme. Cf. *Traité de l'amour courtois* d'André Le Chapelain, tr. Cl. Buridant, Paris : Klincksieck, 1974, p. 172.
8. Curieusement les fabliaux dont l'action se passe souvent dans ce même milieu urbain n'attachent pas d'importance à ces personnages marginalisés par leur handicap.
9. Cf. *Le garçon et l'aveugle*, tr. J. Dufournet, Paris : Champion, 1982.

et il convient sans aucun doute de penser à une pièce pouvant être interprétée par deux jongleurs sur une place de marché ou de foire. Le personnage de l'aveugle est campé de façon concrète ce qui permet d'imaginer dans quelles conditions il vit : il avoue qu'il gagne bien sa vie et qu'il a amassé une fortune personnelle. Ce même détail se retrouve dans le fabliau des *Trois aveugles de Compiègne* [10] : trois infirmes agitent une sébile pour mendier, portent des vêtements usagés mais réussissent à recevoir des aumônes généreuses qui leur permettent de s'attarder dans les tavernes. Lorsqu'ils s'adressent à l'aubergiste, ils affirment pouvoir payer leur repas et leurs boissons avec plus de générosité que des gens bien habillés. Le commerçant habitué à cette clientèle leur fait confiance sachant que souvent des gens de cette espèce ont beaucoup d'argent.

La deuxième situation théâtrale permettant d'imaginer des personnages invalides est celle qui met en scène deux infirmes, le plus souvent un aveugle et un paralytique [appelé « boiteux »]. C'est le cas de la *Moralité de l'aveugle et du boiteux* composée par André de La Vigne [11] et jouée en 1495 à Tours. Un aveugle se lamente car il ne peut vivre sans avoir auprès de lui un valet ; de son côté un boiteux se plaint parce qu'il ne peut se déplacer seul. Le premier a été victime d'un mauvais guide qui l'a égaré ; le deuxième est au milieu du chemin, incapable d'aller plus loin. L'idée que le paralytique peut monter sur le dos de l'aveugle surgit rapidement et le cheminement des deux infirmes est évoqué ici en des termes crus et orduriers.

Leur préoccupation commune est de s'éloigner du lieu où les reliques d'un saint réputé pour faire des guérisons miraculeuses sont promenées. Ils craignent en effet d'être guéris et de perdre leur gagne-pain : « Une fois guéri, je mourrai de faim, car chacun dira « Allez ! au travail ! » Jamais je n'irai en un lieu où se trouve ce saint » dit le « boiteux » [12].

Ils ne peuvent pas cependant échapper à la guérison et alors que l'aveugle se réjouit de retrouver la vue, le boiteux décide de feindre qu'il est toujours mal en point pour continuer à mendier :

> « Puisque je suis tout à fait remis en état, mais bien malgré moi, je ferai tant et si bien que j'aurai de nouveau le corps mal en point. Car je vous l'affirme, je connais aussi tous les secrets et tout l'art des onguents et des herbes si bien que l'on dira aujourd'hui, bien que je sois frais et dispos, que ma jambe brûle du

10. *Les Trois aveugles de Compiègne*, in *Fabliaux du Moyen Âge*, éd. Ph. Ménard, tome I, coll. Textes littéraires français, Genève : Droz, 1979, p. 109-118. Le texte est traduit par J. Dufournet, *op.cit.*

11. Cf. *La Moralité de l'aveugle et du boiteux*, par André de la Vigne, dans *Recueil de farces, soties et moralités du quinzième siècle*, Paris : Garnier, 1882, p. 209-230. Le texte est traduit par J. Dufournet, *op.cit.*, p. 159-167.

12. Tr. J. Dufournet, *op. cit.*, p. 163.

terrible mal de saint Antoine. Je serai plus reluisant que du lard : pour y parvenir je suis le roi. »[13].

Derrière ce récit, il y a toute une tradition littéraire ancienne qui trouve sa source dans des textes religieux : ainsi la guérison de l'aveugle de naissance est-elle empruntée à *l'Evangile selon saint Jean* [IX] ; la rencontre et la complicité entre un aveugle et un paralytique[14] reprend une parabole ancienne qui fut racontée et commentée pendant le Moyen Âge aussi bien dans les sermons des clercs comme Jacques de Vitry que dans la *Légende dorée* de Jacques de Voragine. Des témoignages appartenant à l'hagiographie et parfois au folklore se multiplient. Dès le XIe siècle le *Pseudo-Odon* raconte la translation des cendres de saint Martin en Bourgogne et dit comment deux mendiants boiteux cherchent en vain à échapper à une guérison miraculeuse et se sauvent *reptando potius quam gradendo*, c'est-à-dire en rampant plutôt qu'en marchant[15]. Au siècle suivant une nouvelle version — cette fois en français — de la *Vie de Saint Martin*[16] reprend ce récit : la silhouette des deux « contret »[17] est alors suggérée alors qu'ils fuient loin des reliques : appuyés sur leurs béquilles, ils courent aussi loin qu'ils le peuvent. Guéris malgré eux, ils offrent leurs bâtons au saint, tristes de ne plus pouvoir se servir de leur infirmité pour gagner leur vie. Trois siècles plus tard une nouvelle version en prose de la *Vie de Mgr Saint Martin* reprend cette scène et insiste sur l'efficacité des miracles : « Les contrefaits se redressèrent, les aveugles retrouvèrent la lumière, les muets recommencèrent à parler, les sourds entendirent ... »[18].

Tous ces textes insistent sur la vie du mendiant handicapé qui permet paradoxalement à l'infirme d'avoir une existence relativement aisée et surtout des ressources, de connaître plaisir, « esbat », deniers, « vitaille ». Les hommes du Moyen Âge respectent des usages sociaux et religieux : les gens bien portants doivent « labourer », c'est-à-dire travailler[19]. Dès l'époque carolingienne, Charlemagne dans ses *Capitulaires* a interdit la distribution d'aumônes à ceux qui pouvaient

13. Tr. J. Dufournet, *op. cit.*, p. 167.
14. Cf. G. Cohen, « La scène de l'aveugle et de son valet dans le théâtre français au Moyen Âge », *Romania*, 41 (1912), p. 346 et 372.
15. Cf. G. Cohen, « Le thème de l'aveugle et du paralytique dans la littérature française », dans les *Mélanges Picot*, Paris, 1913, t. II, p. 393-404. Selon G. Cohen l'origine du thème doit être cherché dans l'ouvrage attribué à un clerc appelé Pseudo-Odon, *De Reversione beati Martinia Burgundia Tractatus*.
16. Cf. *La Vie de Monseigneur saint Martin de Tours* par Péan Gatineau, ed. abbé Bourassé, Tours : Société des bibliophiles de Touraine, 1860.
17. Le terme de « contret » peut être traduit par « contrefait » ou « difforme ».
18. Le texte est cité et étudié par Erik van Kraemer, *Le type du faux mendiant dans les littératures romanes depuis le Moyen Âge jusqu'au XVIIIe siècle*, Helsingfors, 1944 [*Societas Scientiarum Fennica*, XIII, 6]. Sur toute cette tradition il convient de se reporter au travail exhaustif de J. Dufournet dans l'introduction de la traduction du *Garçon et l'aveugle*, Paris : Champion, 1982.
19. « Labourer » a d'abord désigné le travail de la terre [labourer la terre, houer, herber, « deserter » c'est-à-dire défricher], puis toute sorte de travail.

travailler mais préféraient mendier. Saint Louis en 1254 expulse les « bélîtres », c'est-à-dire les faux mendiants de Paris. En 1350 le roi Jean à son tour prescrit par une ordonnance que les aumônes ne devaient être données qu'à ceux qui ne pouvaient pas travailler, c'est-à-dire aux aveugles, aux malades ou impotents et aux autres personnes misérables [20].

Les détails évoquant la réalité des handicaps et la vie quotidienne de ces invalides ne sont jamais très nombreux dans les pièces de théâtre ; manquant de précision, ils sont choisis seulement pour produire un effet comique. La réalité qui est alors mise en évidence n'est pas la description clinique du handicap, mais la façon dont l'infirme réussit à vivre et à surmonter son handicap grâce à la ruse ; l'importance de la mendicité est soulignée mais surtout l'existence des faux mendiants qui jouent un rôle et trompent leurs contemporains. Les personnages, même esquissés avec talent pour les besoins de l'illusion théâtrale, ne sont pas longuement décrits, les symptômes de leurs maux encore moins. Seules quelques expressions indiquent des attitudes ou des gestes qui correspondent à une mise en scène : les handicapés rampent au lieu de marcher, ils préfèrent se glisser sur le sol plutôt que de risquer une chute, ils s'enfuient loin des lieux de culte où ils pourraient être guéris afin de ne pas perdre leur gagne-pain, etc. Les scènes ne manquent pas de saveur, mais ne présentent qu'une vision incomplète et partiale de la situation des handicapés dans la société médiévale.

Un autre texte composé à la fin du XIIIe siècle évoque cette réalité sociale avec davantage de nuances et présente un témoignage plus riche. Il s'agit des *Miracles de monseigneur saint Louis* [21], rédigés par Guillaume de Saint-Pathus, confesseur de la veuve du roi. L'ouvrage fut composé après le procès de canonisation du roi Louis IX mais se fonde sur les pièces de celui-ci. Il contient le récit de soixante-cinq miracles survenus après la mort de Louis IX, le plus souvent à proximité de son tombeau à Saint-Denis. La plupart concernent des infirmités ou des maladies profondément handicapantes survenues soit à la naissance soit à la suite d'un accident ou encore de façon inexpliquée et soudaine au cours de la vie. Le prologue annonce la diversité des infirmités qui ont été guéries par le roi :

> « Car il a secouru a ceus qui estoient contrez, et leur a estenduz leur membres. Et a ceus qui estoient si courbes que il touchoient a bien pou la terre de leur visages il a secouru et les a restablis a pleinne santé, leur faces en haut esdreciees. Il a secouru as boçus, as gouteus, a ceus qui estoient malades d'une maladie forte et diverse qui est nommee flestre, a ceus qui avoient les membres ses, a ceus qui estoient hors de leur memoire, a ceus qui avoient fievres continues et quartaines il a secouru ensement et a donné a pluseurs de teles manieres de gent pleniere delivrance. Et a pluseurs qui estoient paraletiques et as autres qui estoient tenuz de diverses manieres de langueurs il a aidié et secouru et leur a rendu pleinne

---

20. Ces textes sont cités par Erik von Kraemer, *op. cit.*

21. Cf. *Miracles de monseigneur saint Louis* de Guillaume de Saint-Pathus, ed. P. B. Fay, Paris : Champion [Classiques français du Moyen Âge, 30], 1931.

santé. Il a secouru as avugles de veue, as sours d'oÿes, as boisteus d'aller, as mors de vie, et les restabli en toutes ces choses par l'invocation de son non[22]. »

Guillaume de Saint-Pathus a laissé par ailleurs dans un sermon une liste de cinquante miracles classés par catégories permettant de reconnaître un certain nombre d'infirmités ou de maladies. Le cas le plus fréquent est celui des paralytiques ou des boiteux qui recommencent à marcher ou de ceux qui atteints de contraction des membres réussissent à se redresser et à bouger ; quelques cas d'aveugles, de sourds et de muets retrouvant la vue, l'ouïe et la parole sont évoqués ; plusieurs miracles concernent les aliénés ou ceux qui sont atteints de fièvres, de tumeurs ou de fistules ; deux enfin concernent des hommes sauvés de la noyade. Le volume contenant les miracles relate quelques exemples de plus, soit soixante-cinq miracles au lieu de soixante, mais la répartition est à peu près la même[23].

L'ensemble des miracles relatés par Guillaume de Saint-Pathus présente une galerie de cas et de portraits suffisamment détaillés pour prouver la réalité de ces infirmités. La preuve en effet est au cœur de ce type de récit conçu comme une démonstration : pour affirmer la guérison miraculeuse il convient d'abord de décrire de façon concrète les manifestations du mal. Guillaume de Saint-Pathus multiplie ainsi les renseignements qui doivent rendre son récit crédible : il donne le nom, la qualité, l'âge des personnes concernées, la date et l'heure de l'accident qui les a frappées, les circonstances dans lesquelles s'est manifestée leur infirmité, celles qui accompagnent l'accomplissement du miracle. Le texte devient ainsi un document concret nourri de détails suffisamment nombreux et précis pour que nous puissions y deviner quelques réalités sociales.

Du point de vue médical le récit fourni par Guillaume de Saint-Pathus apporte un certain nombre de renseignements : les symptômes permettant d'identifier les maladies ont été étudiés par des spécialistes de l'histoire de la médecine. C'est ainsi que le Docteur M. A. Dollfus[24] a pu reconnaître certaines pathologies oculaires et identifier les lésions et fistules, les paralysies du moteur oculaire provoquant strabisme et chute des paupières, les névrites optiques, les opacités cornéennes, etc... Pour les malades atteints de paralysie de certains membres du corps, il conclut souvent à des cas de rhumatismes articulaires ou d'œdèmes inflammatoires ; il reconnaît parfois des affections neurologiques pouvant provoquer des problèmes circulatoires, des cas de poliomyélite, etc...[25].

---

22. *Ibid.*, p. 1-2.
23. Cf. J. Le Goff, *Saint Louis*, Paris : Gallimard, 1996, p. 851.
24. Cf. M. A. Dollfus, « Les affections oculaires dans les miracles de Saint Louis », *Bulletin de la Société française d'histoire des hôpitaux*, 24 (1970), p. 3-9.
25. Cf. M. A. Dollfus, « Etude clinique de quelques miracles de Saint Louis », *Bulletin de la Société des Antiquaires de France*, 1971, p. 23-35 et P. Sigal, « Comment on concevait et on traitait la paralysie en Occident dans le Haut Moyen Âge [V^{e}-XIIe siècles] », *Revue d'Histoire des Sciences*, 197 (1971), p. 193-211.

Ces témoignages peuvent ainsi se révéler passionnants pour l'histoire de la médecine, mais l'intérêt du recueil de Guillaume de Saint-Pathus est qu'il présente de façon concrète, voire pittoresque, des situations quotidiennes vécues par les handicapés. De miracle en miracle, les cas se multiplient et se différencient et constituent une galerie de portraits pris sur le vif et précis. Dès lors on peut deviner quelle était la place des malades et des infirmes dans la société médiévale. De façon récurrente Guillaume de Saint-Pathus explique comment le handicap empêche ceux qui en sont victimes de bouger, de marcher, de voir ou de parler et leur interdit le plus souvent d'exercer leur métier habituel ; dès lors ils sont marginalisés et perdent leur place dans la société. L'auteur souligne combien ils tentent le plus longtemps possible de garder une activité qui leur permet de survivre et de ne pas être totalement exclus du système économique et social. C'est ainsi que telle femme, qui est devenue paralysée des membres inférieurs, décide de ne pas mendier, mais de continuer à coudre des vêtements, avec l'aide de sa sœur, pour gagner sa vie. Une autre continue à peigner la laine. Un handicapé dont le métier était de limer les clefs continue son métier alors qu'il ne peut plus se déplacer. Le pire est de ne plus pouvoir *laborer ni profiter* c'est-à-dire de ne plus pouvoir ni travailler ni gagner de quoi se nourrir. C'est ce qui arrive à un gardien de porcs qui travaille dans la maison de son frère. Un autre, Thomas de Voudais, devenu aveugle, qui gardait lui aussi les porcs de la ville, moissonnait les blés et allait chercher l'eau au puits pour la distribuer aux habitants reprend ses activités lorsqu'il recouvre la vue [26].

La nécessité de mendier est le plus souvent la seule solution qui se présente à celui qui devient handicapé. C'est ainsi qu'un certain Guillot qui souffre d'une infection à un pied qui risque de gangrener peu à peu la jambe entière, tente en vain de se faire soigner. On lui conseille de se faire couper la jambe et de se faire faire une *eschace de fust*, c'est-à-dire une béquille en bois pouvant lui servir de prothèse. Non seulement cela lui permettra d'être mieux soigné et de moins souffrir, mais surtout de pouvoir rejoindre d'autres handicapés devenus mendiants : il s'agit en effet pour lui *d'estre entre les genz a gaaigner son pain* [27]. Il est guéri par un miracle de saint Louis avant d'être amputé et peut reprendre son travail chez le seigneur qui l'avait pris à son service. Gilbert de Sens qui, lorsqu'il était en bonne santé, vendait des clefs ne peut plus travailler ni se nourrir parce qu'il est atteint de tremblements de tous les membres ; il n'a pas d'autre solution que d'aller lui aussi mendier à l'église de Notre-Dame de Paris et dans d'autres églises de la ville : il *demandoit les aumosnes et seoit avecques les autres povres* [28].

La solidarité s'exerce volontiers pour aider les handicapés à survivre. Le plus souvent ils sont aidés par leurs parents, voisins ou amis pour accomplir les

26. Miracle 8, p. 28.
27. Miracle 7, p. 25.
28. Miracle 9, p. 30.

gestes de la vie quotidienne : se nourrir, boire, s'habiller, se coucher, se lever, se déplacer. Gilbert de Sens, atteint de tremblements des membres, ne peut même plus tenir un verre et doit être aidé pour boire et manger :

> « Il avoit le chief tremblant et pendant et les mains si tremblanz qu'il ne povoit pas metre le henap a sa bouche que ce qui fust dedenz le henap ne fust espandu, neis se il ne fust que demi plein, et a poine pooit riens tenir en sa main, et mout de fois ses voisins ou ses hostes li portoient le henap a la bouche pour ce que il veoient que il ne se povoit abevrer, pour la reson de ceste trembleur »[29].

Un certain Guillot de Cauz du diocèse de Rouen est hébergé dans une maison à Paris chez Herbert l'Englois. Il y était venu afin de vivre de mendicité, pour *chacier des aumosnes a sostenir sa vie*[30] ; cependant il ne peut rien faire sans l'aide de la servante de son hôte, Isabelle, qui l'aide à s'habiller, à se coucher et à se lever. Tel autre, Jehan de la Haye, venu lui aussi à Paris pour mendier, se procure du pain mais les femmes qui se trouvent à proximité doivent couper ce pain pour lui et lui mettre les morceaux dans la bouche car il ne peut bouger ses doigts et ses mains[31].

Les gestes les plus intimes sont source de difficultés. Un certain Robert du Puis, qui a perdu l'usage de sa jambe droite, se fait porter devant la porte de sa maison pour voir des gens mais ne peut sortir seul ni même *aler a ses necessitez*[32]. Sa femme Geneviève ou sa sœur Mabile doivent l'aider.

Pour les paralysés ou ceux qui ne peuvent plus s'appuyer sur leurs membres, l'usage des *potences* ou des *bastons* est courant. L'expression *aler as potences* revient sans cesse dans ces textes. Lorsque le miracle a eu lieu et que la guérison est manifeste, Guillaume de Saint-Pathus répète que la personne peut désormais aller *sans baston et sans ayde*. Il s'attarde sur les gestes des handicapés et leur démarche incertaine. Les béquilles sont placées sous les aisselles de l'infirme qui s'appuie le plus possible sur elles ; si à la paralysie des membres s'ajoute l'incapacité de ses servir de ses mains, la potence est attachée au bras avec une cordelette[33]. L'usage de ces béquilles n'est pas aisé : l'exemple de Marguerite de la Madeleine, une sœur de la maison des Filles de Dieu de Paris, le prouve ; elle avait pour activité de fabriquer des bourses en soie à la mode sarrasine, mais devient soudainement paralysée du côté gauche. Elle souffre, a des difficultés pour se déplacer et doit se servir d'une béquille : *Ele aloit a grand peine et a grant douleur et a grant angoisse, et avoit un baston en sa main de quoi ele s'aidoit, lequel ele n'avoit pas acoustumé a porter*[34]. Lorsqu'elle décide de se rendre au

29. Miracle 9, p. 30.
30. Miracle 17, p. 58.
31. Miracle 18, p. 61.
32. Miracle 33, p. 98.
33. Miracle 35, p. 104.
34. Miracle 34, p. 101.

tombeau du roi saint Louis, elle est accompagnée par une autre femme, Avice, mais a beaucoup de difficultés pour marcher : *Ne ele ne metoit du pied senestre fors les doiz a terre. Et avoit un baston en ses mains dont ele s'aidoit au miex que ele pooit*[35]. Guérie elle peut à nouveau marcher, mais reste boiteuse. Cependant lors du procès de canonisation elle montre aux inquisiteurs comment désormais elle peut se déplacer tout en boitant : *Tout fust ele boiteuse, ele aloit bien et sanz baston et metoit tout son pié a terre*[36].

Ce type de détails donne de ces estropiés et handicapés une image très réaliste. Les descriptions sont souvent terribles et laissent voir combien l'existence de ces infirmes est pénible. Plus que la souffrance due à la maladie, l'auteur souligne les difficultés qu'ils connaissent quotidiennement pour survivre dans cette société où la pauvreté est grande, mais où le handicap accroît les problèmes. Avice de Berneville, habitant à Paris dans la paroisse de Saint Jean-en-Grève, alors qu'elle est âgée de plus de soixante ans, est atteinte d'une maladie qui lui fait perdre l'usage de son pied et de sa jambe droite, puis de son bras et de sa main droite. Elle est surnommée « la Potenciere »[37]. Elle ne peut tendre son bras vers le bas et ne peut ni se chausser ni se déshabiller et tout en s'appuyant sur ses béquilles, elle se traîne sur le sol sur ses mains et sur ses fesses et rampe pour aller d'un endroit à l'autre. Lorsqu'elle veut mendier dans l'église de Saint Jean-en-Grève qui n'est accessible que par des marches, elle doit d'abord jeter ses béquilles dans l'église, puis se tournant sur les marches, ramper et se traîner tout en portant à son cou un pot dans lequel on déposait des aumônes. Guillaume de Saint-Pathus multiplie les détails qui permettent d'imaginer les difficultés de l'infirme : *Et icele Avice tenoit de sa partie sa potence en estraignant icele mout feblement et au miex que ele pooit, et aucune foiz ele estoit liee a une cordele au braz, et aloit a tres grant poine*[38]. Une fois guérie, elle laisse ses béquilles sur le tombeau de saint Louis.

Les hommes contrefaits, courbés et souffrant de déformations doivent s'appuyer sur des bâtons très courts et s'incliner vers le sol. Ils se tiennent aux murs, aux bancs et ont de grandes difficultés pour monter ou descendre les escaliers. Parfois mais plus rarement on recourt à une charrette pour transporter un infirme, mais cela est coûteux et est relativement rare. Le bâton est l'ustensile le plus courant bien que lui aussi ait un coût. Le prix d'un bourdon est signalé par l'auteur : deux deniers et une maille. Quant aux aveugles ils recourent eux aussi aux « potences » et aux bâtons. Guillaume de Saint-Pathus raconte comment un homme, Thomas de Voudais, né voyant, a perdu la vue à l'âge de 12 ans. Lorsqu'il doit se déplacer, il est parfois guidé, mais le plus souvent il tente de marcher seul en s'appuyant sur un bâton ; lorsqu'il tombe dans la boue il faut qu'il soit relevé[39].

---

35. Miracle 34, p. 102.
36. Miracle 34, p. 103.
37. « Potenciere » signifie celle qui se sert d'une potence, c'est-à-dire d'une béquille.
38. Miracle 35, p. 105.
39. Miracle 8, p. 27.

Beaucoup doivent quitter leur famille et leur village et se réfugier dans une « maison-Dieu ». C'est le cas de Moriset qui avait l'habitude de garder les porcs chez son frère[40]. Celui-ci, chargé d'enfants, ne peut plus le nourrir et le laisse partir à Saumur dans un hospice. Plusieurs allusions sont faites à l'existence et au rôle de ces établissements qui accueillent les infirmes lorsque les familles ne peuvent plus s'occuper d'eux : Jeanne de Sarris est confiée par son mari — trop pauvre pour survenir à ses besoins — à la « maison-Dieu » de Paris afin qu'elle y soit soignée ; les sœurs qui s'occupent de l'hospice demandent qu'on lui fasse des béquilles afin de l'aider à bouger. Grâce à ce don, elle retourne chez elle, retrouve son mari et ses fils et vit désormais d'aumônes[41].

Guillaume de Saint-Pathus, en accumulant toutes ces histoires individuelles, constitue dans ce recueil de miracles une typologie de la misère et de la pauvreté. Ces témoignages s'inscrivent dans une histoire de la pauvreté et du malheur à une époque où vivre et mourir pauvre est le sort de la majeure partie de la population. L'infirmité s'ajoute à cette condition de vie difficile. Guillaume de Saint-Pathus cherche à démontrer que le miracle a eu lieu, mais ce faisant il suggère le moment où la vie déjà modeste bascule dans la précarité. Alors que les pièces de théâtre tendaient à faire rire de ces êtres atteints par une infirmité, les recueils de miracles mettent en avant la façon dont la société voit et prend en charge les victimes de ces handicaps.

Le témoignage donné par les recueils de miracles de Guillaume Saint-Pathus demeure exceptionnel. Faits pour édifier et convaincre de la véracité des miracles de Saint-Louis, ils sont devenus, après tant de siècles, un document irremplaçable sur la société médiévale, apportant une vision émouvante et concrète d'une humanité qui doit faire face à la pauvreté, mais aussi accepter et surmonter les handicaps et les souffrances individuelles.

40. Miracle 14, p. 45.
41. Miracle 42, p. 132.

MONDES MODERNES

Onomastique et handicap dans le Nouveau Monde

Bernard GRUNBERG
Université de Reims (CERHIC)

Étudier le handicap à l'époque moderne n'est pas chose aisée, qui plus est dans le Nouveau Monde au XVIe siècle. Hormis quelques allusions ici ou là, il est difficile d'appréhender l'invalidité. Seule une vaste enquête peut nous apporter quelques éléments de réflexion. Notre champ d'étude se situe en Amérique ; c'est celui des conquérants, plus précisément les conquistadores de Mexico. L'étude exhaustive de ce groupe composé de mille cent soixante-douze individus connus, sur un total d'environ deux mille cent, peut nous permettre d'appréhender l'invalidité sur un échantillon de personnes assez important et pour une période d'environ un demi-siècle.

Se lancer à la conquête d'un empire ne se fait pas avec des hommes faibles. Il est évident que les conquistadores comptent dans leurs rangs des hommes robustes. Ainsi Diego Hernández était si fort que « lorsqu'il jetait une pierre de la taille d'une orange sur les Indiens, on aurait dit que c'était un boulet de canon » [1]. Anton del Rio pouvait effectuer à pied le trajet de Mexico à Veracruz (environ 450 km) en trois jours, en passant par des cols situés à plus de 3000 mètres d'altitude [2]. Diego Cermeño était « si léger qu'une lance à la main, il sautait par-dessus une lance tenue au bout des mains par les deux plus grands soldats de la troupe. Et il avait

1. Bernal Díaz del Castillo, *Historia Verdadera de la conquista de la Nueva España*, Madrid, 1982, cf. chap. 140 et 205 ; Juan de Torquemada, *Monarquia Indiana*, Mexico, 1975, cf. IV, 91, p. 546 ; Francisco Cervantes de Salazar, *Crónica de la Nueva España*, Madrid, 1971, cf. V, 132, p. 180 ; Bernard Grunberg, *Dictionnaire des conquistadores de Mexico*, Paris, 2001, cf. n° 453. Nous utiliserons désormais l'abréviation *Dictionnaire.*
2. Francisco de Aguilar, *Relación breve de la conquista de la Nueva España*, Mexico, 1977, p. 86-87 ; Antonio de Herrera y Tordesillas, *Historial general de los hechos de los castellanos en las islas y tierra firme del mar oceano*, Madrid, 1601-1615, cf. II, 10, 8 ; Juan de Torquemada, *op. cit.*, IV, 68 ; Francisco Cervantes de Salazar, *op. cit.*, IV, 104 ; Archivo General de Indias [AGI], *Patronato Real*, 83, 4, 5, f. 220 ; *Dictionnaire*, n° 864.

un si bon odorat qu'en pleine mer, à quinze lieues et plus, il sentait la terre »[3]. Nous avons ici quelques descriptions précises, dues à des chroniqueurs, témoins oculaires des événements, et à divers écrits conservés dans les archives. Mais il n'en va pas de même pour les hommes qui montrent des signes de mauvaise santé et d'invalidité. Si quelques allusions, çà et là, nous indiquent que certains furent touchés par la fièvre jaune, le paludisme, l'amibiase intestinale, le typhus, la variole, la pneumonie et la syphilis, tout ce qui touche l'invalidité est beaucoup plus difficile à saisir car ces hommes, même s'ils ont laissé, pour certains, quelques écrits, n'ont quasiment jamais parlé de leur infirmité.

Dans un premier temps, nous tenterons donc d'appréhender les causes qui sont à l'origine de l'infirmité, qu'elles soient liées à la maladie, à la guerre ou aux accidents de la vie quotidienne, sans oublier les handicapés de naissance, ce dernier cas étant le plus difficile à déceler. Dans une seconde partie, nous essaierons de voir la place des invalides dans la société coloniale.

I. Les causes de l'invalidité

A. Les maladies invalidantes

Les affections oculaires frappèrent certains conquistadores. Nous trouvons des cas présentant probablement des signes de cataractes de caractère sénile, qui se caractérisent par la perte de la transparence du cristallin ; il s'agit de Diego Ruiz, atteint de cécité à l'âge de soixante ans environ, de Juan Núñez Mercado, de Pedro Martín Aguado, d'Alonso Galeote et de Diego Hernández, qui devinrent aveugles à la fin de leur vie[4]. Quant à Alonso López, il décédera des suites d'une « maladie des yeux »[5].

La surdité peut avoir pour origine une cause infectieuse. C'est probablement le cas pour Cristóbal de Morales, qui y voit la conséquence « du travail et de l'humidité »[6]. Celle du charpentier Diego Ramírez semble résulter de l'évolution de sa syphilis[7].

La goutte atteignit certainement ces hommes, mais on ignore dans quelle proportion. Quatre cas sont connus : Juan González Ponce de Leon, qui ne put suivre Cortés au Honduras à cause de cette maladie[8], Jeronimo de Salinas[9],

---

3. Fr. Cervantes de Salazar, *op. cit.*, III, 21, p. 237 ; J. de Torquemada, *op. cit.*, IV, 25, p. 408 ; *Dictionnaire*, n° 864.
4. *Dictionnaire*, n° 918, 716, 607, 327, 453.
5. Francisco A. de Icaza, *Diccionario autobiografico de conquistadores y pobladores de Nueva España*, Guadalajara, 1969, n° 144 ; *Dictionnaire*, n° 535.
6. *Del trabajo y humydad … y quedo manco de los mas dedos de las manos*, in Francisco A. de Icaza, *op. cit.*, n° 172. Il trainait également l'une de ses jambes *renqueaba de una pierna*, B. Díaz del Castillo, *op. cit.*, CCV.
7. Fr. A. de Icaza, *op. cit.*, n° 16.
8. AGI, *Audiencia de México*, 203, 24, fs. 5v et 23v.
9. Fr. A. de Icaza, *op. cit.*, n° 80.

Pedro González de Najera, qui en souffrait tellement en 1548 qu'il dut garder le lit pendant une année (il ne mourra qu'après 1574) [10], et surtout Francisco de Aguilar, qui, atteint dès 1536, souffrit le martyre jusqu'en 1571 [11].

On peut relever, d'autre part, un certain nombre de cas d'arthrites invalidantes, probablement d'origine rhumatismale, chez les vieux conquistadores, notamment en étudiant l'évolution de leur signature, qui traduit la progression de la maladie ; tel est le cas, dans les actes du conseil municipal de la ville de Guatemala du 1er janvier 1583, pour Bernal Díaz del Castillo, qui signe d'une main presque paralysée (signature en dents de scie) [12]. La signature d'Alonso Soltero témoigne, elle aussi, d'une infirmité [13].

La paralysie n'épargne pas les conquistadores : entre 1559 et 1561, Bartolomé Gómez Catalan, paralysé, est cloué dans son lit [14].

B. La guerre, facteur majeur de l'invalidité

La surdité est parfois le résultat d'un traumatisme (probablement crânien), à l'exemple de Juan de Najera, qui « devint sourd pendant la conquête », sans autre précision [15]. Le cas le plus surprenant est celui de Juan Limpias de Carvajal. Un jour que son brigantin s'était échoué sur des pieux enfoncés dans la lagune par les Indiens, il ne put dégager son navire et devint sourd par suite de la rage qu'il éprouva en cette occasion mais, grâce à son courage et avec l'aide de ses rameurs, sous la menace des indigènes, il réussit à dégager son brigantin du piège ; il garda dès lors le surnom d'*El Sordo* [16].

Certains hommes perdent un oeil lors des combats, victimes d'un traumatisme oculaire provoqué soit par une flèche ou une pierre, comme Alonso de Ojeda ou Cristóbal Martín Leyva [17], entraînant des lésions du cristallin (par contusion ou par perforation), soit par l'explosion probable d'une escopette (par brûlures oculaires). Quant à Sebastian de Moscoso, blessé à la tête et la jambe transpercée par une lance, il perdra la vue « des suites de la conquête » [18].

Cristóbal de Morales devint sourd, nous l'avons déjà cité, à cause « du travail et de l'humidité », perdit l'usage de la plupart de ses doigts et demeura en outre estropié à cause d'une blessure l'obligeant à claudiquer [19]. Rodrigo de Segura

---

10. AGI, *Patronato Real*, 59, 1, 3, f. 14.
11. Agustin Davila Padilla, *Historia de la fundación y discurso de la provincia de Santiago de México de la orden de predicatores*, Mexico, 1955, p. 38.
12. *Actas del cabildo de Guatemala* du 1/1/1583.
13. Archivo General de la Nación, *Inquisición*, XVI, 12 ; *Dictionnaire*, n° 1012.
14. AGI, *Patronato Real*, 62, 1, 9, f. 4v et 64, 1, 12, f. 1.
15. Fr. A. de Icaza, *op. cit.*, n° 156.
16. *Ensordeció de coraje*, in B. Díaz del Castillo, *op. cit.*, CLII, p. 388.
17. *Ibid.*, CCV, p. 630 ; AGI, *Patronato Real*, 78, 1, 14, f. 20.
18. AGI, *Patronato Real*, 85, 1, 3, f. 23 ; Francisco A. de Icaza, *op. cit.*, n° 153.
19. [...] *y quedo manco de los mas dedos de las manos*, in Fr. A. de Icaza, *op. cit.*, n° 172.

devint, lui aussi, boiteux des suites de ses blessures [20]. Pour avoir sauvé la vie à Cortés, Hernando de Lema fut grièvement blessé à la main droite, qui resta presque paralysée. Juan Tirado reçut une blessure qui le rendit manchot, lui aussi, de la main droite [21]. Hernando Burgueño eut le bras transpercé et une oreille coupée [22]. Pedro Moreno de la Pedrada dut porter un bandeau sur le front à la suite d'un coup de pierre car cette blessure ne cicatrisa jamais [23].

Parfois l'infirmité qui touche les conquistadores date d'avant la période de la conquête. Tovilla, un ancien soldat des guerres d'Italie (il aurait combattu au Garigliano, en 1503), était devenu boiteux d'une jambe mais il était « adroit à toutes les armes mais plus particulièrement à la pique » [24]. De même, un soldat, dont nous ignorons l'identité, à qui l'on avait coupé la main en Castille, put participer à la conquête de Mexico mais il mourut aux mains des Indiens [25]. Notons enfin l'accident dont fut victime Hernando Alonso de Villanueva : lors du siège de Mexico, comme il ne tenait pas son rang, il reçut dans le bras un coup de lance de son supérieur et en resta manchot [26].

Les blessures de guerre font donc de très nombreux invalides : des borgnes, des manchots, des boiteux, des sourds, des aveugles [27]. La plupart d'entre elles proviennent des arcs, des propulseurs, des frondes. Les victimes de brûlures sont ceux qui manipulent la poudre, canonniers ou escopétriers. Malgré l'importance de leurs blessures, dans la majorité des cas, les Espagnols survécurent mais un bon nombre en garda toujours de graves séquelles. Nous n'avons trouvé nulle trace de prothèse chez les conquistadores et l'on peut penser qu'à cette époque encore fort perturbée, il n'y en eut point. Nous savons, en revanche, que le fils de l'un des invalides portait un oeil d'argent [28].

C. Les accidents survenus en dehors d'un contexte guerrier

Les conquistadores sortis vivants de la bataille de Mexico ne sont pas à l'abri d'accidents divers. Attaqué par un alligator, mordu à un pied et à une main lors de la traversée d'un fleuve, Gonzalo Carrasco garda toujours de terribles

---

20. AGI, *Patronato Real*, 55, 1, 5, fs. 1-5 ; Fr. A. de Icaza, *op. cit.*, n° 88.
21. AGI, *Patronato Real*, 54, 6, 4, f. 7 et 55, 6, 4, f. 21 ; Antonio Paz y Melia, *Nobilario de conquistadores de Indias*, Madrid, 1892, p. 128.
22. Antonio Paz y Melia, *op. cit.*, p. 97-98.
23. Baltasar Dorantes de Carranza, *Sumaria relación de las cosas de la Nueva España, con noticias individuales de los descendientes legitimos de conquistadores y primeros pobladores españoles*, Mexico, 1902, n° 167.
24. B. Díaz del Castillo, *op. cit.*, CCV.
25. *Ibid.*
26. *Ibid.*, ILVI ; J. de Torquemada, *op. cit.*, IV, 21 + 72.
27. B. Díaz del Castillo, *op. cit.*, CLVII, p. 417 ; Gonzalo Fernández de Oviedo, *Historia general y natural de las Indias*, Madrid, 1959, XXXIII, 15.
28. Le fils homonyme de Gaspar de Avila était surnommé *el tuerto* en raison de son œil d'argent, cf. Baltasar Dorantes de Carranza, *op. cit.*, p. 77, 445.

séquelles de ses blessures [29]. Juan de Burgos, qui avait été grièvement blessé à la main droite lors de la prise de Mexico, fut à nouveau blessé à coups de couteau, dans une rixe, par deux de ses anciens camarades ; il en resta manchot.

D. Les infirmités de naissance

Juan de Ribera, confident et secrétaire de Cortés depuis le début de la conquête, était affligé d'une taie qui le rendait borgne, ce qui ne l'empêchait pas d'avoir l'habitude de tricher aux cartes [30]. Juan Diaz avait, lui aussi, une grande taie blanchâtre sur la cornée [31]. Quant à Alonso Duran, il louchait et y voyait peu [32].

Nous trouvons aussi la mention de trois cas de personnes bossues, Madrid, Rodrigo de Najera et Francisco Velazquez [33], sans autre précision.

II. Les soins

L'expédition de Cortés aurait dû comporter au moins un médecin, un pharmacien et deux chirurgiens [34]. En fait, nous ne connaissons que le bachelier Escobar, un pharmacien qui pratiqua aussi la médecine et la chirurgie lors du siège [35], et Maître Juan, chirurgien de l'expédition, qui soigna les blessures des conquistadores. Vers la fin de la conquête arrivèrent le docteur Cristóbal de Ojeda et Pedro de Murcia, qui était, lui, pharmacien et barbier. En plus de ces médecins officiels, les conquistadores purent compter sur quelques-unes des femmes qu'ils emmenèrent dans leur expédition : Isabel Rodriguez, Beatriz Palacios et Beatriz González. Certes, leur rôle était plus celui d'une infirmière mais parfois elles pratiquaient, elles aussi, leur médecine : ainsi Isabel Rodriguez soignait les blessés par des prières et obtenait de nombreuses guérisons après avoir dit « au nom du Père, du Fils et du Saint-Esprit, un seul Dieu véritable, lequel te soigne et te guérit » [36].

---

29. *Á la pasada de un rio os tomó un lagarto, é os lixo de un pie é de una mano, de lo cual habeis quedado coxo é manco*, in Antonio Paz y Melia, *op. cit.*, p. 54-55.
30. *Dictionnaire*, n° 858.
31. *Ibid.*, n° 264.
32. *Ibid.*, n° 275.
33. *Ibid.*, n° 568, 697, 1114.
34. *Ansimismo, por fazez merçed a la gente que en la dicha armada fuere, y porque los que adolesçieren tengan quien los curen y las medeçinas nesçesarias, vos mandaré dar un médico y un boticario y dos buenos cirujanos, pagados a nuestra costa*, *Capitulación otorgada a Diego Velázquez para ir a descubrir y conquistar Yucatan y Cozumel* (Zaragoza, 13/11/1518), AGI, *Indiferente General*, 415, 1, f. 14 ; cf. aussi Marta Milagros del Vas Mingo, *Las capitulaciones en el siglo XVI*, Madrid, 1986, p. 171.
35. B. Díaz del Castillo, *op. cit.*, CXXXVII et CCV, p. 638.
36. *En el nombre del Padre, de el Hijo y de el Espiritu Santo, un solo Dio verdadero, el cual te cure y sane*, in Fr. Cervantes de Salazar, *op. cit.*, V, 165, p. 203 ; J. de Torquemada, *op. cit.*, IV, 96, p. 558 ; Antonio de Herrera y Tordesillas, *op. cit.*, III, 1, 22.

Comme les soins n'étaient pas gratuits et que médecins et pharmaciens pratiquaient des tarifs très élevés [37], le plus souvent les conquistadores en étaient réduits à se soigner eux-mêmes ou à faire appel aux services de certains de leurs camarades, comme ce Juan Catalan, qui traitait, lui aussi, les blessures avec des signes de croix et des enchantements, avec un fort taux de réussite [38], ou ces deux Italiens, qui soignaient avec « des incantations, un peu d'huile et de la laine » ; Francisco de Aguilar, grièvement blessé, eut affaire à eux et se rétablit rapidement [39]. Mais tous ne guérissaient pas, loin de là [40].

Après les combats avec les Indiens, les conquistadores soignaient souvent eux-mêmes leurs blessures avec de l'huile (surtout pour la cicatrisation) et les pansaient avec des morceaux de linge [41]. Au début de la campagne, lorsque les Espagnols manquèrent d'huile, ils n'hésitèrent pas à ouvrir le corps d'un Indien tué au combat, pour en prélever de la graisse, qui allait servir non seulement pour soigner les chevaux mais aussi les humains [42]. D'autre part, fort probablement, un certain nombre de blessés ou de malades profitèrent non seulement de la riche pharmacopée indienne [43] mais aussi des soins de différents médecins indigènes. Il faut cependant remarquer qu'aucune allusion à des blessés ou à des blessures ne fait mention de réduction de fracture !

---

37. *Maestre Juan, que curaba algunas malas heridas y se igualaba por la cura a exesivos precios*, B. Díaz del Castillo, *op. cit.*, CLVII, p. 418.
38. *Ibid.*, CLI, p. 374.
39. *Recogidos los españoles en sus aposentos, había muchos heridos, y aquí milagrosamente nuestro Señor obró, porque dos italianos, con ensalmos y un poco de aceite y lana escocia, sanaban en tres o cuatro días, y el que esto escribe pasó par ello, porque estando muy herido, con aquellos ensalmos fue en breve curado*, in Fr. de Aguilar, *op. cit.*, p. 87. Il faut souligner que certains médecins étaient de vrais charlatans, comme celui qui exerçait à Santiago de Guatemala, au milieu des années 1530, et qui tua en une année, plus de gens qu'en dix années de guerre en Nouvelle Espagne, cf. Antonio de Remesal, *Historia general de las Indias occidentales y particular de la gobernación de Chiapa y Guatemala*, Madrid, 1964, tome I, IV, 5, p. 274 ; d'autres cas, à Mexico, cf. B. Grunberg, « Les médecins et l'Inquisition », *Journal de Médecine de Strasbourg*, 5 (1986), p. 303-305.
40. B. Díaz del Castillo, *op. cit.*, CXXVIII, p. 291 ; Hernan Cortés, *Cartas y documentos*, Mexico, 1963, p. 103.
41. *Nos curamos con aceite y apretar nuestras heridas con mantas*, in B. Díaz del Castillo, *op. cit.*, CLIII, p. 397, CXLV, p. 354 et CLI, p. 380.
42. *Apretamos las heridas a los heridos con paños, que otra cosa no había, y se curaron los caballos con quemarles las heridas con unto de un indio de los muertos, que abrimos para sacarle el unto*, *ibid.*, XXXIV, p. 63 et LXV, p. 125 : *Y se curaron todos los heridos con el unto del indio que otras veces he dicho.*
43. Dès leur entrée à Mexico, les conquistadores portèrent un très grand intérêt aux plantes médicinales indigènes : cf. Hernan Cortés, *op. cit.*, p. 45 et 72 ; B. Díaz del Castillo, *op. cit.*, XCI, p. 188 ; *Le conquistador anonyme*, XX, p. 101 ; Juan Bautista Pomar, *Relación de Tezcoco*, Mexico, 1975, XXVI, p. 64-67 ; Carmen Vanegas Ramírez, *Regimen hospitalario para indios en la Nueva España*, Mexico, 1973, p. 9-18.

Le fort taux de mortalité de la conquête de Mexico s'explique aisément. Seuls près de 40 % survécurent à la conquête et il ne faut pas s'étonner qu'après la chute de l'empire aztèque, un bon nombre de conquistadores soient restés estropiés et infirmes ; certains même ne se remirent jamais de leurs blessures et décédèrent dans les années suivantes. Cependant, la durée de vie moyenne des conquistadores sortis vivants de la bataille de Mexico est de 56 ans. Cet âge relativement avancé s'explique d'abord par la présence d'un grand nombre d'hommes robustes (ils ont survécu aux blessures, aux rigueurs climatiques, aux épidémies). Il faut également tenir compte du régime alimentaire qui se développa au Mexique et de la quasi-disparition, si ce n'est de la malnutrition, de la famine.

Mais, si certains d'entre eux furent, semble-t-il, bien portants jusqu'à leur mort, un bon nombre terminèrent leur vie paralysés, aveugles ou sourds. Et nous ne parlons pas de tous ceux qui avaient des problèmes dentaires, comme Alonso de Mata, qui, alors qu'il était âgé de 60 ans environ, déclarait qu'il n'avait plus ni dents ni molaires [44].

III. L'invalide dans la société coloniale

Une étude quantitative de l'invalidité montre que dans le groupe de mille cent soixante-douze personnes nous avons quarante invalides, soit environ 3 % de l'ensemble. Nous ne comptabilisons pas ici les hommes atteints de la goutte, ni les syphilitiques (quatorze cas recensés), dont certains sont en état d'invalidité.

Infirmes	*avant la conquête*	*pendant la conquête*	*après la conquête*	*?*	*total*
Bossus (*corcovados*)	3				3
Borgnes (*tuertos*)*	4	4		1	9
Bigle (*bisojo*)	1				1
Manchots (*mancos / manquillos*)	2	3	1		6
Sourds (*sordos*)		5		1	6
Aveugles (*ciegos*)			10		10
Maladie des yeux			1		1
Boiteux (*cojos*)	1		1		2
Paralysés (*paralizados*)			1		1
Divers			1		1
Total	11	12	15	2	40

* dont 1 individu qui avait une énorme taie blanche sur l'œil.

44. *Estoy sin dientes ni muelas e en mi boca quebrado por ambas iladas*, in Francisco del Paso y Troncoso, *Epistolario de Nueva España*, Mexico, 1939-1942, tome VI, n° 345, p. 144.

Les termes génériques désignant ces invalides ne sont jamais péjoratifs, ils ne font que décrire un état : *infirmo* (infirme), *invalido* (invalide), *lisiado* ou *tullido* (estropié), *paralizado* (paralysé). On retrouve cet aspect dans les surnoms qui affublent ces invalides. Il faut souligner que seize invalides sur quarante (soit 40 %) portent un surnom caractérisant leur infirmité. Si le surnom est d'un usage relativement fréquent à cette époque — tant en Europe qu'en Amérique —, il n'en demeure pas moins que parmi les soixante-et-onze surnoms connus (pour les mille cent soixante-douze conquistadores), près du quart (23 %) se rapporte à leur invalidité. Ce taux est supérieur à celui des surnoms caractérisant un trait de caractère particulier (fou, ivrogne, galant, fier, élégant), on trouve ensuite douze surnoms de *viejo* (vieux), neuf qualificatifs de profession (scieur, interprète, etc.) Si certains surnoms traduisent des traits physiques particuliers sans référence à un handicap[45], d'autres existent surtout pour permettre de distinguer les homonymes[46].

Si les surnoms faisant mention d'une invalidité expriment bien un trait marquant qui qualifie l'individu qui le porte, jamais ils ne sont utilisés pour signifier un mépris et ils ne constituent jamais un terme péjoratif. Ils servent, comme les autres, uniquement à identifier un individu dans une société donnée. Le cas des bossus est significatif car les trois individus affligés de ce handicap ont tous un surnom soulignant leur infirmité. Les sourds ont très souvent le surnom d'infirmité qui les caractérise ; près d'un borgne sur deux porte également un tel surnom, les manchots dans un tiers des cas et les boiteux dans un quart des cas. Cependant, il est à noter que jamais ni les aveugles ni les paralysés ne sont désignés ainsi. Pour quelles raisons ? Nous n'en avons aucune idée.

Surnoms	*nombre*	*nombre total d'invalides*	*%*
El corcovado	3	3	100
El sordo	5	6	83
El tuerto	5	9	56
El cojo	1	2	50
El manquillo	2	6	33

Les surnoms de l'invalidité

45. Ainsi El Galleguillo (le petit Galicien) devait son surnom à sa petite taille, Alonso Luis, qui était très grand, était appelé *el niño* (le petit) ; *Dictionnaire*, n° 338, 564 ; B. Díaz del Castillo, *op. cit.*, CCV.

46. Nous trouvons les appellations *el viejo* (le vieux) ou *el mozo* (le jeune) pour distinguer père et fils homonymes. De même, parmi les trois Solis qui survivent à la bataille de Mexico, Francisco Solis était surnommé *Casquete* du fait de ses gamineries, son homonyme était surnommé *el de la huerta* car il retirait une bonne rente de sa *huerta* (ses camarades l'appelaient aussi *sayo de seda* (sarrau de soie) parce qu'il aimait se vêtir de soie) et Pedro de Solis était désigné par le surnom de *Tras de la Puerta* parce qu'il était toujours chez lui, derrière la porte, à regarder ce qui se passait dans la rue, à l'insu de tous ; cf. *Dictionnaire* n° 1006, 1007, 1009.

Ces surnoms ne sont point discriminants car ils sont indiqués dans les listes officielles dressées par des magistrats, qui dénombrent conquistadores et colons. Dans la *liste des conquistadores, de leurs enfants et de leurs gendres qui vivent à Mexico et dans les autres villes,* on trouve « Cristóbal de Morales *el sordo*... Juan de Najara *el sordo*... Rodrigo de Segura *el cojo* » ; dans celle des *Conquistadores qui sont encore vivants et qui n'ont pas d'Indiens* : « Najara *el sordo* »[47], qui est encore présent dans la *Relation secrète de conquistadores* : « Juan de Najera *el sordo* »[48]. Cristóbal Martín de Leyva, qui avait perdu un oeil à la guerre, est désigné comme *el tuerto* dans les actes du conseil municipal de Puebla[49].

Les invalides ne sont pas exclus de la société. Ils ont, malgré leur handicap, des fonctions identiques à celles de leurs compatriotes valides. Ainsi, parmi les manchots, on trouve un écrivain public et procureur de Mexico, un *alcalde* et *regidor*, un majordome, un *corregidor* et un pilote de navire. Un boiteux est *alcalde* de Veracruz et deux autres sont soldats. La surdité n'empêche pas certains d'être *corregidor*, *alguacil* ou charpentier. Un homme bigle est aide-sacristain et parmi les borgnes on trouve un tailleur, un contrôleur des poids et mesures, un soldat ; un bossu est charpentier. Quant à l'homme infirme à la suite d'une attaque d'alligator, il deviendra *regidor*. Même la cécité n'est pas un handicap : parmi les dix aveugles référencés, trois sont *corregidores*, un est *regidor* et deux sont *alguaciles*. Notons qu'un de ces aveugles sait signer : en 1543, âgé de 50 ans, Sebastian de Moscoso, qui a perdu la vue depuis peu, signe un témoignage pour l'un de ses camarades[50].

Si dans la vie publique les conquistadores invalides sont sur un pied d'égalité avec leurs contemporains, dans la vie privée il en va de même. Ces hommes, quelle que soit leur invalidité, semblent tous avoir, comme n'importe quelle autre personne, une vie familiale quasi normale (dans la mesure où nous pouvons la saisir). Même s'il nous manque certaines indications, nous savons que vingt-six d'entre eux sont mariés (soit un minimum de deux tiers des invalides). Certains ont contracté leur mariage avant leur infirmité, d'autres ensuite. Parmi les conquérants mariés, la grande majorité, à l'image de l'ensemble des conquistadores, ont épousé une Espagnole (dix-huit au moins), trois une Indienne et l'un une Métisse. La très grande majorité a des enfants, filles et garçons, dans des proportions qui varient de un ou deux à quinze ou seize. Même les deux célibataires invalides ont des enfants, bien entendu naturels, même si certains de ces derniers sont reconnus. Ainsi, comme nous avons pu le constater, rien ne semble différencier l'invalide de l'homme valide.

---

47. AGI, *Audiencia de México*, 96, 4.
48. *Relación secreta de conquistadores*, édition M. González-Leal, Université de Guanajuato, 1979.
49. Archivo Municipal de Puebla, *Actas del Cabildo*, III, f. 225.
50. AGI, *Patronato Real*, 56, 4, 4, f. 83 ; *Dictionnaire*, n° 688.

Avant de conclure, il faut souligner les limites de notre documentation ; tous les chiffres donnés représentent toujours un minimum. D'autre part, les conquistadores ne forment qu'une partie de la société coloniale. Ils sont à l'origine de la société coloniale. Ils ont participé à la conquête dans une entreprise privée, c'est-à-dire à leurs risques et périls. Qu'en est-il des colons qui arrivent après la conquête ? Dans tous les cas, il ne semble pas que l'invalidité ait été une préoccupation particulière de la société : on ne trouve point de lois, point d'ouvrages, point de réflexion sur le sujet. Nous pouvons cependant déterminer trois aspects essentiels concernant l'invalidité. Les individus gravement atteints (aveugles, paralysés notamment) sont à la charge des familles mais ils ne semblent pas rejetés par les leurs. L'invalide, lorsque ses moyens physiques le lui permettent, fonde une famille, a des enfants comme tous ses contemporains ; il a les mêmes fonctions, les mêmes professions que les autres colons. Enfin, et surtout, l'invalide semble se fondre dans la vie de la colonie. Il en est une partie intégrante, sans rejet ni discrimination.

Identité de l'individu	*S*	*Type d'infirmité*	*réf.*	*?*	A	D	P	*office / métier*	*Mar*	*Enf*
AVILA, Luis de		aveugle	88				+	*regidor + corregidor*	ESP	+
GALEOTE, Alonso	*	aveugle	327				+	*regidor*	ESP	+
GARCIA, André	*	aveugle	346				+	*alguacil + teniente de corregidor*	E S P ?	
HERNANDEZ, Diego	*	aveugle	453				+	scieur	MET	+
MARTIN AGUADO, Pedro		aveugle	607				+		ESP	+
MOSCOSO, Sebastián de		aveugle	688				+		IND	+
NUÑEZ MERCADO, Juan		aveugle	716				+	*corregidor*	C	+
RUIZ, Diego		aveugle	918				+	*alguacil + teniente de corregidor*	M ?	+
SANDOVAL, Alvaro de		aveugle	974				+		ESP	+
SOLTERO, Alonso		aveugle	1012				+	*corregidor*	ESP	+
DURAN, Alonso		bigle	275	+				aide-sacristain	E S P ?	
SEGURA, Rodrigo de	*	boiteux	994				+		ESP	+
TOVILLA, ?		boiteux	1056		+			soldat		
AVILA, Juan de	*	borgne	87	+				tailleur + contrôleur poids- mesures	ESP	+
GUTIERREZ DE BADAJOZ, Alonso	*	borgne	442			+			ESP	
LOPEZ, Román		borgne	548			+			ESP	
MARTIN DE LEYVA, Cristóbal	*	borgne	610			+		*alguacil mayor*	IND	+
OJEDA, Alonso de	*	borgne	721			+		*corregidor*	ESP	+
RIBERA, Juan de	*	borgne	858		+			secrétaire + procureur	ESP	
TORRES, Juan	*	borgne	1050		+			soldat		
DIAZ, Juan		borgne (taie)	264	+						
GONZALEZ DE HEREDIA, Juan	*	borgne + boiteux	405		+					
MADRID, ?	*	bossu	568	+						
NAJARA, Rodrigo de	*	bossu	697	+				charpentier		
VELAZQUEZ, Francisco	*	bossu	1114		+					
CARRASCO, Gonzalo	*	divers (alligator)	193			+		*regidor*		

LOPEZ, Alonso	*	maladie des yeux	535				+		M ?	+
?,?		manchot	?	+				soldat		
ALVAREZ, Juan	*	manchot	47							
BURGOS, Juan de		manchot	156				+	*alcalde* + *regidor*	ESP	+
LEMA, Hernando de	*	manchot	522			+		*corregidor*	ESP	+
TIRADO, Juan	*	manchot	1143			+		majordome du Cabildo	ESP	+
ALONSO DE VILLANUEVA, Hernán	*	manchot + boiteux	37			+		écrivain + procureur	ESP	
GOMEZ CATALAN, Bartolomé		paralysé	389			+			ESP	+
LIMPIAS CARVAJAL, Juan de	*	sourd	529			+		*alguacil*	ESP	+
MONJARRAZ, Gregorio de	*	sourd	654			+			?	+
MORALES, Cristóbal de	*	sourd	667			+		*corregidor*	IND	+
NAJERA, Juan de	*	sourd	699			+		*corregidor*	C	+
RAMIREZ, Diego		sourd	839			+		charpentier	ESP	+
RODRIGUEZ, Cristóbal	*	sourd	880	+						

Les conquistadores invalides

Légende

- **S** : surnom
- **Réf.** : référence du numéro du conquistador (cf. B. Grunberg, *Dictionnaire des conquistadores de Mexico*, Paris, 2001)
- Origine de l'invalidité
  - **?** : on ne connaît pas la date de l'invalidité
  - **A** : infirme avant la conquête
  - **D** : infirme durant la conquête
  - **P** : infirme après la conquête
- **Mar :** marié
  - **ESP** : avec une Espagnole
  - **MET** : avec une Métisse
  - **IND** : avec une Indienne
  - **C** : célibataire
  - **?** : on ne connaît pas l'épouse
- **Enf :** enfants

Une institution au service des militaires âgés, blessés et estropiés aux XVIIe et XVIIIe siècles : l'Hôtel Royal des Invalides

Élisabeth BELMAS
Université de Paris 13 (CRESC)

L'Hôtel Royal des Invalides, destiné aux « anciens soldats » et aux estropiés des guerres, est l'une des fondations les plus célèbres du règne de Louis XIV, l'une des rares dont il conservait la fierté à la fin de sa vie. Tout en satisfaisant à la gloire royale, il a fait œuvre charitable et affirmé son pouvoir dans deux domaines qui échappaient jusque-là en partie à la monarchie, l'assistance et la santé. Cette institution illustre, toujours vivante, a laissé de volumineux fonds d'archives parmi lesquels figure la série des registres d'admission, remarquable par sa continuité et la richesse des informations enregistrées [1]. Des chercheurs universitaires spécialistes d'histoire militaire, tels A. Corvisier, J.-P. Bois ou A. Chaignot, les ont déjà exploités [2] ; les généalogistes et les érudits locaux les consultent régulièrement, mais on ne les avait encore jamais utilisés de façon systématique en histoire de la santé et des maladies. Or, ces registres qui rassemblent des renseignements, parfois très détaillés, sur l'état de santé des admis, puisque l'Hôtel avait une activité de soins très importante, commencent en 1670, un siècle avant les registres de l'hôpital d'Edimbourg étudiés par G Risse, les plus anciens registres contenant des données fines de morbidité jamais analysés [3]. C'est ainsi qu'est né le projet d'entreprendre une enquête en

1. Services Historiques de la Défense, Sous-série Xy, registres de l'Hôtel des Invalides, Admissions, 2 Xy 1 (1er octobre 1670-29 septembre 1674) à 2 Xy 91 (Table alphabétique de noms de familles étrangers [A à Z]).
2. J.-P. Bois, *Les anciens soldats dans la société française au XVIIIe siècle*, Paris, 1990 ; A. Corvisier, *L'Armée française de la fin du XVIIe siècle au ministère de Choiseul. Le soldat*, Paris, 1964, 2 vol. ; J. Chagniot, *Paris et l'armée au XVIIIe siècle. Etude politique et sociale*, Paris, 1985.
3. G. B. Risse, *Hospital Life in Enlightenment Scotland : Care and Teaching at the Royal Infirmary of Edinburgh*, Cambridge-New York-Melbourne, 1986.

longue durée sur la santé des militaires dans la France moderne[4], à l'instar des enquêtes de démographie historique menées à partir des registres paroissiaux dans les années 1960-1980[5]. Quarante-sept registres de réception à l'Hôtel Royal des Invalides, couvrant la période 1670-1791 et regroupant plus de 100.000 notices individuelles de soldats, ont fait l'objet d'un sondage aléatoire au 1/10e, ce qui a permis de collecter 11.528 cas sur cent trente-et-un ans[6]. Cette évaluation de l'état de santé d'une fraction de la population masculine du royaume entre 1670 et 1791 ne peut se passer d'une réflexion sur le rôle de l'institution militaire dans la naissance d'une « politique de santé publique ». En effet, la création de l'Hôtel Royal des Invalides se place en un temps d'affirmation du pouvoir royal, dont l'institution porte la marque jusque dans l'architecture des bâtiments ; l'Hôtel connaît un succès tel qu'il doit constamment moduler ses conditions d'accueil initiales, ce qui a d'ailleurs contribué à assurer sa pérennité. Enfin, à maints égards, il a joué le rôle d'un véritable « laboratoire » social.

I. L'institution de l'Hôtel Royal des Invalides

Le souci de préserver la santé des militaires et de soigner leurs blessures est très ancien. Ce fut l'Empire romain qui ébaucha le premier service de santé militaire, en instituant un médecin par cohorte et en ouvrant des « hôpitaux » d'armée[7]. En France, la question du sort des anciens soldats et / ou des mutilés de guerre a commencé à se poser sérieusement à la fin du XIIIe siècle, lorsque la monarchie s'est mise à employer des soldats de métier et des mercenaires[8]. Licenciés à l'issue des conflits, ils se rabattaient sur les campagnes et les villes du royaume, où ils constituaient des foyers — réels ou potentiels —, de délinquance, ce qui décida le pouvoir royal à leur trouver un refuge.

---

4. Cette enquête a été menée par E. Belmas (Université de Paris 13) et J. Coste (Université Paris V-Cochin, EPHE), avec l'aide de la MSH Paris-Nord et du CRESC, Université de Paris 13. Les résultats en seront présentés dans un ouvrage à paraître.
5. Citons pour mémoire les ouvrages de H. Charbonneau, *Tourouvre-au-Perche aux XVIIe et XVIIIe siècles, étude de démographie historique*, Paris, 1970 ; A. Croix, *Nantes et le pays Nantais au XVIe siècle, étude démographique*, Paris, 1974 ; J. Dupâquier, *La population du Bassin parisien à l'époque de Louis XIV*, Paris, 1979 ; P. Goubert, *Beauvais et le Beauvaisis de 1600 à 1730. Contribution à l'histoire sociale de la France au XVIIe siècle*, Paris, 1960 ; M. Lachiver, *La population de Melan du XVIIe au XIXe siècle (vers 1600-1870), étude de démographie historique*, Paris, 1969 et F. Lebrun, *Les hommes et la mort en Anjou aux XVIIe et XVIIIe siècles. Essai de démographie et de psychologie historiques*, Paris-La Haye, 1971.
6. Services Historiques de la Défense, Sous-série Xy, registres de l'Hôtel des Invalides, Admissions, 2 Xy 1 (1er octobre 1670-29 septembre 1674) à 47 (11 juin 1789-5e complémentaire an IV).
7. J. Guillermand (dir.), *Histoire de la médecine aux armées*, t.1, *De l'Antiquité à la Révolution*, Paris, 1982, p. 375.
8. J.-P. Bois, *op. cit.*, p. 27-28.

A. Les premiers secours aux « anciens soldats »

Jusqu'au règne de Louis XIV, les souverains successifs oscillèrent entre quatre politiques [9] : une première solution imposait aux abbayes l'entretien d'un certain nombre de soldats mutilés au combat, en tant que moines lais ou oblats. Cette pratique, choisie par Louis XI, Charles VIII et Louis XII, fut confirmée à François Ier par le Concordat de Bologne en 1516, mais les religieux supportaient mal la présence de ces anciens militaires, aux mœurs souvent rudes [10]. Il arrivait en outre que les places réservées aux vétérans impotents soient usurpées par des hommes valides, qui se faisaient passer pour des mutilés de guerre ; d'autres, réellement infirmes, revendaient la place qui leur avait été octroyée.

Une deuxième solution consistait à renvoyer les hommes chez eux, en les gratifiant d'une pension. Aussi Henri IV proposa-t-il aux monastères de verser une taxe trimestrielle de 60 livres tournois aux invalides qui choisiraient de rejoindre leur foyer, une option qui permettait aux couvents de se débarrasser en toute légalité de leurs turbulents pensionnaires [11]. Néanmoins, cette alternative fut si peu et si mal appliquée que la monarchie finit par obliger les abbayes à conserver leurs oblats.

Une troisième solution prévoyait de les affecter à des fonctions de garde. Depuis le règne de Charles VII existaient en effet des mortes-payes, soldats âgés ou usés, assignés à résidence dans les forteresses et les garnisons du pays ; ils continuaient ainsi à rendre service au royaume en échange d'une demi-solde et de l'exemption de la taille. L'usage des mortes-payes, tombé en désuétude, fut repris en 1534 par François Ier sous l'appellation de « Légions » ; rétribuées pour moitié par le souverain et pour moitié par les chefs militaires locaux, elles se confondirent très vite avec les mortes-payes [12].

La quatrième solution — que privilégièrent Henri IV et Louis XIII —, était de les recueillir dans une institution particulière : dès 1594, Henri IV affectait aux invalides de guerre un ancien hospice, Saint-Jacques-du-Haut-Pas, construit sur le chemin de Compostelle. En 1595, il leur fit ouvrir la Maison de la Charité Chrétienne, fondée en 1576 par Nicolas Houël, botaniste et pharmacien parisien, qui avait consacré sa fortune à des établissements charitables. La mort du roi interrompit l'œuvre généreuse qu'il avait entreprise. Poursuivant la politique de son père, Louis XIII fonda en 1633 la Commanderie de Saint-Louis, une communauté installée à Bicêtre — et financée par une taxe sur les abbayes —, pour entretenir, jusqu'à la fin de leurs jours, les soldats éclopés ; mais, le souverain dut reculer dès 1635, sous la pression de l'Assemblée générale du Clergé, résolument hostile

9. M. Lucenet, *Médecine, chirurgie et armée en France au siècle des Lumières*, s.l., 2006, p. 28-29.
10. J.-P. Bois, *op.cit.*, p. 30-31.
11. *Ibid.*, p. 34.
12. *Ibid.*, p. 31.

à l'imposition des monastères [13] ; or il avait besoin des subsides du clergé pour financer la guerre dans laquelle il s'engageait…

C'est la solution élue par ses père et grand-père que Louis XIV reprend à son compte en 1670, lorsque, souhaitant créer une institution qui serait à la fois un hôpital et une maison de retraite, il ordonne l'édification d'un hôtel particulier capable de loger mille cinq-cents invalides et / ou de vieux soldats, justifiant de dix ans de service au moins. Cependant, la fondation de l'Hôtel Royal des Invalides s'inscrit dans un contexte plus large que le strict souci de la condition militaire. Elle se rattache incontestablement au projet sécuritaire du XVIIe siècle qui, voulant « renfermer » pauvres et populations flottantes considérés désormais comme une menace sociale, a favorisé la construction des grands hôpitaux tel l'Hôpital Général, dont l'édit de création date de 1656. Elle témoigne aussi de l'élan charitable issu de la Réforme catholique, laquelle a multiplié les fondations caritatives. Elle atteste par ailleurs des progrès de la monarchie administrative ; celle-ci entreprend alors de retirer à l'Église le monopole de l'assistance tout comme, un siècle auparavant, elle lui avait repris la justice. Les années 1665-1675 connaissent une intense réorganisation législative et administrative qui aboutit à la promulgation d'une série de codes, tels le Code Louis de 1667 sur la procédure civile, l'Ordonnance de 1670 sur la procédure criminelle, le Code Savary de 1673 sur le commerce, et s'achève par le Code noir de 1685 sur l'esclavage et la traite dans les colonies. Dans le même temps, les années de paix qui suivent le Traité des Pyrénées, conclu en 1659, voient baisser les effectifs des troupes ; en 1661, l'armée royale ne compte plus que 55 000 hommes [14]. Dès lors, une réforme du sort des anciens soldats devenait possible… Enfin, il ne faut pas négliger le rôle de la sourde concurrence qui opposait Colbert, réorganisateur de la marine, à Louvois rénovateur de l'armée de terre. Dès 1669, en organisant l'inscription maritime et le système des classes, Colbert octroyait aux marins une demi-solde hors du temps de service à bord, avant d'établir, en 1673, la caisse des Invalides de Marine. La création de l'Hôtel Royal des Invalides, située entre ces deux dates, peut aussi apparaître comme la réponse de Louvois aux avantages sociaux concédés par Colbert à la Marine [15].

B. La fondation

C'est dans ces conditions que, le 24 février 1670, est promulgué l'édit fondant l'Hôtel Royal des Invalides [16]. La monarchie semble avoir tiré une leçon de l'échec

13. *Ibid.*, p. 36.
14. A. Corvisier, *Louvois*, Paris, 1983, p. 77-118.
15. J. Meyer, *Colbert*, Paris, 1981, p. 260-295.
16. Édit de Saint-Germain en Laye, du 24 février 1670, *Recueil des Édits, déclarations, ordonnances, arrêts et règlements concernant l'Hôtel Royal des Invalides, 1670-1780*, Paris, 1781, 2 vol., vol.1, p. 5-6, BnF, Imp., 4° F 21801 et 21802.

des tentatives précédentes ; toutes avaient buté sur la question du financement d'un projet d'envergure, un problème récurrent que connaissaient aussi les fondations charitables laïques. Cette fois-ci, l'Église, déchargée du fardeau des oblats, devait verser une pension équivalente au coût de leur entretien [17]. Réticente dès le début, cette dernière, qui met une dizaine d'années à s'en acquitter, essaie toujours de s'en affranchir à la fin du règne de Louis XIV et sous la Régence. Néanmoins, le principe en est étendu aux pays nouvellement conquis par le souverain, en Artois, dans le Hainaut et le Cambrésis, en Alsace et en Roussillon. Louis XIV y ajoute un revenu régulier, constitué par une retenue de deux deniers par livre sur toutes les dépenses effectuées par le trésorier de l'Ordinaire et de l'Extraordinaire des Guerres [18]. L'Hôtel serait réservé aux bas-officiers et aux soldats justifiant de dix ans de service, de blessures ou d'incapacités, ce qui revenait à assimiler l'invalidité à l'ancienneté ; il accueillerait également les soldats grièvement blessés ou estropiés, devenus inaptes au service, quelle que soit leur ancienneté.

Pendant la construction de l'Hôtel, qui dure de 1670 à 1674, un immeuble — connu sous l'appellation d'Hôtel des soldats estropiés —, est loué au faubourg Saint-Germain, rue du Cherche-Midi, où s'installent, dès le 1er octobre 1670, les trois cents premiers soldats invalides sélectionnés [19].

C. « Un monument »

L'Hôtel Royal des Invalides est édifié dans la plaine de Grenelle, dans le quartier du Gros Caillou, qui reste très rural au XVIIe siècle. La construction du gros œuvre est rapide ; elle prend trois ans à peine, car le bâtiment est inauguré officiellement en octobre 1674. Il était presque achevé en 1691, peu avant la mort de Louvois [20].

Deux architectes ont travaillé aux plans. Le premier, Libéral Bruant, un jeune architecte de trente-trois ans, qui a bâti la Salpétrière en 1656, construit l'utile, c'est-à-dire les logements, l'infirmerie, les réfectoires et l'église des soldats. Il a adopté un plan quadrangulaire que l'on rapproche généralement de celui de l'Escorial, le palais monastère élevé par Philippe II aux environs de Madrid [21]. La Cour royale est entourée de quatre corps de logis, surmontant des caves immenses, capables de contenir quatre mille pièces de vin. Au rez-de-chaussée, toutes les façades sont décorées d'arcades derrière lesquelles s'étendent de vastes galeries ; celles-ci abritent quatre grands réfectoires contigus, l'un réservé aux officiers, les trois autres destinés aux sous-officiers et aux soldats. Au fond de la Cour royale

---

17. Édit d'établissement de l'Hostel des Invalides, avril 1674, G.-L. Niox, *L'Hôtel des Invalides*, Paris, s.d., p. 26 *sq*.
18. *Recueil des Édits…, op. cit.*, vol. 1, p. 7-11.
19. J.-P. Bois, *op. cit.*, p. 41.
20. A. Muratori-Philip, *L'Hôtel des Invalides*, Bruxelles, 1992, p. 20.
La figure 1, en annexe *infra*, présente le quartier du Gros Caillou (*in* J.-P. Bois, *op. cit.*, p. 222).
21. *Ibid.*

s'ouvre le portail de l'église des soldats. Les chambres et les dortoirs sont situés au premier étage. L'infirmerie constitue une entité autonome ; installée au sud-est du bâtiment, elle occupe deux corps de logis, sur deux niveaux ; elle dispose d'une cuisine et d'un réfectoire privés, d'une pharmacie et d'une tisanerie[22].

Jules Hardouin Mansart, qui succède à Libéral Bruant en 1676, est chargé de la construction de l'église royale ; surmontée d'un superbe dôme, elle est érigée dans le prolongement de l'église de Libéral Bruant ; l'autel, placé au centre, assurant la jonction entre les deux édifices. L'église royale donne sur l'esplanade du dôme, par laquelle entre toujours le souverain. La décoration de l'Hôtel est confiée aux artistes qui œuvrent alors à Versailles, Coysevox, Coypel, Boulogne, Girardon, Coustous. Tous les visiteurs sont frappés par la munificence des lieux et, parmi eux, de nombreux monarques : Guillaume d'Orange, *stathouder* des Pays-Bas, roi d'Angleterre en 1688, s'en inspire pour la création de l'hôpital de Greenwich. Le tsar Pierre le Grand le découvre en 1717 ; à son retour à Saint-Pétersbourg, il fonde une institution similaire dans le faubourg de Viborg. Le roi Christian VII de Danemark vient l'admirer en 1768 ; en 1771, c'est au tour du futur Gustave III de Suède, qui s'en souviendra pour établir une institution similaire dans son pays ; et l'empereur Joseph II s'y rend par deux fois en 1777[23]. Comme Versailles, l'Hôtel des Invalides a contribué à servir la gloire royale, comme Versailles, il a constitué un modèle architectural imité dans les cours européennes.

Le Secrétaire d'État à la guerre en est l'administrateur général et le directeur[24] ; il nomme le gouverneur, toujours un ancien officier invalide, assisté d'un conseil d'administration composé au début d'officiers supérieurs[25] auxquels s'ajoutent par la suite les titulaires des principales charges de l'Hôtel[26]. À partir de 1675, douze puis vingt prêtres de la Mission et quatre frères sont mis au service spirituel des invalides[27]. En 1676, douze puis trente sœurs de la Charité — les sœurs grises —, sont chargées, par contrat, de l'infirmerie, de la pharmacie et du blanchissage ; tout ce personnel logeant sur place, est à pied d'œuvre, jour et nuit, pour encadrer, réconforter et soigner un nombre grandissant d'« anciens soldats »[28].

---

22. Voir la description laissée par G. M. Le Jeune de Boulencourt, qui fut secrétaire-garde des archives de l'Hôtel des Invalides de 1678 à 1683 : *Description generale de l'Hostel Royal des Invalides établi par Louis le Grand dans la plaine de Grenelle près Paris*, Paris, 1683.

La figure 2 ci-après montre le bâtiment avant 1745 (*in* A. Muratori-Philip, *op. cit.*).

23. J.-P. Bois, *op. cit.,* p. 35-49.
24. Édit d'établissement de l'Hostel des Invalides, avril 1674, G.-L. Niox, *L'Hôtel des Invalides*, Paris, s.d., p. 26 *sq.*

La figure 3, *infra*, présente le plan de l'édifice après 1747 (A. Muratori-Philip, *op. cit.*).

25. G.-L. Niox, *ibid.*
26. Riveau, *Description de l'Hôtel royal des Invalides, précédée de quelques réflexions historiques sur ce monument depuis sa fondation jusqu'à nos jours*, Paris, 1823, p. 36.
27. *Ibid.*, p. 33-34.
28. S.H.D., 1 Xy 10, liasse 1, layette 8, *Description generale de l'Hotel Royal des Invalides et de*

II. L'admission à l'Hôtel Royal des Invalides

L'Hôtel Royal des Invalides, prévu pour accueillir mille cinq cents pensionnaires, deux mille à la rigueur, n'a cessé d'être confronté au manque de place. Très vite en effet, sa capacité d'accueil est dépassée, en raison des guerres successives et du gonflement des effectifs de l'armée de Louis XIV : en 1680, on recense déjà plus de cinq mille inscrits dans les registres de l'Hôtel. Entre 1680 et 1690, quatre mille hommes sont immatriculés et, en 1690, plus de deux mille soldats invalides vivent à l'Hôtel. Avec la Guerre de Succession d'Espagne, ce sont presque dix mille hommes qu'il faut accueillir et, lorsqu'elle s'achève, sept mille soldats arrivent [29]. L'inflation continue au XVIIIe siècle, à la fin de chaque conflit : en 1735-1737, plus de six mille hommes se présentent après la Guerre de Succession de Pologne ; entre 1744 et 1749, environ dix mille blessés de la Guerre de Succession d'Autriche demandent leur réception [30]. En outre, des armes — telle l'artillerie —, qui n'étaient pas admises dans les débuts, obtiennent le droit d'accéder aux Invalides [31]. Rapidement, les dépenses dépassent les recettes, bien que la contribution de l'Ordinaire et de l'Extraordinaire des Guerres soit portée à trois deniers par livre. Aussi, très tôt la monarchie se vit-elle contrainte de prendre des mesures pour « dégraisser » des contingents croissants de pensionnaires.

A. Les critères d'admission

C'est ainsi que les critères d'admission ont varié au fil du temps. L'édit du 24 février 1670, qui créait l'Hôtel des soldats estropiés, imposait un double critère d'ancienneté et d'état de santé, sans fixer de limite d'âge : il fallait soit justifier de dix années de services et des blessures qui y avaient été reçues, soit avoir été grièvement blessé ou estropié, au point de n'être plus en état de continuer le service et / ou d'être incapable d'assurer sa subsistance.

L'augmentation rapide des pensionnaires obligea le pouvoir royal à réduire encore le nombre des postulants. Le règlement du 3 janvier 1710 exige désormais vingt ans de services continus et ininterrompus pour entrer à l'Hôtel Royal des Invalides, sauf en cas de blessures — certifiées par le chirurgien-major —, qui mettraient le soldat « hors d'état de continuer ses services » selon la formule de l'époque, en réalité de pourvoir à son existence [32]. En 1729 — durant une période de paix —, la durée des services requis est ramenée à trois engagements, à savoir 18 ans, pour les soldats qui ont toujours servi dans le même régiment [33], dispositions

l'etablissement des sœurs de la Charité, entrée le 16 febvrier de l'année 1676 pour le service des malades desdittes infirmeries, n.f.

29. J.-P. Bois, *op. cit.*, p. 47.
30. *Ibid.*
31. Riveau, *op. cit.*, p. 37.
32. Règlement du 3 janvier 1710, J.-P. Bois, *op. cit.*, p. 49.
33. Ordonnance du 10 mars 1729, J.-P. Bois, *op. cit.*, p. 50.

que confirme l'ordonnance du 3 décembre 1730[34] ; elle exclut néanmoins ceux auxquels leur âge et leur état de santé permettent encore de servir, même s'ils ont accompli le temps prescrit. La rigueur des critères de réception à l'Hôtel Royal des Invalides souffre toutefois d'accommodements : quelles qu'en soient les modalités, l'admission est toujours considérée comme une grâce royale, qui peut être accordée, à l'occasion et au nom du souverain, par le Secrétaire d'État à la Guerre, le chancelier ou le gouverneur. En vertu de ce principe, caractéristique de la société française des temps modernes, les critères d'admission fixés par les textes ne s'appliquent plus quand la faveur royale — princière ou ministérielle —, vient à s'exercer : à partir de 1678 presque tous les officiers sont admis « par ordre du Roy », « par ordre du chancelier » puis des secrétaires d'État à la Guerre successifs, une façon de rendre hommage à leur qualité. Le même privilège est octroyé, mais plus rarement, aux sans-grades.

Pour alléger la surpopulation de l'Hôtel, les autorités ont également institué et développé le système des compagnies détachées dans les places frontières du royaume : dès 1683, elles y envoient les soldats encore suffisamment valides pour assurer une mission de garde et de protection. La pratique du détachement a permis à l'Hôtel Royal d' « absorber » un nombre de pensionnaires excédant de beaucoup ses capacités d'accueil, portées à quatre mille places à la fin de la guerre de Succession d'Espagne[35]. En 1709, soixante-dix-huit compagnies détachées de l'Hôtel regroupaient quatre mille quatre cents soldats[36] ; en 1756-1758, les cent cinquante et une compagnies détachées rassemblaient dix mille six cent vingt soldats et bas-officiers commandés par sept cent cinquante-cinq officiers[37]. À cette date, l'Hôtel comptait deux fois plus d'invalides soumis à sa juridiction en dehors de ses murs qu'à l'intérieur. D'autres méthodes visant à limiter le nombre de pensionnaires effectivement présents furent employées simultanément. Les renoncements étaient encouragés, mais ils n'ont jamais dépassé 1 à 2 % des admis par an[38]. Les hommes mariés recevaient l'autorisation de s'installer en ville, s'ils le désiraient. Enfin, les provinciaux pouvaient solliciter des congés de longue durée — trois à vingt-quatre mois au début, qui se prolongèrent avec le temps —, pour retourner au pays[39].

La difficile question du surpeuplement périodique de l'Hôtel Royal des Invalides trouve finalement une solution humaine plus satisfaisante en 1764, avec la création de la pension d'invalidité. Les soldats proposés pour l'Hôtel lors des

---

34. Ordonnance pour régler toutes les différentes classes de ceux qui seront reçus à l'hôtel royal des Invalides, du 03 décembre 1730, F.-A. Isambert, *Recueil des anciennes lois françaises depuis l'an 420 jusqu'à la Révolution de 1789*, t. 21, n° 406, Paris, 1821-1833, à compléter par J.-P. Bois, *op. cit.*, p. 50.

35. J.-P. Bois, *op. cit.*, p. 47.

36. *Ibid.*, p. 57.

37. *Ibid.*, p. 58-59.

38. *Ibid.*, p. 52.

39. *Ibid.*, p. 53.

revues d'inspection, sont désormais répartis en trois catégories : ceux qui sont en état d'être détachés ; ceux qui doivent être soignés aux Invalides ; ceux qui souhaitent se retirer directement chez eux avec la pension attribuée à leur grade, à savoir cinquante-quatre livres tournois par an pour les soldats, soixante-douze l.t. par an pour les bas-officiers[40]. Des dispositions ultérieures[41] autorisent tout soldat « retraité » à solliciter son admission à l'Hôtel ou son envoi en détachement, à condition de remettre sa pension. C'est à ce moment-là que, selon J.-P. Bois, la vocation initiale de l'Hôtel Royal des Invalides aurait évolué, la blessure n'ayant plus un caractère impératif pour y être recueilli ; l'Hôtel des anciens « soldats estropiés » serait progressivement devenu une maison de retraite potentielle pour tous les anciens militaires justifiant d'au moins seize années de services. Cette mutation s'accentue en 1776, avec le remplacement de la pension d'invalidité par la pension de récompense militaire [42] ; un âge avancé — soixante-dix ans —, et non une durée de service, constitue dorénavant un motif reconnu d'incapacité. Les soldats invalides ont alors le choix entre l'entrée à l'Hôtel et la nouvelle récompense militaire. En même temps, le nombre des pensionnaires est strictement contingenté à mille cinq cents hommes, en dehors de cent places conservées vacantes pour les soldats dont la réception en cours d'année ne pouvait attendre [43]. Parallèlement les compagnies détachées sont réduites ; les soldats détachés doivent se prononcer entre la récompense militaire et l'hébergement à Hôtel, dans la limite des places libres.

Ainsi, un admis aux Invalides conserve-t-il cette qualité pour le restant de ses jours, sauf s'il renonce, s'il déserte ou s'il est chassé. Qu'il soit en détachement ou pensionné chez lui, il garde le statut de pensionnaire de l'Hôtel et peut toujours y rentrer, si son état de santé l'exige ; il n'est d'ailleurs pas rare que certains d'entre eux viennent ou reviennent y finir leurs jours.

B. La procédure d'admission

Comment la procédure administrative d'admission à l'Hôtel Royal des Invalides se déroulait-elle sur le terrain ? C'était le colonel du régiment qui proposait les soldats pour l'Hôtel ; le chirurgien-major du régiment établissait des certificats médicaux que devait confirmer le chirurgien-major de l'hôpital où le soldat avait été soigné. L'inspecteur d'armes, quand il visitait les régiments, examinait à son tour chaque candidature et décidait de l'envoi aux Invalides. En dernier ressort, la décision appartenait au Secrétaire d'État à la Guerre[44]. Enfin, dans tous les cas, les

40. Ordonnance du 26 février 1764, J.-P. Bois, *op. cit.*, p. 77.
41. Ordonnance du 17 avril 1772, art. 17, *Ibid.*, p. 82-83.
42. Règlement du 25 mars 1776, art. 9 et 10, F.-A. Isambert, *op. cit.*, t. 23, p. 481.
43. L'Ordonnance du 17 juin 1776 limite le nombre des pensionnaires à mille cinq cents hommes répartis ainsi : neuf cent cinquante soldats, deux cent-douze bas-officiers, soixante maréchaux des logis, deux cents lieutenants, soixante capitaines, douze commandants de bataillon, six lieutenants-colonels-, J.-P. Bois, *op. cit.*, p. 93.
44. J.-P. Bois, *op. cit.*, p. 50.

hommes étaient admis en fonction des places disponibles. Ces longues formalités accomplies, le soldat recevait un congé et une « route » pour gagner l'Hôtel. À son arrivée, il était visité par le chirurgien-major en place qui contrôlait alors la pertinence des certificats médicaux[45]. Au bout de la chaîne, le conseil d'administration de l'Hôtel statuait après avoir examiné le dossier du postulant : soit il l'admettait, soit il le renvoyait pour services incomplets ou blessures insuffisantes[46]. C'est ce qui arrive à trois cent quatre-vingt-trois impétrants (3,32 %) sur un total de onze mille cinq cent vingt-huit soldats relevés de 1670 à 1791 ; L'Hôtel leur accorde en général une somme de six, neuf ou douze livres tournois « pour se conduire », autrement dit pour rentrer chez eux ou trouver un abri. Un petit nombre de ces refusés est admis par la suite, tantôt parce qu'ils se sont procuré les certificats de service qui leur faisaient défaut, tantôt parce qu'ils ont effectué des années de service supplémentaires, leur permettant d'intégrer l'Hôtel, voire encore en vertu d'une faveur du gouverneur ou du Secrétaire d'État à la Guerre: ils sont soixante-huit (17,75 %) dans cet heureux cas de figure sur les trois cent quatre-vingt-trois postulants renvoyés entre 1670 et 1791. Les militaires définitivement acceptés sont enregistrés en tant que soldats, cavaliers, bas-officiers ou officiers, qualités qui déterminent leurs conditions de vie dans l'institution, plus ou moins souples, plus ou moins confortables selon le grade[47].

Il arrive que le chirurgien-major de l'Hôtel propose, après examen du candidat, de le recevoir pour un temps limité — deux, trois, voire six mois —, « jusqu'à guérison » : sur l'ensemble de la période étudiée, donc pour onze mille cinq cent vingt-huit reçus, quatre-vingt-quinze militaires ont été agréés de la sorte — six officiers, quatre sous-officiers, vingt-cinq cavaliers et soixante soldats —, soit 0,85 % de l'effectif total. Sur ces quatre-vingt-quinze admis temporaires, cinquante-et-un sont restés « pour toujours » à l'Hôtel, une fois le délai écoulé, les quarante-quatre autres ont repris du service, sont partis en compagnie détachée ou bien ont renoncé à l'Hôtel.

C. Typologie des invalides

Le dépouillement de onze mille cinq cent vingt-huit notices individuelles de militaires sur une période de cent-trente-et-un ans a fourni d'intéressants renseignements sur leur origine géographique, leur religion, leur état matrimonial et leur âge, informations qui seront examinées successivement. Les militaires répertoriés de 1670 à 1791 sont à 87,62 % originaires du royaume : quatre sont issus d'un autre continent que l'Europe ; mille quatre cent vingt-trois viennent

---

45. J.-P. Bois, *op. cit.*, p. 50.

46. G. M. Le Jeune de Boulencourt, *Description generale de l'Hostel Royal des Invalides établi par Louis le Grand dans la plaine de Grenelle près Paris*, Paris, 1683, p. 29.

47. A partir de 1744, sous-officiers et officiers sont répertoriés dans des registres séparés, ils n'apparaissent donc plus dans la base.

d'un pays européen plus ou moins proche, soit 12,38 % de l'effectif total (onze mille cinq cent vingt-huit). Les plus nombreux sont les Suisses, qui servent dans les Gardes Suisses ou les régiments suisses ; ils sont suivis de près par les sujets des différents états de l'Empire, engagés dans les régiments d'Alsace, de Greder puis du Royal-Allemand. Les Irlandais les suivent, sortis, selon les époques, des régiments d'Hamilton, Clare, Dillon ou Lee. À l'opposé, les Scandinaves sont très peu représentés : un Danois et cinq Suédois sur les onze mille cinq cent vingt-huit militaires recensés en cent trente ans. Les dix mille cent-un (87,62 %) pensionnaires originaires du royaume sont, pour l'essentiel, issus de neuf provinces : huit cent quatre-vingt-cinq (7,70 %) sont nés en Guyenne-et-Gascogne, sept cent soixante-sept (6,67 %) en Normandie, six cent cinquante-deux (5,67 %) en Bourgogne, six cent trente-trois (5,51 %) en Ile-de-France, six cent dix (5,31 %) en Languedoc ; cinq cent soixante-neuf (4,95 %) ont vu le jour en Lorraine, cinq cent cinquante-huit (4,86 %) en Champagne, cinq cent cinquante-cinq (4,83 %) en Franche-Comté et cinq cent quarante-deux (4,72 %) en Picardie. Indéniablement, c'est la moitié nord de la France — mais pas nécessairement les régions frontalières —, qui fournit les plus gros contingents à l'Hôtel Royal des Invalides.

Onze mille trois cent-un (98,03 %) des onze mille cinq cent vingt-huit militaires enregistrés sont catholiques : tous les protestants — qu'ils soient luthériens ou calvinistes — sont entrés en tant que tels avant 1685, date de la révocation de l'Édit de Nantes qui interdit l'exercice de la Religion Prétendue Réformée dans le royaume. Après 1685, les soldats admis sont à 99,27 % catholiques : les rares exceptions sont surtout le fait d'allemands qui promettent d'abjurer au moment de la réception et s'exécutent rapidement ensuite, dans l'église Saint Louis des Invalides. Quant aux Suisses calvinistes qui refuseraient l'apostasie, ils bénéficient depuis 1710 d'un fonds de « retraite / invalidité » spécifique, constitué de cent pensions de cinquante livres tournois et dix pensions de cent livres tournois, qui leur permettaient de retourner vivre dans leur canton natal [48].

Deux mille trois cent trente-cinq militaires à peine — tous grades confondus — soit 20,26 % de l'échantillon relevé, se déclarent mariés à la réception ; il est fort possible que la proportion d'hommes mariés ait été plus importante, dans la mesure où certains devaient taire leur union par crainte d'être refusés. Quatre cent dix-sept (3,62 %) se disent « marié en son pays », ce qui reflète les pratiques matrimoniales endogamiques de l'époque moderne. Les qautre cent trente-huit soldats (3,8 %) mariés à Paris ont le droit de rendre visite plusieurs fois par semaine à leurs familles, qui s'installent souvent dans le quartier du Gros Caillou, proche de l'Hôtel [49].

La répartition des hommes par tranches d'âge donne les résultats suivants : deux mille six cent cinquante-trois ont moins de 40 ans à leur réception, soit 23,08 % de l'effectif (onze mille quatre cent quatre-vingt-douze) dont l'âge est connu. Deux

48. J.-P. Bois, *op. cit.*, p. 76.
49. *Ibid.*, p. 221 et 227.

mille huit cent soixante-dix-huit — 25,04 % du total —, ont entre 40 et 49 ans ; trois mille huit cent dix-huit — 33, 22 % —, se situent entre 50 et 59 ans ; deux mille cent quarante-trois — 18,64 % —, ont ou dépassent les 60 ans. Ainsi, presque la moitié des militaires — 5531 ; 48,12 % —, qui se présentent pour être admis à l'Hôtel Royal des Invalides, ont-ils moins de 50 ans. L'âge moyen des soldats à la réception sur l'ensemble de la période étudiée s'élève à 47 ans et neuf mois. Il reste relativement stable en dépit de l'évolution des critères d'admission. Avant la création de la pension d'invalidité en 1764, devenue pension de récompense militaire en 1776, l'âge moyen à la réception était de 48 ans et deux mois ; entre 1765 et 1776, il tombe à 44 ans et deux mois, puis augmente légèrement après 1776, atteignant 48 ans et huit mois. L'âge de l'invalidité se situe bien pour les soldats, légèrement avant la cinquantaine. Mais faut-il pour autant y voir l'âge de la vieillesse militaire, vieillesse que les démographes du XVIIIe siècle fixent à la soixantaine en population générale [50] ? Le calcul des âges au décès permettra sans doute de répondre de façon plus précise à cette question. Au bout du compte, l'admis type aux Invalides apparaît comme un soldat originaire de la moitié nord du royaume, célibataire et catholique, approchant de la cinquantaine.

III. L'Hôtel Royal des Invalides : un laboratoire social ?

Institution unique en son genre, l'Hôtel Royal des Invalides a servi de laboratoire social dans trois domaines au moins.

A. Une maison de retraite

C'est en quelque sorte la première maison de retraite qui ait existé en France. Sous le règne de Louis XIV, cette retraite était active, car des activités manufacturières étaient alors encouragées au sein de l'Hôtel ; les manufactures qui y étaient installées fabriquaient non seulement les uniformes des pensionnaires, leurs bas, leurs souliers, mais aussi des tapisseries, en particulier des tapisseries de haute lisse dans le style des Savonneries qui ornaient la salle du Conseil, et de grands missels sur parchemin, si appréciés que Louis XIV en commanda pour la chapelle de Versailles [51]. Ces ateliers disparaissent à partir 1690, d'une part en raison des protestations des artisans parisiens, qui y voyaient une concurrence déloyale, et d'autre part, parce qu'il fallait trouver de la place pour loger un nombre croissant de soldats. Les pensionnaires les plus vaillants participaient à de petits travaux d'entretien ou de nettoyage, pour lesquels ils étaient payés : les uns servaient de commis, de garçons de réfectoire, d'autres de barbiers, de sacristains, de fossoyeurs, de garçons d'infirmerie. D'autres encore développaient des activités personnelles, dont ils tiraient profit. Totalement

---

50. Sur ce point, voir P. Bourdelais, *Le nouvel âge de la vieillesse : histoire du vieillissement de la population*, Paris, 1993.
51. J.-P. Bois, *op. cit.*, p. 216-217.

pris en charge par l'institution, bien nourris, blanchis régulièrement[52], soignés, ils disposaient de l'utile et de l'agréable à la fois : des fumoirs où s'assembler autour du poêle lors les veillées[53], un espace de jeu à l'extérieur, une salle de comédie à partir de 1777[54]. Quant aux pensionnaires lourdement handicapés — paralysés, sans bras ou aveugles —, ils recevaient, depuis 1689, l'aide de manicrots — des soldats rétribués —, pour les aider dans les actes de la vie courante[55].

En même temps, l'institution était ouverte sur ville : si les matinées des pensionnaires étaient occupées, leurs après-midi restaient libres ; les plus valides en profitaient pour visiter leur famille quand elle vivait à proximité, ou couraient se divertir dans les cabarets de la capitale, au risque de provoquer des querelles et des rixes que le règlement de l'Hôtel punissait sévèrement[56].

B. Une caserne modèle

Première maison de retraite du royaume, l'Hôtel Royal des Invalides peut aussi être regardé comme l'une des premières casernes ayant existé dans le royaume. En effet, les soldats ont logé chez l'habitant jusqu'au XVIIIe siècle, où commence la construction des casernes. Or, dans l'Hôtel, quatre mille hommes âgés et / ou blessés ont dû cohabiter dès la fin du XVIIe siècle.

Les cadres de la vie militaire y sont conservés. Les pensionnaires doivent revêtir un uniforme qui évolue avec le temps[57]. Au début, à l'extérieur de l'institution, ils portent un habit de drap bleu sans revers, avec une culotte assortie ; à l'intérieur, ils endossent un gilet de peau de chamois jaune doublé de toile. En 1715, ils sont habillés d'une casaque bleue et de culottes grises, complétées d'un chapeau noir ; en 1767, l'habit de sortie est agrémenté de revers rouges. À partir de 1701, les officiers arborent un signe distinctif — une tresse d'argent —, à la taille et une double tresse sur les parements et les poches de leur habit. La hiérarchie militaire est maintenue car les hommes sont répartis en trois classes — officiers, bas-officiers, soldats —, en fonction de leur grade dans l'armée d'active. Les officiers bénéficient d'un ordinaire meilleur, accommodé dans une cuisine séparée et servi dans un réfectoire particulier[58] ; ils partagent une chambre à deux alors que les soldats sont logés à quatre ou six dans des dortoirs[59]. En outre, la solde des menus besoins, établie en 1749, varie selon les grades et à l'intérieur de chaque classe.

---

52. Le linge leur était fourni et changé tous les dimanches. Ils prenaient leurs repas en commun. Riveau, *op. cit.*, p. 54.
53. *Ibid.*, p. 48.
54. J.-P. Bois, *op. cit.*, p. 215.
55. Décision du conseil, concernant les manicrots, du 10 mars 1713, *Recueil des édits, ...concernant l'Hôtel Royal des Invalides*, *op. cit.*, vol. 1, BnF, Imp., 4° F 21801, p. 209.
56. Riveau, *op. cit.*, p. 47.
57. Riveau, *op. cit.*, p. 56-57.
58. A. Muratori-Philip, *op. cit.*, p. 26-27.
59. Riveau, *op. cit.*, p. 57.

Les pensionnaires ingambes continuent à observer un semblant de vie militaire, rythmé par le son du tambour ; organisés en vingt-cinq compagnies, armés de fusils et de hallebardes, ils sont soumis à un exercice régulier, montent la garde, effectuent des rondes de nuit, font des gardes d'honneur à l'occasion des visites de grands personnages [60] ; ils défilent dans Paris lors des réjouissances publiques et des processions. Ils obéissent à une stricte discipline qui leur interdit, entre autres choses, de se marier, de blasphémer, de découcher, de fumer en dehors des lieux *ad hoc* [61]. À l'intérieur de l'Hôtel, le major et ses aides assurent la police, aidés d'un prévôt et de cinq archers [62] ; tout manquement au règlement est sanctionné de façon proportionnelle à la gravité de la faute, l'une des plus célèbres punitions étant le cheval de bois [63]. Enfin, depuis 1675, ce sont les prêtres de la Mission qui prennent en charge l'encadrement spirituel des « anciens soldats », auxquels ils imposent une sorte de quarantaine religieuse à l'entrée dans Hôtel, pour instruire les catholiques et convertir les protestants [64].

C. Un modèle d'hôpital : les infirmeries

Maison de retraite et caserne modèles, l'Hôtel Royal des Invalides apparaît également comme un modèle d'hôpital. Le service de santé y tient en effet une place primordiale, témoignant du souci d'assurer des soins éclairés dans des locaux adaptés.

Les infirmeries, installées au sud-est de l'Hôtel, constituaient un univers autonome : déployées sur deux corps de logis et deux niveaux, elles disposaient de toutes les commodités, dont une cuisine et un réfectoire privés, une pharmacie et une tisanerie. L'organisation en est restée relativement stable sous l'Ancien Régime, en dehors de quelques modifications de détail [65].

Elles accueillaient à la fois les arrivants les plus atteints physiquement et les résidents qui tombaient malades ; les uns comme les autres y bénéficiaient d'un encadrement hospitalier et de traitements médicaux sans équivalent dans le royaume à l'époque. Les infirmeries étaient régies par une véritable direction sanitaire qui coiffait trois services : la chirurgie, la médecine et l'apothicairerie. Médecin-chef, chirurgien, apothicaire — « la trilogie des officiers en la médecine », dont parle O. Keel [66] —, étaient nommés par brevet royal, sur proposition du directeur et

60. J.-P. Bois, *op. cit.*, p. 210.

61. Riveau, *op. cit.*, p. 48.

62. *Ibid.*, p. 53.

63. Un arçon de bois — sur lequel le fautif s'asseyait à califourchon —, suspendu à une poulie, était hissé plus ou moins haut et secoué violemment au risque de désarçonner le cavalier. Ce châtiment existe depuis 1679, cf. Riveau, *op. cit.*, p. 38.

64. Riveau, *op. cit.*, p. 33-34.

65. G. M. Le Jeune de Boulencourt, *op. cit.*, p. 21.

66. O. Keel, *L'avènement de la clinique moderne en Europe, 1750-1815*, Montréal-Genève, 2001, p. 94-96.

administrateur général[67]. De substantiels avantages leur avaient été consentis, car le médecin avait droit aux mêmes honneurs et privilèges que ceux de la Maison du Roi et le chirurgien avait obtenu le privilège de « gagner maîtrise » à Paris après six années consécutives de service ; ils percevaient des rétributions confortables, trois mille livres tournois par an pour le médecin, deux mille l.t. pour le chirurgien et six cents l.t. pour l'apothicaire[68]. À partir de 1707, un chirurgien-major en chef vient épauler celui gagnant maîtrise. Ils sont assistés de six garçons chirurgiens et de deux valets d'infirmerie — dont le nombre augmente au XVIIIe siècle —, choisis parmi les pensionnaires les plus actifs et les plus intelligents[69]. Tous ont l'obligation de demeurer sur place et d'effectuer de véritables tours de garde. Chaque jour, ils visitent les patients hospitalisés : le matin, le médecin les examine en compagnie de l'apothicaire, qui note la médication prescrite par le médecin ; le chirurgien intervient très tôt le matin, puis en début d'après-midi, pour panser, purger, saigner. Entre-temps, il lui faut soigner les blessés légers — convalescents de l'infirmerie ou soldats de l'Hôtel —, qui attendent dans une salle à part, une véritable salle de pansement[70]. Depuis 1676, l'intendance et les soins courants sont assurés par les sœurs de la Charité, attachées à perpétuité à l'infirmerie de l'Hôtel ; elles sont en outre chargées de la gestion de l'apothicairerie.

Les salles de l'infirmerie, qui a compté cinq cent cinquante lits individuels — une exception à l'époque —, étaient spécialisées en fonction de la pathologie, du traumatisme ou du grade du malade : au rez-de-chaussée, la salle Saint-Joseph était réservée aux vieillards infirmes tandis que la salle de l'Ange-Gardien accueillait les cancéreux. Au premier étage, la vaste salle Saint-Cosme et les quatre salles Saint-Louis, plus petites, étaient assignées aux soldats « atteints de maladies contagieuses et particulières » [71] ; les vénériens étant cantonnés à part, dans la Chambre des bains[72]. Les blessés, les plus nombreux, étaient regroupés dans des salles voisines avant d'être déplacés dès qu'ils allaient mieux ; les estropiés étaient appareillés, parfois munis de membres artificiels. Les aliénés et les faibles d'esprit étaient enfermés à part, dans des loges. Les malades recevaient une nourriture adaptée à leur état de santé : dans un réfectoire distinct, on servait des purées et des coulis à ceux qui avaient été blessés au visage, qui étaient privés de dents, ou dont les

67. Édit d'établissement de l'Hostel des Invalides, avril 1674, G.-L. Niox, *L'Hôtel des Invalides*, Paris, s.d., p. 26 *sq*.

68. *Ibid*.

69. S. H. D., 1 Xy 10, liasse 1, layette 8, *Description generale de l'Hotel Royal des Invalides et de l'etablissement des sœurs de la Charité, entrée le 16 febvrier de l'année 1676 pour le service des malades desdittes infirmeries*, n.f.

70. *Ibid*.

71. G. M. Le Jeune de Boulencourt, *op. cit*., p. 21.

72. S. H. D., 1 Xy 10, liasse 1, layette 8, *Description generale de l'Hotel Royal des Invalides et de l'etablissement des sœurs de la Charité, entrée le 16 febvrier de l'année 1676 pour le service des malades desdittes infirmeries*, n.f.

mâchoires avaient été fracassées [73]. Toutes les pièces, bien aérées, étaient tenues rigoureusement propres ; de grands poêles « à l'allemande » y maintenaient une température de 18° réaumur ; dans chaque salle des malades, « d'espace en espace entre deux lits », s'ouvrait un réduit abritant de petites latrines particulières [74]. Un pareil encadrement médical assorti de tant de précautions d'hygiène ont assuré un état sanitaire correct tant aux patients des infirmeries qu'aux pensionnaires de l'Hôtel, puisqu'on n'y a signalé aucune épidémie grave sous l'Ancien Régime.

La vie médicale et scientifique était active à l'Hôtel : on y expérimentait des remèdes, des prothèses, des procédés de soins nouveaux. Une école de chirurgie pratique s'y développe à partir 1727 [75]: un cours d'anatomie y est alors donné régulièrement et on y ouvre une grande salle de dissection. En un temps où « l'armée constitue un véritable laboratoire médical » [76], les infirmeries jouent le rôle d'un hôpital d'instruction, dans lequel les officiers de santé des régiments viennent apprendre la chirurgie.

Ainsi l'Hôtel Royal des Invalides est-il une institution unique en son genre, largement imitée à l'étranger aux XVIIe et XVIIIe siècles : tenant de la maison de retraite et de la caserne, il abrite également l'un des premiers hôpitaux médicalisés du royaume. Sa fondation marque les débuts d'une politique de « santé publique » — poursuivie par les successeurs de Louis XIV —, qui entend créer un réseau d'hôpitaux militaires sur le territoire, dans les régions frontalières en particulier. Entre les murs de ses infirmeries s'est défini un modèle hospitalier qui s'est généralisé par la suite : leur organisation interne — services, hiérarchie, enseignement clinique, pharmacie centrale —, a servi de référence aux hôpitaux civils du XIXe siècle. C'est en outre le premier établissement où le handicap lié aux blessures et / ou à l'âge est pris en charge de façon systématique, illustrant ainsi le rôle décisif joué dès le XVIe siècle par la médecine et la chirurgie militaires dans la construction des savoirs médicaux et des pratiques médicales en France. Mais au-delà des aspects médicaux et sociaux, la création de l'Hôtel témoigne de l'immixtion de l'État dans deux domaines longtemps réservés à Église, la charité et l'hôpital. Les années 1680-1730, qui voient la fondation et l'essor des Invalides, sont en effet décisives pour la laïcisation de la pensée ; à son niveau, l'Hôtel en est l'émanation. Voulu par la monarchie, en dépit des résistances initiales de l'Église, il amorce un long mouvement de laïcisation de l'assistance sous toutes ses formes.

---

73. Sur l'infirmerie de l'Hôtel des Invalides à l'époque moderne, voir E. Belmas, « L'infirmerie de l'Hôtel Royal des Invalides : hôpital modèle, modèle d'hôpital ? », G. Comascini e G. Vigarello (a cura), *Il medico di fronte alla morte (secoli XVI-XXI)*, Turin, 2008, p. 53-77.
74. G. M. Le Jeune de Boulencourt, *op. cit*, p. 21.
75. Règlement pour les chirurgiens par rapport à l'anatomie du 13 février 1727, *Recueil des édits,... concernant l'Hôtel Royal des Invalides*, *op. cit.*, vol. 1, BnF, Imp., 4° F 21801, p. 291.
76. M. Lucenet, *op. cit.*, p. 9 *sqq*.

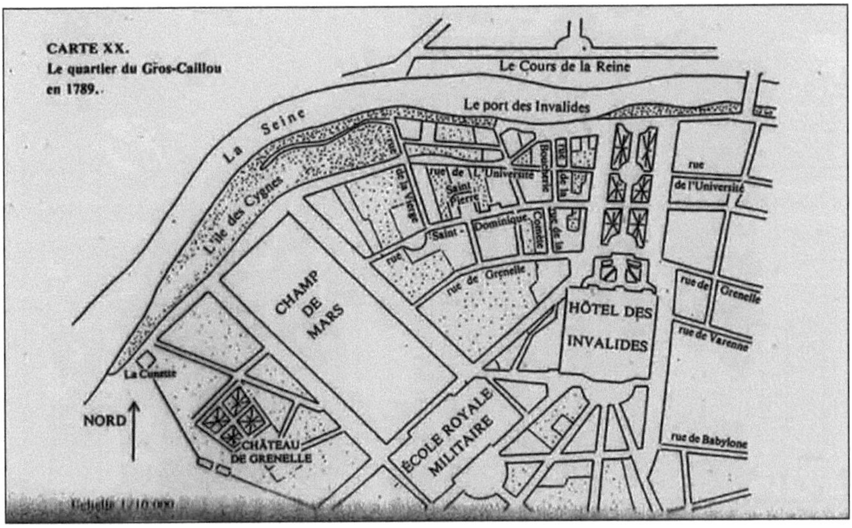

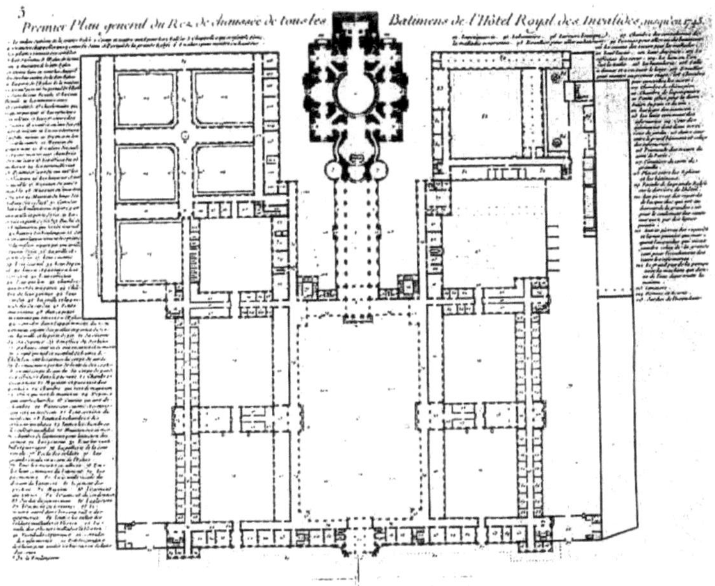

Hôtel Royal des Invalides
Plan du rez-de-chaussée avec tous les bâtiments jusqu'en 1745
Copyright Photo Musée de l'Armée Paris

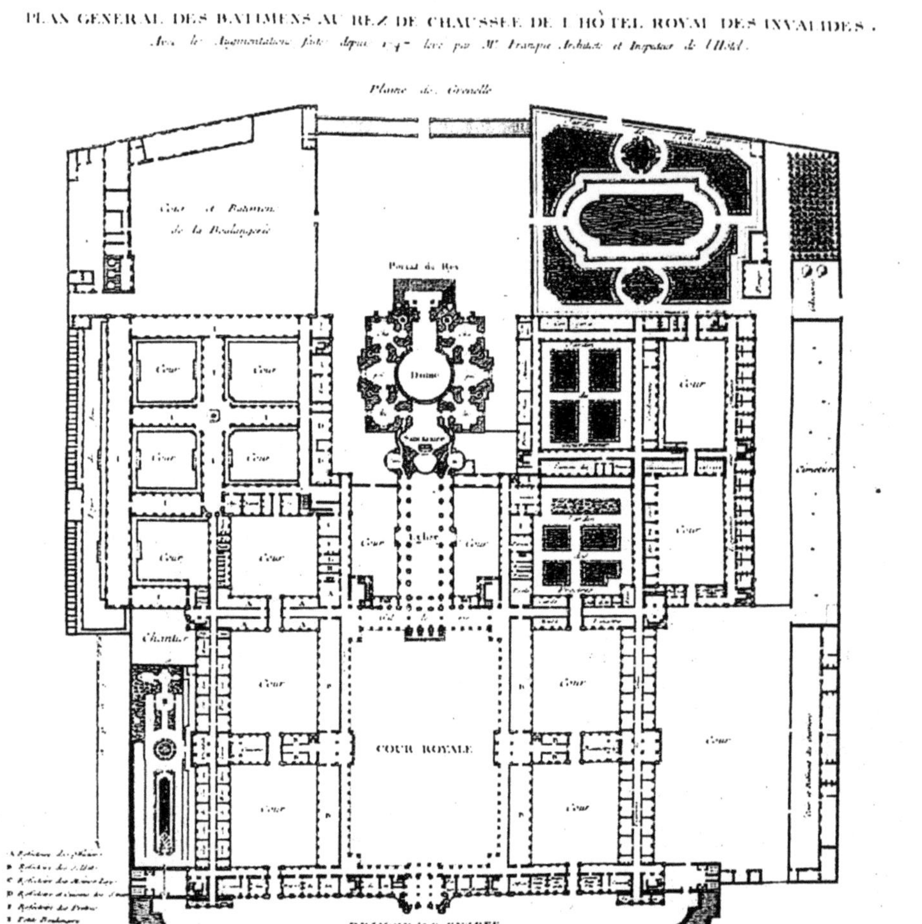

Hôtel Royal des Invalides
Plan des bâtiments du rez-de-chaussée avec les augmentations depuis 1747
Copyright Photo Musée de l'Armée Paris

Penser le handicap à l'époque moderne. Le discours de la maladie, de la blessure et de leurs conséquences dans le registre d'admission de l'Hôtel Royal des Invalides (1670-1791)

Joël COSTE
Université Paris Descartes
École Pratique des Hautes Études (SHP)

Les sociétés de l'époque moderne n'ont pas été créditées jusqu'à présent d'une réflexion ou d'une pensée élaborée du handicap. La plupart des auteurs ayant évoqué la question ont d'ailleurs considéré le handicap comme une oppression sociale dont l'expérience était universelle dans le temps et dans l'espace, et se sont dispensés de conduire des recherches dans les archives et les textes anciens [1]. L'étude dont il sera question ici, portant sur l'Hôtel Royal des Invalides de sa fondation jusqu'à la Révolution Française, s'écartera donc des lieux communs fréquentés depuis plusieurs décennies et tentera d'appréhender, au plus près des archives, comment le handicap (dans le cas particulier, le handicap des soldats) a pu être *décrit, représenté et pensé* en France au cœur de l'époque moderne [2].

---

1. L'histoire intellectuelle du handicap est quasiment inexistante pour les périodes antérieures au XXe siècle. On trouvera quelques repères dans l'ouvrage d'H.-J. Stiker, *Corps infirmes et sociétés : Essais d'anthropologie historique* [3e éd.], Paris : Dunod, 2005. Quant aux *disability studies* réalisées par des sociologues, anthropologues ou militants de la cause des handicapés (au demeurant fort respectable), elles ne reproduisent habituellement que les lieux communs foucaldiens de discrimination, d'exclusion et d'enfermement des handicapés (par exemple : L. J. Davis, *Enforcing Normalcy : Disability, Deafness and the Body,* New York : Verso 1995 ; A. Borsay, *Disability and Social Policy in Britain since 1750 : a History of Exclusion*, Basingstoke : Palgrave, 2004).
2. Nous utiliserons dans cet article le terme générique de *handicap* pour désigner les déficiences, les limitations d'activités ou les restrictions de participation associées à un problème de santé, conformément à l'usage recommandé par la Classification internationale des fonctions de l'Organisation Mondiale de la Santé en 2001 (cf. *infra*).

Fondé en 1670, l'Hôtel Royal des Invalides est une des premières institutions au monde à avoir pris en charge, sinon le handicap, du moins des « handicapés » d'une manière un peu systématique. Ni maison de retraite, ni lieu d'enfermement de la délinquance, l'institution a fait l'objet d'une historiographie relativement abondante, quoique disparate[3], mais qui ne comprend aucune étude analytique du discours quotidien sur le handicap, tel qu'il a été consigné dans les registres d'admission. Ces derniers, avec les notices individuelles des soldats (indiquant leur âge, leur origine et décrivant sommairement leur carrière militaire et leur état de santé, cf. annexe 1 : Illustration), ont été heureusement conservés[4], et constituent aujourd'hui une source exceptionnelle pour analyser les « mots pour le dire », et par-delà, les conceptions du handicap sous-jacentes. Dans cet article, nous présenterons une analyse des descriptions de l'état de santé des soldats adressés à l'Hôtel, considérant successivement le lexique utilisé, les champs lexicaux et les concepts correspondants, la structuration et l'organisation conceptuelle sous-jacente et enfin les évolutions observées au cours de la période 1670-1791.

Méthodologie de l'étude

Un échantillon représentatif des notices des quarante-sept premiers registres d'admission, couvrant la période de 1670 à 1791, a été constitué par un sondage au 1/10e (retenant les notices d'une page sur dix des registres). Les onze mille cinq cent vingt-huit notices échantillonnées ont ensuite fait l'objet d'une étude en plusieurs temps :

– le premier temps a compris la saisie, standardisée grâce à un logiciel de gestion de base de données, d'informations « générales » comme l'âge, l'origine géographique, le statut marital, l'emploi militaire, le régiment, les services effectués, puis du texte décrivant l'état de santé (transcrit complètement et sans altération de la syntaxe ni de l'orthographe), et enfin des informations sur l'admission (colonne centrale) et le devenir du soldat (colonne de gauche du registre, présente dans l'annexe 1, illustration).

– Le deuxième temps a compris une première analyse quantitative avec les logiciels Excel (Microsoft) et Alceste (Image) qui ont permis d'identifier et de quantifier le lexique (mots et lemmes) et les expressions stéréotypées du discours.

– Le troisième temps a compris une analyse du contenu du discours sur l'état de santé, incluant successivement la détermination des champs lexicaux (avec

3. Pour un aperçu de celle-ci, nous renvoyons à l'article d'Élisabeth Belmas dans ce même volume.
4. S. Gibiat, G. Longeard, *Hôtel des Invalides (XVIIe-XXe siècles), inventaire des archives de la guerre*, Département de l'Armée de terre, sous-série X ; Vincennes : Service historique de la défense, 2006.

l'aide des dictionnaires de langue contemporains) et l'analyse de la structuration et de l'organisation conceptuelle.

– Le quatrième et dernier temps a compris une analyse des évolutions et des ruptures du lexique et de la structuration au cours de la période et une tentative de rapporter ces dernières (« ruptures de style ») à des changements de secrétaire ou éventuellement de greffier rédigeant les notices. Pour identifier ces évolutions et des ruptures, le logiciel Alceste a été utilisé en « repérage » avant une analyse statistique plus formelle incluant la construction de modèles de régression logistique expliquant la présence ou non d'un mot ou lemme ou d'une structure donné(e) par l'effet du temps (linéaire, pour évaluer une « tendance séculaire ») et de l'appartenance à un registre particulier, en prenant systématiquement en compte l'âge des soldats (la sélection des variables explicatives se faisant par la méthode du pas à pas descendant).

Une écriture administrative et « laïque »

Il est apparu dès l'inspection des registres que les notices des soldats avaient été rédigées par les secrétaires de l'Hôtel ou plus vraisemblablement par des greffiers (qualifiés de « sous-secrétaires ») préposés à cette tâche sous l'autorité des secrétaires, *avant l'admission définitive par le Conseil*, puisqu'il existait dans chaque registre une colonne centrale consacrée à l'admission et à son type (officier, sous-officier, cavalier ou soldat) et que, par ailleurs, certains soldats étaient « renvoyés ». Il est également apparu que la notice était rédigée sur la base des informations présentes dans les documents apportés par le soldat (puisque des « ordres », certificats médicaux, de durée de services etc. étaient régulièrement mentionnés), et aussi de celles fournies oralement par le soldat (attestées par des formules telles que « dit avoir » ou « prétend avoir été »), et que les secrétaires ou greffiers résumaient le tout à leur manière en donnant plus ou moins de détails [5]. La figure 1A, qui représente le nombre moyen de caractères employés pour la description de l'état de santé dans chacun des registres (de 26 à 178 caractères), illustre une grande variabilité de la prolixité « secrétariale » ou « greffière » sur laquelle nous reviendrons plus loin. Des preuves indéniables

5. Le Jeune de Boulencourt, qui fut secrétaire entre 1678 et 1682, a confirmé dans sa *Description generale de l'Hostel royal des Invalides* (Paris : l'auteur, 1683) que les réunions du Conseil où étaient « reçus » ou « refusés » les soldats adressés à l'Hôtel avaient lieu une fois par semaine, et que les soldats étaient préalablement enregistrés sur les registres d'admission par le secrétaire qui utilisait les passeports et certificats de service que l'impétrant avait produits. Il a même précisé que le jour du Conseil, le secrétaire exposait à voix haute les titres du candidat, puis que les certificats étaient examinés, et enfin que la décision (« reçu » ou « refusé ») était inscrite à côté de chaque notice individuelle, avec le cas échéant les raisons pour lesquelles il ne pouvait être admis.

du caractère administratif et « laïque » (qualificatif à préférer à « populaire » [6]) de l'écriture des notices peuvent être trouvées dans le *vocabulaire simplifié de la maladie et de la blessure* dont on trouve quantité d'exemples, comme l'utilisation du terme « descente » au lieu du terme médical habituel « hernie » ou du terme de « gouttes » (sans signification médicale au pluriel à cette époque), l'utilisation des expressions « estomac crevé », « effort dans le dos » ou « les reins », ou celle aussi très fréquente des noms « incommodités » et « infirmités » pour désigner les maladies de manière générique... [7] De même, la spécification des blessures, faisant un large usage de la métonymie (typiquement, le « coup de X dans le Y » au lieu de l'expression « plaie de Y par X » qui aurait été employée par un médecin) et le vocabulaire de la vieillesse et de l'accumulation des efforts, incluant les termes « caduc », « caducité », « fatigues » et surtout « usé » (apparu en 1740 et qui remplaça les précédents) [8], ne nous sont pas non plus apparus très savants.

---

6. Sur le qualificatif de « populaire » qui doit être utilisé avec précaution en matière de représentations et de terminologie médicales, voir J. Coste, *La littérature des erreurs populaires, une ethnographie médicale à l'époque moderne*, Paris : Champion, 2002.
7. Au cœur de l'époque moderne, ces deux noms, comme les adjectifs correspondants, sont presque synonymes et appartiennent au champ lexical de la maladie *: Incommodé :* [...] *Qui est mal* et *Incommodité : Chose qui incommode, sorte de mal* (Richelet 1680, p. 424) ; *Incommodé : Estre indisposé, avoir quelque partie de son corps malade* et *Incommodité :* [...] *Signifie aussi une manière de maladie qui ne retient pas au lit, mais qui fait souffrir quelque douleur ou qui empesche d'agir* [...] *L'age apporte avec soy beaucoup d'incommodites, d'infirmites* (Furetière 1690, non paginé) ; *Infirme : Malade, qui ne se porte pas bien, qui a quelques infirmités* et *Infirmités : Foiblesse de la nature de l'homme, défaut naturel à l'homme* [...] *Les infirmites de l'âge* (Richelet 1680, p. 429) ; *Infirmité : foiblesse, maladie* [...] *Cet homme a une infirmité corporelle, qui luy dure depuis longtemps, comme la gravelle, la goutte* (Furetière 1690, non paginé). Dans la seconde moitié du XVIIIe siècle, l'adjectif *infirme* caractérise plus nettement un état durable du sujet qu'un état maladif (et transitoire), ainsi que l'on compare Infirme : Maladif, mal-sain. *Un homme infirme. C'est un corps extremement infirme.* (*Dictionnaire de L'Académie française*, Première édition, 1694, p. 447) et *Infirme : Mal-sain, qui a une constitution foible, ou qui a actuellement quelque indisposition qui le rend languissant* (*Dictionnaire de L'Académie française*, Quatrième Édition, 1762, p. 929).
8. *Caducité* fut davantage utilisé par les secrétaires ou les greffiers que *caduc*, probablement dans le but d'éviter toute confusion avec le *mal caduc*, qui désignait alors habituellement l'épilepsie : *Caduque : Vieux, infirme et cassé* et *Caducité : Vieillesse débile* (Richelet 1680, p. 102) ; *Caduc : Qui a perdu ses forces, soir par l'âge soit par les maladies. Quand on a passé 60 ans, on est dans un âge caduc* et *Caducité : Estat de ce qui menace ruine. Il se dit tant des hommes que des bastiments* (Furetière 1690). Le mot *fatigue* fut plus rarement employé que *caducité*, et dans ces cas toujours au pluriel avec le possessif *ses* : *Fatigue : Peine, travail, c'est un homme de grande fatigue* (Richelet 1680, p. 325) ; *Fatigue : Peine de corps qui lasse et qui travaille. On ne doit point aller à la guerre qu'on ait le corps fait à la fatigue* (Furetière 1690). Dans tous les dictionnaires de langue des XVIIe et XVIIIe siècles, l'adjectif *usé* n'est mentionné appliqué à l'homme qu'au sens figuré.

Les champs lexicaux et les concepts sous-jacents

L'analyse du discours réalisée avec le logiciel Alceste a permis de quantifier l'occurrence des mots et des lemmes (cf. Tableau 1 pour les plus fréquents) et d'identifier les expressions stéréotypées (cf. Tableau 2 pour les plus fréquentes). Cette analyse a surtout permis de mettre en évidence l'hétérogénéité des informations entrant dans la description de l'état de santé des soldats et l'existence de *plusieurs champs lexicaux* que l'on peut répartir schématiquement en deux registres (cf. Figure 2) souvent entremêlés :

I. Un registre « santé » au sens large du terme, très riche, avec dix champs lexicaux correspondant :

1) aux blessures et à leurs conséquences et traitements (la guérison ou non, l'amputation) ;
2) aux maladies, spécifiées (comme la sciatique, l'érysipèle) ou non (et alors désignées par les termes « incommodités » et « infirmités », voir *supra*) ;
3) aux sièges ou topographies des maladies, des blessures et des amputations (comme de la jambe, de la poitrine, etc.) ;
4) aux limitations de *fonctions* comme être « estropié »[9], « sourd », « avoir la vue faible » ;
5) aux limitations de certaines *activités* comme « ne plus marcher », « ne plus monter à cheval » ;
6) aux limitations d'*exercice professionnel* comme « ne plus servir », « hors d'état de continuer le service » ;
7) aux *caractéristiques personnelles* comme le grand âge, l'« usure », les « fatigues » ;
8) aux causes (essentiellement professionnelles) des problèmes comme « par coup de mousquet », « en ferrant un cheval » ;
9) aux contextes (professionnels) de survenue des problèmes comme « au siège de », « en poursuivant les ennemis » ; et enfin
10) à l'ancienneté du ou des problème(s).

II. Un registre « administratif » comprenant quatre champs lexicaux correspondant :

9. Les dictionnaires de langue de la fin du XVIIe siècle indiquent très clairement qu'*estropié* signifie la perte de l'usage — ou de la fonction — d'un membre ou d'un segment de membre : *Estropier : Oter par quelque coup violent l'usage de quelque bras ou de quelque jambe. Estropié : celui qui est estropié [Le Roi a fondé une sorte de magnifique hopital pour les estropiés et autres invalides* (Richelet 1680, p. 304) ; *Estropier : couper, abattre, casser un bras ou une jambe en sorte qu'on en puisse plus aider à l'advenir. Un coup de canon luy a emporté une jambe, l'a estropié. On dit d'un chirurgien qui en seignant a picqué l'artère à quelqu'un, qu'il l'a estropié, parce qu'il luy a osté l'usage du bras* (Furetière 1690).

11) aux appuis et protections (les « pistons ») incluant les ordres d'admission et les lettres de recommandation ;
12) aux documents administratifs produits par le soldat incluant les certificats et les congés ;
13) au « statut » déjà acquis avec l'appartenance à une compagnie d'invalides ; et enfin, exceptionnellement ;
14) aux hôpitaux d'origine ou aux lieux de transit.

Cette hétérogénéité du discours, caractérisée par deux registres et une multitude de champs lexicaux, était évidemment porteuse de sens. Nous avons pu constater que la plus grande partie de ce discours se prêtait à une catégorisation par la Classification Internationale des Fonctions (CIF) qui fournit le cadre de référence de l'évaluation du handicap aujourd'hui (cf. Encadré et Figure 3). Au prix d'un aménagement mineur avec la distinction (d'ailleurs courante dans l'usage actuel de la CIF) entre les facteurs environnementaux concernant proprement le sujet et les facteurs environnementaux sociétaux (ou systémiques), et avec l'addition de 3 catégories supplémentaires pour l'ancienneté, la cause et le contexte de survenue des problèmes, tous les champs lexicaux du discours (à l'exception du 14e) trouvaient à s'insérer dans une catégorie conceptuelle de la CIF (cf. Figure 4) : en particulier, les champs lexicaux des limitations de fonctions, d'activités et d'exercice professionnel pouvaient être aisément associés aux catégories conceptuelles des « fonctions organiques », « activités » et « participation » de la CIF et les champs lexicaux des protections, attestations et statuts (d'une part) et des caractéristiques personnelles (d'autre part) pouvaient l'être assez naturellement aux catégories des « facteurs environnementaux » (« individuels » pour les appuis et certificats divers qui ont aidé les soldats à se faire admettre et « sociétaux » pour l'appartenance à une compagnie d'Invalides) et des « facteurs personnels » de la CIF. Il est intéressant d'observer que ces derniers facteurs qui ont été introduits dans la CIF en 2001 pour reconnaître et souligner le rôle important du *contexte* sur les relations entre les problèmes de santé et le handicap (et sa prise en charge) étaient déjà manifestement considérés comme pertinents pour l'admission dans une institution comme l'Hôtel des Invalides aux XVIIe et XVIIIe siècles. En définitive, la CIF avec ces additions s'est avérée capable de rendre compte complètement ou de « réduire » la totalité du discours sur l'état de santé dans les registres, sans que cette réduction ne relève pour autant du passage dans le lit de Procuste. Les catégories somme toute assez universelles et la souplesse du cadre régissant leurs interactions (obtenue en 2001 à la suite de longues discussions sur la CIDIH) ont permis l'utilisation de la CIF sans anachronisme dans cette étude.

Encadré : la conceptualisation contemporaine du handicap

La conceptualisation contemporaine du handicap, qui est celle des *relations et interactions entre les problèmes de santé, la réalisation des activités de la vie courante et le rôle tenu dans la communauté et la société*, s'appuie principalement sur les travaux, réalisés dans les années 1960, du sociologue américain Saad Z. Nagi et du rhumatologue et épidémiologiste anglais Philip H.N. Wood. Ce dernier présenta notamment les trois concepts fondamentaux de déficience, d'incapacité fonctionnelle et de désavantage social :
– la déficience définie comme une perte de substance anatomique ou de fonction physiologique (par exemple : amputation d'un bras, difficulté de fléchir le genou),
– l'incapacité fonctionnelle définie comme une diminution de la capacité d'accomplir une activité simple (par exemple : impossibilité de marcher, difficulté de manger),
– le désavantage social défini comme une limitation de l'accomplissement d'un rôle normal dans la société (par exemple : impossibilité de travailler, impossibilité d'assister aux offices religieux).

Ces trois concepts, qui étaient bien distingués des phénomènes pathologiques et considérés dans un enchaînement séquentiel causal (déficience → incapacité → désavantage social), furent endossés en 1980 par l'Organisation Mondiale de la Santé dans la Classification internationale des déficiences, incapacités et handicaps (CIDIH). Les critiques formulées à l'encontre du modèle conceptuel de Wood et de la CIDIH, notamment pour son inadaptation aux maladies mentales, conduisirent à la révision de cette dernière (et à son enrichissement de facteurs de contexte) dans la Classification internationale des fonctions (CIF) publiée en 2001 (cf. Figure 3) [10].

Structuration et organisation conceptuelle

> « Est estropié de la jambe gauche d'un coup de fusil quil reçeut au siège de Barcelonne, et depuis s'est demis le genoüil gauche d'une chutte quil fit estant en patroüille à St Eloy proche Arras le mois de juin dernier, est encore estropié du poignet gauche d'un coup de pierre quil reçeut à Barcelonne, joint à une oppression de poitrine et sa foiblesse de veüe provenant d'un coup de fusil quil reçeut à la teste le mettent hors de service, porteur d'un ordre de Monseigneur Voysin pour estre reçeu pourveu quil ait les qualités requises » [11].

Une autre caractéristique du discours sur l'état de santé dans les notices des registres, qui apparaît dans cet exemple, ainsi que dans les résultats de l'analyse quantitative (cf. Tableau 1) où le verbe « joindre » figure à la deuxième place du

10. Pour un aperçu des débats qui conduisirent à la CIF, voir J.E. Bickenbach, S. Chatterji, E.M. Badley, T.B. Ustün, « Models of disablement, universalism and the international classification of impairments, disabilities and handicaps », *Social Science & Medicine*, 48 (1999), p. 1173-1187 ; C. Masala, D.R. Petretto, « From disablement to enablement : conceptual models of disability in the 20th century », *Disability & Rehabilitation*, 30 (2008), p. 1233-44 et M.W. de Kleijn-de Vrankrijker, « The long way from the International Classification of Impairments, Disabilities and Handicaps (ICIDH) to the International Classification of Functioning, Disability and Health (ICF) », *Disability & Rehabilitation*, 25 (2003), p. 561-564.
11. Soldat Feurding (matricule 20998), admis le 27 novembre 1711.

classement des verbes les plus utilisés avec 1278 occurrences (presque autant que la conjonction « et » qui totalise 1816 occurrences), est de présenter une structuration cumulative ou *énumérative des problèmes de santé*. Plus d'un problème (dans 37 % des notices) et jusqu'à cinq problèmes ont en effet été mentionnés dans les notices, avec une moyenne de 1,41 problèmes par soldat. Cette structuration énumérative n'était pas accompagnée d'une distributivité complète de toutes les catégories ou descripteurs de la CIF dans les problèmes (cf. Tableau 3) : les limitations d'activité, de participation et les facteurs environnementaux n'étaient en effet mentionnés qu'une seule fois, au début ou le plus souvent à la fin du discours, après les descripteurs de tous les problèmes. En revanche, les facteurs personnels (grand âge, fatigues, usure), lorsqu'ils étaient mentionnés, s'inscrivaient toujours dans la séquence énumérative des problèmes, comme dans les deux exemples suivants :

> « Et a present ne peut continuer a cause de son grand âge et d'une blessure qu'il a receue a la main droitte au combat de Cassel dont il en reste estropié comme il paroist par les congés de son colonel et de son capitaine donné au camp de Carignan pres de Mons les 4 et 5 de ce mois [12].
>
> Les fatigues et blesseures dont il est estropié du pied gauche luy empechent de continuer » [13].

Pour chacun des problèmes de santé énumérés (si l'on excepte les facteurs personnels), plusieurs combinaisons des descripteurs pouvaient être observées selon l'ordre de mention de la pathologie ou de la blessure (P), de la structure anatomique touchée (S) et de la fonction atteinte (F) dans les syntagmes (cf. Tableau 4). La « combinaison complète » avec les trois descripteurs était observée dans 16 % des notices (avec une nette prédominance de la forme FSP) et celle avec deux descripteurs dans 36 % des notices (avec une nette prédominance de la forme PS).

Évolutions séculaires, conjonctures et influence des secrétaires et des greffiers

D'importantes variations du discours sur l'état de santé des soldats, tant dans sa longueur que dans son contenu lexical et son organisation conceptuelle, ont été observées pendant la période étudiée.

Dans les premiers registres (registres 2 Xy 1 à 2 Xy 8 compris, terminé en 1680), la description de l'état de santé est couramment longue quoique de taille très variable (cf. Figure 1A). Une diminution progressive de la longueur (et de la variabilité) de cette description est ensuite observée (perte de 14 caractères en moyenne tous les 10 ans sur l'ensemble de la période), mais qui est particulièrement nette pendant la décennie 1730-9 (registres 2 Xy 25 à 2 Xy 29). Cette diminution quantitative du discours s'est accompagnée d'une simplification parallèle du

12. Soldat Fyssona, admis le 16 juillet 1678.
13. Soldat Carrel (matricule 2354), admis le 21 novembre 1682.

contenu, avec une diminution du nombre de problèmes mentionnés (une fois pris en compte l'âge des soldats, cf. Figure 1B), une régression de la mention des limitations de participation après 1734 et surtout après 1749 (année après laquelle cette mention n'apparut plus qu'occasionnellement dans les notices), une régression de la mention des facteurs environnementaux individuels (malgré l'instauration de la pension et du système des reçus absents après 1764 qui entraîna dans le registre de nombreux « admis sur ordre »), et enfin une disparition de la mention des facteurs environnementaux sociétaux (qui n'avaient en fait été présents que de manière conjoncturelle entre 1707 et 1716). Les structures ou syntagmes des problèmes se simplifièrent aussi, principalement au détriment du descripteur de la fonction et au profit de la mention unique de la pathologie (surtout après 1763 et le registre 2 Xy 41).

Les variations du lexique sont plus complexes encore, par la conjonction d'évolutions séculaires, de facteurs conjoncturels et des changements de secrétaires et de greffiers, davantage ressentis pour le vocabulaire que pour les aspects considérés précédemment. Des différences très importantes ont par exemple été observées dans le registre 2 Xy 30 pour le vocabulaire de la vieillesse et de l'usure (ce dernier terme remplaçant désormais la « caducité ») et pour celui de la maladie générique, dont les deux termes « incommodités » et « infirmités » furent ensuite presque complètement délaissés [14].

L'ensemble de ces variations peuvent être mises en relation entre elles et avec la liste des secrétaires de l'Hôtel des Invalides (cf. Tableau 5). Bien que la concordance ne soit pas parfaite avec les dates de fonction de ceux-ci, et qu'il semble nécessaire de périodiser plus finement certains mandats comme celui très long de Pelletier père (qui a peut-être créé l'emploi de sous-secrétaire), il semble bien que le changement de secrétaire avait d'importantes conséquences sur le contenu, et particulièrement le lexique des notices du registre.

Une pensée somme toute élaborée du handicap au cœur de l'époque moderne…

L'analyse des descriptions de l'état de santé des soldats envoyés à l'Hôtel des Invalides révèle donc l'existence, au cœur de l'époque moderne en France, d'un discours élaboré sur le handicap, reflétant une *véritable pensée du problème*, très éloignée des stéréotypes et lieux communs, fréquentés depuis plusieurs décennies,

14. De manière plus anecdotique, *oppression* fut ensuite orthographiée *opression* dans plusieurs registres… Ces changements sont à mettre en rapport avec la fin des activités du sous-secrétaire Claude Michel Pierre Preau qui, le 28 décembre 1739, fut *receu a l'hotel et admis au traitement d'officier par ordre de Monseigneur Dangervillers en considération de neuf années de services quil a rendus au dit hôtel en qualité de Sous Secretaire d'iceluy ce quil a peine a continuer la veüe luy ayant considerablement baissée par le long travail quil a fait a l'enregistrement des officiers et soldats depuis quil est au dit employ* (matricule 60289). Il était âgé de 39 ans et décéda 16 ans plus tard aux « loges de l'Hôtel ».

de répression et d'enfermement. Ce discours, dont la « syntaxe » et l'organisation générale étaient en place dès les années 1675, faisait appel à une palette conceptuelle large, similaire à celle de la CIF actuelle, mais ordonnancée différemment. Alors que les deux pôles de la « séquence de Wood » (les atteintes de la fonction ou de la structure anatomique d'une part et les limitations de participation d'autre part) qui structurent la CIF étaient très présents dans les descriptions de l'état de santé des soldats adressés à l'Hôtel, les activités « élémentaires » (marcher, manger, parler etc.) n'étaient en revanche que très marginalement mentionnées, comme si la pensée d'alors *court-circuitait* cette étape et rattachait directement les limitations de participation (ici, à la vie militaire) aux limitations de fonction, aux atteintes anatomiques et aux pathologies et séquelles de blessures. Une autre différence importante concerne la place des facteurs personnels et notamment du grand âge, aujourd'hui considérés comme des facteurs de contexte susceptibles de moduler (et habituellement d'aggraver) une situation de handicap, et qui étaient considérés dans l'Institution des Invalides sinon comme des pathologies, du moins en continuité ou à proximité de celles-ci (en accord avec les théories médicales de l'époque qui faisaient généralement de la vieillesse un état intermédiaire entre la santé et la maladie). Les autres facteurs de contexte, favorisants ceux-là, comme les « pistons » ou le « statut » déjà obtenu par l'entrée dans une compagnie d'invalides, étaient en revanche bien perçus comme tels — et leur mention soigneusement séparée du discours sur le handicap (bien qu'attachée à celui-ci).

...mais une pensée se raréfiant au XVIIIe siècle

L'absence de développement et même la simplification (accompagnée d'un appauvrissement conceptuel) du discours sur le handicap dans les registres d'admission au XVIIIe siècle, et la raréfaction de pensée qu'elles traduisent, sont particulièrement frappantes. L'interprétation de cette dernière est toutefois assez délicate. Il est bien sûr possible d'invoquer les difficultés pratiques, la lourdeur de l'enregistrement aux périodes d'afflux massif des soldats (qui n'ont pas manqué tout au long du XVIIIe siècle par l'effet de la politique de Louis XV, à peine moins belliqueuse que celle de son aïeul), l'installation d'une routine administrative, la médiocrité ou le manque d'intérêt des secrétaires déléguant leur tâche à des sous-secrétaires négligents et paresseux [15], ou encore la mise en œuvre d'une procédure de pré-sélection efficace des soldats, limitant fortement le rôle du conseil dans l'admission (et donc des informations contenues dans le registre) [16]. Il est possible

15. Le mandat de Pelletier fils, et de son sous-secrétaire Préau, entre 1730 et 1739, semble avoir été particulièrement délétère en termes d'informativité des notices, dans lesquelles se sont multipliées les « autres incommodités » et « autres infirmités » (cf. Figures 2A et 2B).

16. Il n'y eut plus de soldats renvoyés (non admis) entre 1730 et 1761, et plus aucun après 1766, ce qui témoigne d'une procédure de pré-sélection efficace en amont, probablement au cours de

aussi que le modèle original de prise en charge du handicap, développé par l'Institution à ses débuts, ait souffert de la concurrence d'autres modèles, particulièrement du « modèle médical » et du « modèle financier » de réponse au handicap. En faveur de la première figure la « pathologicisation » accrue du discours, qui se restreignit souvent aux blessures et aux maladies dans les années 1760 et suivantes — une évolution d'autant plus notable que le discours était, on l'a vu, complètement laïc dans son vocabulaire et ses expressions. Cette concurrence accrue du modèle médical [17] serait à mettre en rapport avec l'augmentation des recours à la médecine et à la chirurgie observée partout dans la société française à cette période. Peut-être plus encore que la concurrence du modèle médical, celle du modèle financier a pu s'avérer délétère à la conceptualisation élaborée du handicap qui prévalait dans les premières décennies de fonctionnement de l'Hôtel. La diffusion du système de la pension après 1764, qui fut suivie du départ de nombreux invalides de l'Hôtel et de l'enregistrement exclusivement administratif des « reçus absents » plus nombreux encore (et dont le handicap ne pouvait être évalué directement), ne pouvait pas être sans conséquence sur la qualité de la description de l'état de santé et sur la motivation des secrétaires ou sous-secrétaires en charge de celle-ci. Enfin, il est possible que la position *restant unique* sous l'Ancien Régime d'une institution prenant en charge des handicapés (l'ouverture de celle, d'ailleurs plutôt éducative, des sourds-muets ne se fit que dans les années précédant la Révolution), ainsi que le prestige conféré par la magnificence des locaux (et les bonnes rétributions des charges attenantes) aient contribué à la sclérose intellectuelle et à la « muséification » précoce de l'Hôtel. L'article *Invalides* de *L'Encyclopédie*, pourtant rédigée par le médecin Jaucourt à la fin des années 1750, ressemble davantage à une notice touristique qu'à l'expression d'une pensée éclairée sur le handicap et sur une institution capable de le prendre en charge :

> « Invalides, Hôtel des (Géog.) vaste bâtiment à l'extrémité de Paris, où le roi loge et entretient quantité d'officiers et de soldats estropiés, qui ne sont plus en état de servir. Ce palais est une des institutions de Louis XIV que plusieurs nations ont imité. Plus de deux mille soldats et un grand nombre d'officiers y peuvent trouver une consolation dans leur vieillesse, et des secours pour leurs blessures et pour leurs besoins. Ce fut en 1671 que l'on jetta les fondemens de cet édifice dans la plaine de Grenelle, assez près de la riviere : l'autel et la chapelle sont magnifiques. La voûte du sanctuaire offre des ouvrages de Noël Coypel,

« revues d'inspection » des troupes, dont l'existence est mentionnée dans l'ordonnance du 30 novembre 1764.

17. La médecine a entretenu des relations complexes et variables avec le handicap qu'il serait trop long de développer ici. Soulignons seulement, pour l'époque moderne (mais cela vaut aussi pour des périodes beaucoup plus récentes), le faible intérêt de la plupart des médecins et des chirurgiens pour des problèmes peu ou pas évolutifs dans leur dimension strictement pathologique, et une attitude ambiguë face à des situations qui pouvaient être considérées comme des échecs de leur art. Ce désintérêt et cette ambiguïté expliquent en partie l'absence d'une véritable théorisation médicale du handicap avant celle de Philip Wood dans les années 1960.

au sujet du mystere de la Trinité et de l'Assomption de la sainte Vierge. Les douze apôtres peints sur la premiere voûte du dôme, sont de Jouvenet ; la Gloire et les Evangélistes de la seconde voûte, sont de la Fosse ; les quatre chapelles dédiées aux quatre peres de l'Église latine, saint Jérôme, saint Ambroise, saint Augustin et saint Grégoire, sont ornées de tableaux de la main des Boulogne et de Corneile, qui représentent les principales actions de la vie du saint, dont l'enlevement au ciel se voit dans le fond de la voûte. Toutes ces peintures sont à fresque, et très-estimées. Mais je n'entrerai pas dans les détails, on les trouvera dans Piganiol de la Force, et le tems les engloutira (D. J.) »[18].

Un échec ou un succès intellectuel isolé et prématuré ?

Doit-on parler d'échec, avec ce développement puis ce recul de la pensée du handicap à l'Hôtel des Invalides pendant l'époque moderne ? Des études approfondies de périodes postérieures et d'institutions similaires d'autres pays seraient bien entendu nécessaires avant de conclure négativement sur la postérité de cette pensée. En particulier l'épisode napoléonien mériterait d'être analysé au regard des attitudes de l'institution vis-à-vis des échecs de la « nouvelle » chirurgie de guerre. Il ne semble cependant pas douteux qu'une conceptualisation élaborée du handicap ne peut réellement être développée et approfondie que dans des situations ou des contextes où celui-ci représente un problème social important et durable, entraînant une prise de conscience collective sur la nécessité d'une réadaptation, et que la société française de l'époque moderne n'offrît qu'exceptionnellement ces situations et ces contextes. En effet, les traumatismes sévères étaient relativement rares dans les anciennes sociétés (les accidents de transport et les accidents industriels y étaient marginaux) et seules les guerres étaient pourvoyeuses de cohortes de sujets jeunes et limités dans la réalisation de certaines fonctions, activités et exercices professionnels par des séquelles de blessures. De plus, les sociétés de l'époque moderne proposaient, notamment au sein des communautés rurales, une multitude d'activités et de tâches diverses et pouvaient de ce fait, plus facilement que les sociétés industrielles, insérer ou réinsérer des sujets handicapés à la suite d'un traumatisme ou par l'évolution sévère d'une maladie chronique (neurologique, ostéo-articulaire ou autre)[19]. Dans cette perspective plus large, l'élaboration d'une pensée du handicap à l'Hôtel des Invalides Louis-Quatorzien représenterait plutôt un brillant succès intellectuel, toutefois trop isolé et prématuré pour être durablement viable. Dans tous les cas,

18. *Encyclopédie* ou *Dictionnaire raisonné des sciences, des arts et des métiers*, volume 8 (1765), p. 847.

19. On remarquera que ce fut à l'occasion de la conjonction de deux phénomènes, d'une part l'afflux massif de handicapés (avec les deux guerres mondiales) et d'autre part la régression de certaines formes de prise en charge familiale ou communautaire du handicap (avec l'industrialisation et l'urbanisation), qu'eût lieu en Europe, au cours du XXe siècle, la prise de conscience aiguë de la question du handicap et de sa réadaptation, qui détermina ou encouragea les nouvelles élaborations intellectuelles qui conduisirent à la CIDIH puis à la CIF.

cette étude aura montré que la question du handicap a bien été posée à l'époque moderne, et que les réponses apportées, institutionnelles et *aussi* intellectuelles, n'ont été ni triviales ni stéréotypées, et méritent toute l'attention des historiens mais aussi des acteurs du débat contemporain sur le handicap. Cette étude aura aussi, et une fois encore, démontré que l'histoire intellectuelle n'est pas linéaire et qu'elle recèle de nombreux épisodes passionnants, qu'il est possible de découvrir pour peu que l'on veuille bien s'écarter des lieux communs trop fréquentés.

Annexes

Mot	Nombre	Mot	Nombre	Mot	Nombre
Noms		*Adjectifs et adverbes*		*Formes non reconnues*	
service+	2164	gauche+	1494	a	3072
coup+	1733	droit+	1005	receu+	1798
blessure+	1293	invalide+	549	incommod+	1661
jambe+	873	recu+	478	fusi+l	748
siege+	760	dernier+	307	quil+	730
bras	625	perdu+	256	quil+	730
ordre+	522	*Marqueurs d'une modalisation*		veu+	586
nombre+	520	ne	207	foible+	558
compagnie+	515	*Marqueurs d'une intensité*		incommodit+	545
droite+	497	dans	1070	est+	521
cuisse+	462	sur	361	bataill<	518
main+	458	*Marqueurs d'une intensité*		luy	436
soldat+	452	tres	608	cost+	399
feu+	438	*Marqueurs d'une relation discursive*		dec+ent	391
poitrine+	430	hors	2148	lemett+	273
rhumatisme+	421	et	1816	mousquet+	272
sabre+	341	par	1320	lemet	267
porteur+	331	pour	448	estre	218
douleur+	282	dont	274	reings	215
pied+	269	*Marqueurs de la personne*		*Auxiliaires être et avoir*	
qualite+	219	il	1943	est	2523
cheva+l	203	ses	1243	eu+	500
Verbes		sa	510	ayant	386
mettre.	1704	son	401	*Mots outils non classés*	
joindre.	1278	se	240	fort	549
estropi+er	935	*Démonstratifs, indéfinis et relatifs*		monseigneur	282
envo+yer	463	qu+	1283	*Nombres*	
reform+er	444	en	1065	deux	378
continu+er	323	ce-qu<	951		
test+er	259	autre+	829		
bless+er	241	qui	540		
chut+er	239	plusieurs	330		

Tableau 1. Mots et lemmes les plus fréquents (plus de 200 occurrences) selon le logiciel Alceste. Les symboles ., + et < indiquent des formes différentes (genre, nombre, conjugaison etc.) des mots. La fréquence des formes « non reconnues » est bien sûr liée à l'option méthodologique de ne pas corriger l'orthographe (variable et changeante) dans les textes, mais cette limite dans l'utilisation d'Alceste ne s'est pas révélée trop pénalisante.

Expression	Nombre
ce-qu< mettre. hors service+	486
il est nombre+ soldat+ reform+er envo+yer dans compagnie+	481
mettre. hors service+	318
est tres incommod+	210
est incommod+	160
ce-qu< lemet hors service+	153
receu+ a	117
ses blessure+ et incommodit+ mettre. hors service+	113
lemett+ hors service+	110
joindre. a ses autre+ blessure+ mettre. hors service+	107
est incommod+ plusieurs blessure+	105
ordre+ monsgr marquis+ barbesieux	98
qui luy	90
est estropi+er	88
est fort incommod+	83
a est+	78
joindre. a	75
en travail<	75
ses blessure+ mettre. hors service+	69
donn+er a	54

Tableau 2. Expressions les plus fréquentes (plus de 50 occurrences) détectées par le logiciel Alceste. Les symboles ., + et < indiquent des formes différentes (genre, nombre, conjugaison etc.) des mots.

Descripteurs distribués par problème de santé	Problème					
	1	2	3	4	5	(Total)
Pathologie-blessure	10410	4141	802	80	11	15444
Structure anatomique	6496	1506	235	19	4	8260
Fonction organique	3561	740	101	13	3	4418
Ancienneté	1227	228	31	3	1	1490
• *ancienneté précise*	*693*	*136*	*18*	*2*	*1*	*850*
Cause professionnelle	4427	892	144	15	5	5483
Contexte professionnel	4638	914	145	11	4	5712
• *contexte professionnel datable*	*3253*	*671*	*115*	*8*	*1*	*4048*
Facteur personnel	553	154	19	3	0	729
Descripteurs non distribués par problème						
Activités*	34					
Participation**	4992					
Facteurs environnementaux individuels***	1256					
Facteurs environnementaux sociétaux****	145					

*Mentionnées 1 fois avant les problèmes de santé, 24 fois après ceux-ci (et avant les limitations de participation) et 9 fois associées à un seul problème de santé.
** Mentionnées 226 fois avant l'énumération des problèmes (et après dans tous les autres cas).
*** Mentionnées toujours à la fin de la description de l'état de santé.
**** Mentionnées toujours après les problèmes et les limitations de participation et avant les facteurs environnementaux individuels.

Tableau 3. Structuration énumérative par problème et distributivité des catégories ou descripteurs de la CIF par problème.

Problèmes de santé

	1	2	3	4	5	Tous Problèmes
P	2970	2246	505	51	4	5776
PS	3588	1127	190	16	1	4922
FSP	2104	190	22	1	1	2318
F	893	373	58	10		1334
Facteur personnel	553	154	19	3		729
SP	388	24	5			417
FS	177	116	12	1	2	308
FPS	146	18	2			166
FP	129	13	1			143
PSF	73	24	3	1		101
PF	15	4	1			20
PFS	16	1	2			19
Autre*		6			3	9
SF	6	1				7
SFP		1				1
S		5				5
SPF	1					1
	11059	4303	820	83	11	16276

* Séjour en prison

Tableau 4. Ordre de mention de la pathologie ou de la blessure, de la structure anatomique touchée et de la fonction atteinte dans les syntagmes correspondant aux problèmes de santé

Période	Années	Registres	Secrétaire-archiviste	Sous-secrétaire	Repérage Alceste	Structure et organisation conceptuelle	Lexique	Longueur
A	1670-4	2 Xy 1	--					
A	1675	2 Xy 2	Henriette					
B1	1676-7	2 Xy 3-7	Laignel					
B1	1678-82	2 Xy 8	Le Jeune					
B2	1683-4	2 Xy 9	Joly					
C1	1685-98	2 Xy 10-12	Pelletier père					
C2	1699-1704	2 Xy 13-14	"					
D1	1705-17	2 Xy 15-19	"					
D2	1718-22	2 Xy 20-22	"					
D3	1723-30	2 Xy 23-24	"					
E	1731-38	2 Xy 25-29	Pelletier fils	Préau				
F1	1739-41	2 Xy 30	"					
F2	1742-51	2 Xy 31-34	Morand					
F3	1752-57	2 Xy 35-36	"					
G	1758-63	2 Xy 37-41	Lefebvre					
H	1764-79	2 Xy 42-44	Hecquet					
I	1780-91	2 Xy 45-47	"					

Tableau 5. Périodisation suggérée par l'analyse du lexique, de la longueur et de la structure des descriptions de l'état de santé et concordance avec la liste des secrétaires–archivistes de l'Hôtel.

21321 Jean de Barrieres, sieur

Officier par ordre de monseigneur

Le 2. avril 1714. Il est Décédé

21322 Jean Baptiste Trou

agé de 52 ans

Officier par ordre de monseigneur

Illustration. Reproduction du registre d'admission de l'Hôtel Royal des Invalides, année 1712 (extrait).

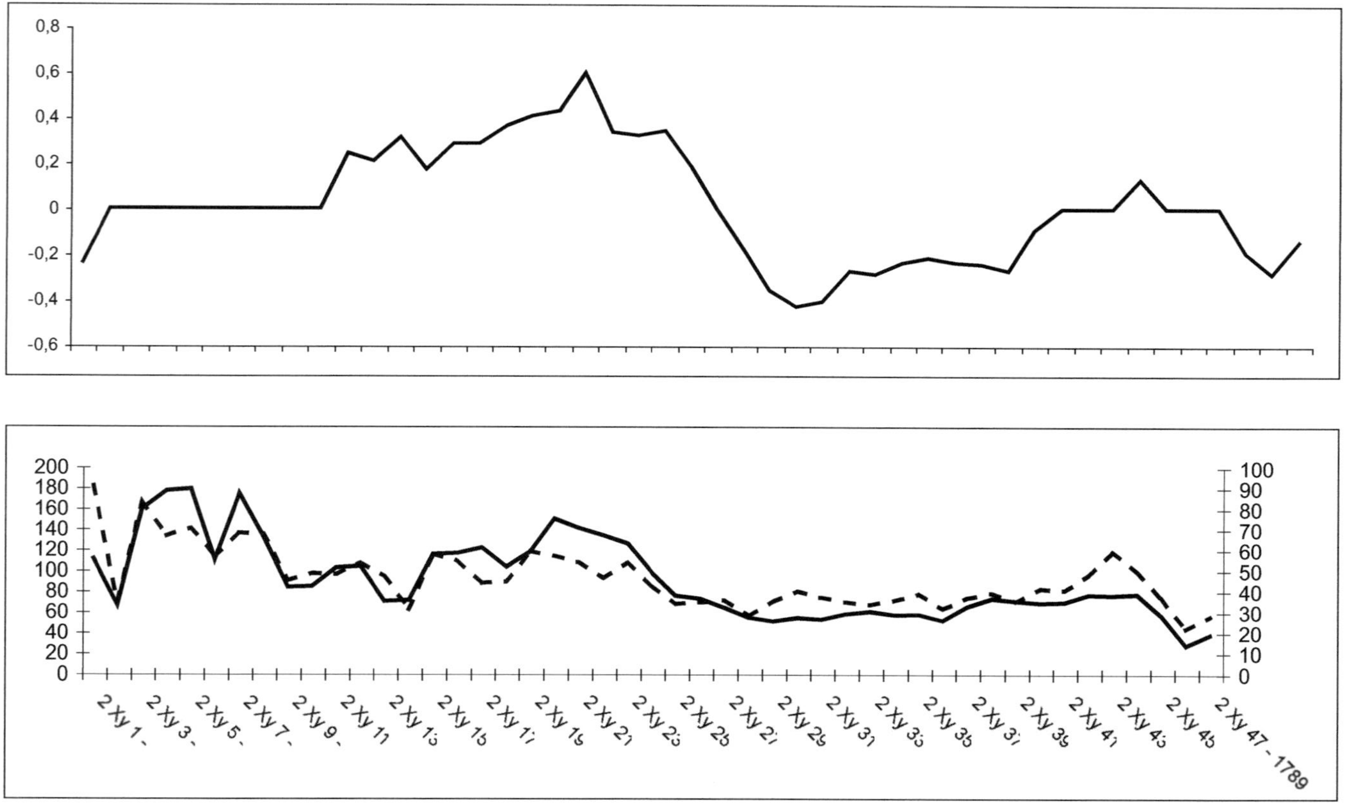

Figure 1. A (en haut) - Nombre de caractères employés par les secrétaires ou greffiers pour la description de l'état de santé dans chacun des registres (nombre moyen : traits gras et échelle à gauche, écart-type : traits pointillés et échelle de droite). Figure 1. B (en bas) - Coefficients de régression (correspondant à des variations relatives) du nombre de problèmes mentionnés par notices pour chacun des registres (régression ajustée sur l'âge des soldats). L'année de début du registre est indiquée à côté du numéro de chaque registre.

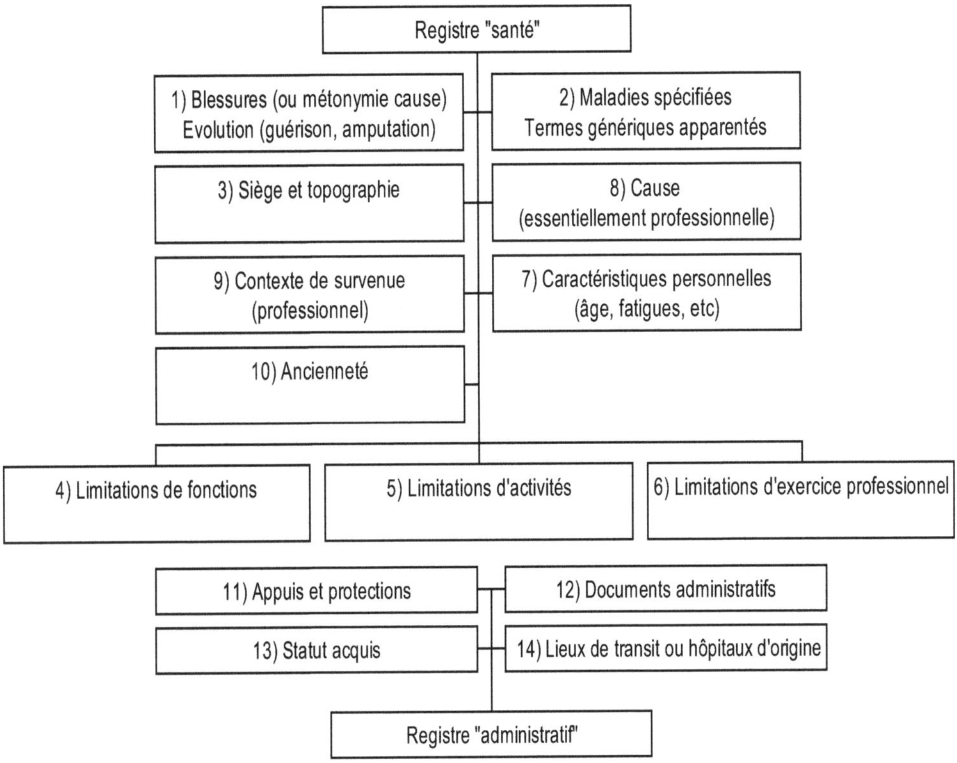

Figure 2. Les registres et champs lexicaux du discours.

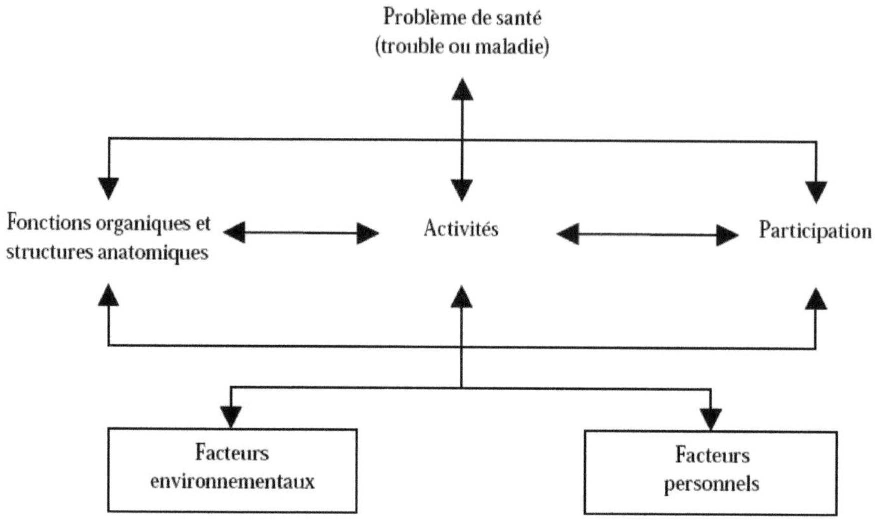

Figure 3. Les catégories de la Classification internationale des fonctions de l'Organisation Mondiale de la Santé (2001). La « triade » déficience, incapacité fonctionnelle et désavantage social de la Classification internationale des déficiences, incapacités et handicaps, est toujours présente au centre du cadre conceptuel, mais les relations sont réciproques et non plus séquentielles et elles sont surtout modulées par des facteurs de contexte qui peuvent être à la fois personnels et environnementaux.

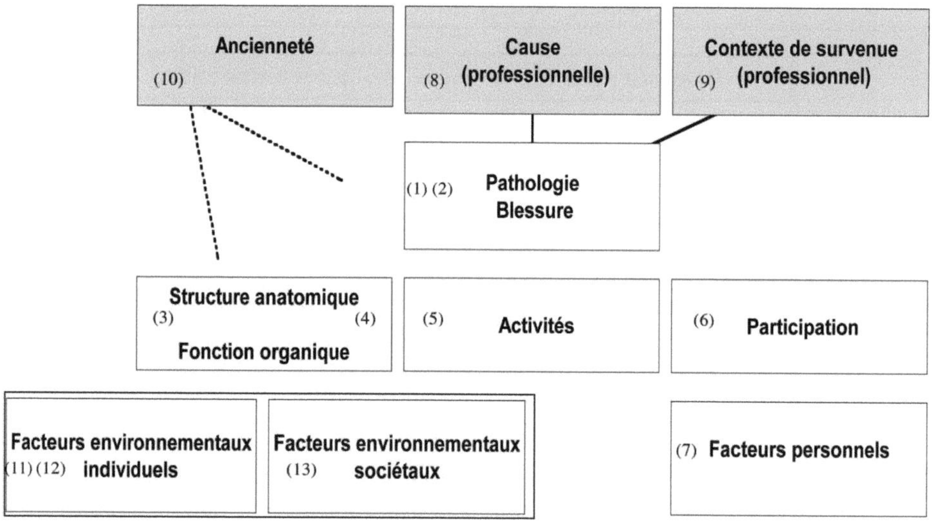

Figure 4. La distribution des champs lexicaux de la description de l'état de santé des soldats dans les catégories de la Classification internationale des fonctions (CIF) et dans trois catégories supplémentaires (grisées). Les numéros correspondent à ceux des champs lexicaux de la Figure 2.

TABLE DES MATIÈRES

L'HARMATTAN, ITALIA
Via Degli Artisti 15 ; 10124 Torino

L'HARMATTAN HONGRIE
Könyvesbolt ; Kossuth L. u. 14-16
1053 Budapest

L'HARMATTAN BURKINA FASO
Rue 15.167 Route du Pô Patte d'oie
12 BP 226
Ouagadougou 12
(00226) 76 59 79 86

ESPACE L'HARMATTAN KINSHASA
Faculté des Sciences Sociales,
Politiques et Administratives
BP243, KIN XI ; Université de Kinshasa

L'HARMATTAN GUINÉE
Almamya Rue KA 028
En face du restaurant le cèdre
OKB agency BP 3470 Conakry
(00224) 60 20 85 08
harmattanguinee@yahoo.fr

L'HARMATTAN CÔTE D'IVOIRE
M. Etien N'dah Ahmon
Résidence Karl / cité des arts
Abidjan-Cocody 03 BP 1588 Abidjan 03
(00225) 05 77 87 31

L'HARMATTAN MAURITANIE
Espace El Kettab du livre francophone
N° 472 avenue Palais des Congrès
BP 316 Nouakchott
(00222) 63 25 980

L'HARMATTAN CAMEROUN
Immeuble Olympia face à la Camair
BP 11486 Yaoundé
(237) 458.67.00/976.61.66
harmattancam@yahoo.fr

L'HARMATTAN SÉNÉGAL
« Villa Rose », rue de Diourbel X G, Point E
BP 45034 Dakar FANN
(00221) 33 825 98 58 / 77 242 25 08
senharmattan@gmail.com

643771 - Mars 2016
Achevé d'imprimer par

1livre.com
du rêve à la réalité !